大数据和人工智能技术丛书

人工智能社会学

高崇 著

北京邮电大学出版社
www.buptpress.com

内容简介

人工智能技术发展和智能社会的建设，需要人工智能社会学及时做出智识上的思考与回应。新兴媒体和传统媒体上散落着关于人工智能的技术、产品、服务、机构以及人员的大量资讯，涉及人工智能技术进展以及人工智能在落地应用中给社会带来的影响等，研究者通过系统地梳理和分析这些已经发生的、正在发生的新闻案例，结合社会学的学科视角，尝试着建构了人工智能社会学这门人工智能科学与社会学的交叉学科的学科框架和知识体系。本研究主要从社会学的视角出发，分别从身体技术、社会互动、社会阶层等社会学的主题探讨人工智能的社会功能，又从家居出行、工作休闲、媒体传播、环境和社会可持续发展、文化变迁等领域分析了人工智能在社会不同层面的影响，同时探讨了人工智能的越轨行为及风险治理，最后分析了人工智能技术创新、智能社会的建设及在此基础上的人工智能社会学的发展。迈向行动的人工智能社会学不仅指出了智能社会中的社会问题，同时也能够尝试提出促进问题解决的行动方案。

本书适合所有对人工智能与社会之间互动关系感兴趣的读者，尤其适合人工智能、社会学、网络与新媒体、传播学等ICT相关学科领域的读者。

图书在版编目(CIP)数据

人工智能社会学 / 高崇著. -- 北京：北京邮电大学出版社，2020.8(2024.4重印)
ISBN 978-7-5635-6183-4

Ⅰ. ①人… Ⅱ. ①高… Ⅲ. ①人工智能—应用—社会学 Ⅳ. ①C91-39

中国版本图书馆CIP数据核字（2020）第158689号

策划编辑：姚　顺　刘纳新　　责任编辑：刘　颖　　封面设计：柏拉图

出版发行：北京邮电大学出版社
社　　址：北京市海淀区西土城路10号
邮政编码：100876
发 行 部：电话：010-62282185　传真：010-62283578
E-mail：publish@bupt.edu.cn
经　　销：各地新华书店
印　　刷：河北虎彩印刷有限公司
开　　本：787 mm×1 092 mm　1/16
印　　张：12.25
字　　数：256千字
版　　次：2020年8月第1版
印　　次：2024年4月第2次印刷

ISBN 978-7-5635-6183-4　　　　　　　　　　　　　　　定价：38.00元
・如有印装质量问题，请与北京邮电大学出版社发行部联系・

大数据和人工智能技术丛书

顾问委员会

吴奇石　黄永峰　吴　斌　欧中洪

编委会

名誉总主编：马少平
总　主　编：许云峰　徐　华

编　　　委：康艳梅　朱卫平　沈　炜　冷　飚
　　　　　　孙　艺　高　慧　高　崇　刘　刚

总　策　划：姚　顺
秘　书　长：刘纳新

前 言

人工智能社会学因何需要？

首先，这是技术发展的必然要求。蔡自兴教授在《中国人工智能40年》中探讨了人工智能的发展过程，中国人工智能的主要成就、存在的问题、发展机遇与发展对策。他在关于中国人工智能发展对策中谈到："人工智能在给创造者、销售者和用户带来经济利益的同时，就像任何新技术一样，其发展也引起或即将出现许多问题，并使一些人感到担心或懊恼。这些问题涉及劳务就业、社会结构变化、思维方式与观念的变化、心理上的威胁和技术失控危险等。社会上一些人担心人工智能技术会抢夺他们的饭碗而导致失业，担忧智能机器人的智慧超过人类而威胁人类安全等。这些都是值得高度关注的影响社会安定和谐的社会问题。"[1]谭铁牛院士也曾表示，虽然人工智能的发展现在还远不足以威胁人类生存，但其社会影响应该得到高度重视。任何技术都是一把双刃剑，随着人工智能的深入发展和应用的不断普及，其社会影响将日益明显，因此人工智能社会学将被提上议事日程。

新技术的研发、引入，相对新的技术要素被重新认识，其扩散、采用、应用、使用的过程便是社会影响的过程，原有的社会生态因之发生变化：或重构，或局部调适；或提升，或降档；或推动，或阻滞，影响又因利益相关方的视角差异而多元。正如蔡自兴教授所言，人工智能技术像任何新技术一样，其发展也会引发许多问题，需要研究者对这些现象进行理论思考。

其次，这是人工智能社会的需要。人工智能之所以很重要，是因为它可以带来巨大的经济和社会效益，这对提高现有产业的生产率和创造全新的产品服务有着巨大的推动作用。例如，据估计，截至2024年，全球人工智能解决方案的市场价值将超过300亿英镑，部分行业在人工智能的帮助下，生产率提高了近30%，成本节约近25%。另一项估计表明："2030年，人工智能将为全球经济贡献高达15.7万亿美元，这一数字将大于中国和印度目前的产量之和。其中，估计约有6.6万亿美元得益于生产率的提高，9.1万亿美元来自消费方面的影响。"[2]人工智能技术一方面催生了巨大的人工智能产业，另一方面通过对传统产业的数字化提升、改造，以及系统结构重组、转型升级等释放了巨大的经济效益。

当然，伴随着人工智能技术释放所蕴藏的巨大经济和社会效益，人工智能社会或智能社会是人工智能技术的发展所引发的一种新社会形态，智能社会应更加关注技术的影响作用。正如李开复所言，如果我们仅仅将人工智能时代看作一次新的工业革命，那么，我们的论述将局限于科学与技术层面，而忽略因技术变革而造成的社会、经济、心理、人文等层面的巨大波动。如果我们关注的是未来科技影响下的人类整体，是人与人工智能之间的相互关系，是人类社会在新技术革命的背景下如何转型和演进，人工智能必将与社会经济变革、教育变革、思想变革、文化变革等同步。技术不仅仅是技术。技术的未来必将与社会的未来、经济的未来、文学艺术的未来、人类全球化的未来紧密联系在一起。[3]梳理包括人工智能技术在内的信息与传播技术发展的社会史，便能看到ICT与社会之间的互动关系，技术在推动或阻滞社会发展的同时，也受到来自社会的影响，由此智能社会的建设和发展需要进一步思考人工智能与社会的互动关系。

最后，这得到了国家政策的鼓励和支持。在教育部所发布的《高等学校人工智能创新行动计划》中，明确提到："完善学科布局。加强人工智能与计算机、控制、量子、神经和认知科学以及数学、心理学、经济学、法学、社会学等相关学科的交叉融合。支持高校在'双一流'建设中，加大对人工智能领域相关学科的投入，促进相关交叉学科发展。加强专业建设。加快实施'卓越工程师教育培养计划'（2.0版），推进一流专业、一流本科、一流人才建设。根据人工智能理论和技术具有普适性、迁移性和渗透性的特点，主动结合学生的学习兴趣和社会需求，积极开展'新工科'研究与实践，重视人工智能与计算机、控制、数学、统计学、物理学、生物学、心理学、社会学、法学等学科专业教育的交叉融合，探索'人工智能＋X'的人才培养模式。"[4]教育部在政策层面上支持和鼓励人工智能与其他学科（包括社会学）的交叉学科研究。

人工智能社会学如何成为可能？

前述探讨了我们为何需要开展人工智能社会学这一新兴交叉学科的研究，那么，接下来的一个合乎逻辑的问题便是，我们如何使人工智能社会学的学科研究成为可能呢？

首先，开展与人工智能社会学相关领域的知识梳理。这也正是研究者在本书中想要做的工作。人工智能社会学属于人工智能与社会学的交叉学科，其研究主要从社会学的视角出发，分别从身体技术、社会互动、社会阶层等社会学的主题探讨人工智能的社会功能，又从家居出行、工作休闲、媒体传播、教育传承、文化变迁、社会发展等领域分析了人工智能在社会不同层面的影响，同时探讨了人工智能的越轨行为及风险治理，最后谈到了人工智能技术创新、智能社会的建设及在此基础上的人工智能社会学的发展，并辅之以人工智能相关案例的分享，以便更好地帮助读者正确把握智能社会的相关知识，认识人工智能与社会的互动关系。

因此，本书的内容安排如下：

前言　人工智能社会学因何需要和如何成为可能
第1章　理解人工智能社会学
第2章　身体化技术：作为身体的人工智能 ⎫
第3章　智能社会的社会互动关系　　　　　⎬ 身体、社会关系与阶层
第4章　人工智能与新的社会阶层群体　　　⎭
第5章　智能社会的越轨行为与社会控制 ⎫
第6章　人工智能技术与风险社会　　　 ⎬ 越轨行为与风险治理
第7章　人工智能与家居社会生活 ⎫
第8章　智能出行的社会影响　　 ⎪
第9章　智能社会的人工智能与工作 ⎬ 场景应用与日常生活
第10章　人工智能与智慧休闲　　 ⎪
第11章　人工智能与新闻传播　　 ⎭
第12章　人工智能技术创新与可持续发展 ⎫
　　　　　　　　　　　　　　　　　　 ⎬ 可持续发展与文化变迁
第13章　人工智能文化及变迁　　　　　 ⎭
结语　迈向行动的人工智能社会学
附录

前言和第1章将介绍有关人工智能、人工智能社会学等相关概念，探讨人工智能社会学作为一门新兴交叉学科因何需要、如何成为可能、怎么实现。第2～13章是本书内容的主体部分，共分为四部分，第一部分为"身体、社会关系与阶层"，分成3章，第2章至第4章分别从微观和宏观视角论述了身体、社会互动以及社会阶层等人工智能社会学的3个层面；第二部分为"越轨行为与风险治理"，包括第5章和第6章，主要是从当下和未来（短期和长期）层面来划分内容，论述了人工智能所带来的越轨行为以及风险治理；第三部分为"场景应用与日常生活"，包括第7章至第11章，则分别从家居、出行、工作、休闲、传播等不同社会场景论述了人工智能社会学的内容；第四部分为"可持续发展与文化变迁"，包括第12章和第13章，论述了人工智能技术创新与可持续发展以及文化变迁。结语论述了在人工智能技术与智能社会的建设背景下迈向行动的人工智能社会学的发展。

因此，本书主要涉及：不同层面〔个体（身体与社会）、群体（社会互动和日常生活）、阶层（社会精英与权力）〕，不同领域〔经济、政治治理、文化〕，不同视角〔功能论、解释论、批判论〕，不同主题〔劳动、休闲、传媒、教育、文化、发展、风险、越轨等〕，不同场景〔家居、出行、工作、学习、休闲、消费、医疗、传播等〕，静态

和动态（可持续发展）、常态和非常态（越轨）、现状与未来（风险）等方面的关注点和问题探讨。

其次，密切关注人工智能技术和产业发展动态。作为人工智能社会学的研究人员，虽然不一定是技术出身，但是一定得及时关注人工智能相关技术和产业发展的动态，因为正是在技术的研发以及落地应用中，给研究者带来了鲜活的理论和应用课题，无论是做理论的思考，还是对应用问题的反思，抑或是社会政策制定层面的回应，都需要研究人员密切关注人工智能技术和产业发展动态。

最后，吸引一批研究人员的关注。正如前述，人工智能社会学是一门新兴交叉学科，人工智能技术作为第四次工业革命的核心动能，作为创新的核心驱动力，有足够的理由获得不同领域学者的关注和思考。但目前的现状是在技术人员和社会科学学者之间可能缺乏及时有效的对话，人工智能社会学需要发展壮大，离不开技术人员和社会科学学者的关注。

综上所述，人工智能社会学是一门新兴的交叉学科，不仅具有重要的理论价值，同时亦具有重要的实践意义。人工智能技术的发展以及对社会的影响是正在进行时，因此，我们对相关内容的梳理和思考也同样处于正在进行时。传统媒体以及各种社会化媒体平台上有很多关于人工智能的资讯，涉及人工智能技术进展以及人工智能在落地应用中给社会带来的影响等，这些已经发生的或正在发生的案例，亟需研究者系统地梳理和分析，显然，本书便是研究者试图在这方面所做努力的阶段性成果。此外，本书源于作者在北京邮电大学所开设的"人工智能与社会发展"本科通识课程，来自全校计算机、信通、物联网、网络空间安全、软件、电子、自动化、数字媒体、邮政、电子商务等ICT相关专业的学生选修了本门课程，研究者在教学过程中，就人工智能社会学的相关主题，采用让学生自我报告的方式参与分享，因此，学生的报告和分享便也成为本书的数据来源之一。当然，伴随着人工智能技术创新、智能社会建设，人工智能社会学的学术思考与整理还需要跟进。对此，本书只是抛砖引玉，望大家指正。

借此机会感谢北京邮电大学出版社对本书出版的支持，在整个书稿出版的联系、编辑、校对等阶段，姚顺、刘颖等编辑的热情、专业都给我留下了非常深刻的印象。

本书受益于北京邮电大学基本科研业务费（2018RC36）的资助方得以出版，借此机会，向学校、学院及科研院的相关领导、同事致以谢意。

北京邮电大学
高　崇
于西山定慧寺

目 录

第1章 理解人工智能社会学 ... 1

1.1 何谓人工智能 ... 1
1.1.1 人工智能概念的界定 ... 2
1.1.2 人工智能的分类 ... 3

1.2 人工智能的社会影响 ... 4
1.2.1 人工智能在人类社会各个领域的成果 ... 5
1.2.2 运用人工智能在社会各个领域的成果带来的积极和消极的结果 ... 6
1.2.3 人工智能在各个领域中的实际应用对社会关系等方面带来的影响 ... 6

1.3 如何理解人工智能社会学 ... 8
1.3.1 社会及社会学 ... 8
1.3.2 什么是人工智能社会学 ... 9

1.4 人工智能社会学的研究路径 ... 10
1.4.1 功能论 ... 10
1.4.2 解释论 ... 11
1.4.3 冲突论 ... 12

思考题 ... 12

第2章 身体与技术：作为身体的人工智能 ... 13

2.1 身体与技术的关系 ... 13
2.1.1 身体对技术的建构 ... 13
2.1.2 技术对身体的建构 ... 15
2.1.3 身体与技术的融合 ... 16

2.2 对"人工智能作为身体"的社会观察和思考 ... 18

2.2.1	数字身体、遗忘与社会伦理	18
2.2.2	人工智能身体与社会分层	18
2.2.3	涉及身体的人工智能技术与社会歧视	19
2.2.4	人工智能技术与文化身体塑造	20

思考题 ⋯⋯ 21

第3章 智能社会的社会互动关系 ⋯⋯ 22

3.1 理解"社会互动" ⋯⋯ 22
- 3.1.1 什么是"社会互动"? ⋯⋯ 22
- 3.1.2 社会互动的类型 ⋯⋯ 23

3.2 人与智能机器人的交流互动类型与方式 ⋯⋯ 27
- 3.2.1 人与智能机器人的交流互动类型 ⋯⋯ 27
- 3.2.2 人与智能机器人的交流互动方式 ⋯⋯ 27

3.3 人工智能与社会关系 ⋯⋯ 29
- 3.3.1 人与人工智能体的社会关系 ⋯⋯ 29
- 3.3.2 智能机器之间的交流与关系 ⋯⋯ 31

3.4 人工智能与人类社会信任关系的建立 ⋯⋯ 32
- 3.4.1 社会关系与信任 ⋯⋯ 32
- 3.4.2 人工智能与人类社会的信任关系建立 ⋯⋯ 32

3.5 人工智能、社会结构的变化及其社会影响 ⋯⋯ 34
- 3.5.1 人工智能与社会结构的变化 ⋯⋯ 34
- 3.5.2 人与人工智能体的互动会影响人类的思维能力 ⋯⋯ 35
- 3.5.3 AI依赖及人机情感危机 ⋯⋯ 36
- 3.5.4 人工智能算法和机器人对社交渗透理论的影响 ⋯⋯ 37
- 3.5.5 人工智能与社会资本的变化 ⋯⋯ 38

思考题 ⋯⋯ 39

第4章 人工智能与新的社会阶层群体 ⋯⋯ 40

4.1 理解"社会阶层" ⋯⋯ 40
- 4.1.1 什么是社会阶层? ⋯⋯ 40
- 4.1.2 信息传播技术(ICT)的发展与新兴社会阶层群体 ⋯⋯ 41

4.2 人工智能社会下的阶层群体新变化 ⋯⋯ 42
- 4.2.1 一部分工人阶层群体被取代 ⋯⋯ 42
- 4.2.2 新的社会阶层群体——程序员的出现 ⋯⋯ 43

4.3 人工智能的使用与社会阶层差异 ………………………………………… 51
4.3.1 社会分层现实下的 AI 发明与使用 …………………………………… 51
4.3.2 AI 的出现及其收益能否普惠社会各阶层？ …………………………… 51
4.3.3 个体弱势、边缘群体与人工智能技术 ………………………………… 53
4.4 社会阶层流动与人工智能技术发展 ……………………………………… 54
4.5 从社会学角度如何看待人工智能对社会分层的影响？ ………………… 55
4.5.1 功能论 ……………………………………………………………………… 56
4.5.2 冲突论 ……………………………………………………………………… 56
4.5.3 符号互动论 ………………………………………………………………… 57
思考题 ……………………………………………………………………………… 58

第 5 章 智能社会的越轨行为与社会控制 ………………………………… 59
5.1 理解"越轨" …………………………………………………………………… 59
5.2 人工智能与越轨行为 ………………………………………………………… 59
5.3 人工智能与社会控制 ………………………………………………………… 61
5.3.1 人工智能作为社会控制的工具 …………………………………………… 61
5.3.2 人工智能作为社会控制的对象 …………………………………………… 62
思考题 ……………………………………………………………………………… 66

第 6 章 人工智能技术与风险社会 ………………………………………… 67
6.1 理解"风险"与"风险社会" ………………………………………………… 67
6.1.1 什么是"风险"？ ………………………………………………………… 67
6.1.2 什么是"风险社会"？ …………………………………………………… 68
6.2 人工智能风险的表现 ………………………………………………………… 68
6.2.1 人工智能技术发展与安全"风险" ……………………………………… 69
6.2.2 人工智能技术的潜在不当使用与风险 …………………………………… 70
6.2.3 人工智能偏见和歧视 ……………………………………………………… 72
6.2.4 伦理与异化风险 …………………………………………………………… 72
6.3 人工智能风险的社会治理 …………………………………………………… 73
思考题 ……………………………………………………………………………… 75

第 7 章 人工智能与家居社会生活 ………………………………………… 76
7.1 智能家居生活：人工智能在家居生活中的应用 ………………………… 76
7.1.1 人工智能与居住环境的智能化 …………………………………………… 76

       7.1.2　人工智能产品基于深度学习助力营养食品的识别 …………… 77
       7.1.3　家政服务机器人 ……………………………………………… 78
　7.2　对智能家居生活的社会观察和思考 ……………………………………… 78
       7.2.1　真实体验缺失 ………………………………………………… 78
       7.2.2　智能家居与家庭建设 ………………………………………… 79
       7.2.3　人工智能与家庭外社会生活：身体残障人士的社会融合 …… 80
　思考题 ……………………………………………………………………………… 82

第8章　智能出行的社会影响 ……………………………………………………… 83

　8.1　智能出行的发展 …………………………………………………………… 83
       8.1.1　自动驾驶的发展 ……………………………………………… 83
       8.1.2　智能即时交通 ………………………………………………… 84
       8.1.3　智慧交通管理 ………………………………………………… 85
       8.1.4　智能出行 ……………………………………………………… 85
       8.1.5　车联网下的汽车：流动化、场景化新媒介的代表 ………… 86
　8.2　智能出行中的社会影响 …………………………………………………… 86
       8.2.1　智能出行、年龄差异与普惠出行 …………………………… 86
       8.2.2　网约车车内空间的社会属性 ………………………………… 87
       8.2.3　网约车、流动人口的可持续性生计与数字劳动 …………… 88
　思考题 ……………………………………………………………………………… 92

第9章　智能社会的人工智能与工作 ……………………………………………… 93

　9.1　人工智能对工作的影响 …………………………………………………… 93
       9.1.1　人工智能对工作影响的表现 ………………………………… 93
       9.1.2　人工智能对工作影响的结果 ………………………………… 95
　9.2　人工智能影响下的行动策略 ……………………………………………… 99
       9.2.1　从意识上正确认识人工智能对工作的影响 ………………… 99
       9.2.2　就个体而言，积极转变自身，保持学习的意愿和能力 …… 99
       9.2.3　就社会而言，应积极采取针对性措施 ……………………… 100
　思考题 ……………………………………………………………………………… 100

第10章　人工智能与智慧休闲 …………………………………………………… 101

　10.1　理解"休闲" ……………………………………………………………… 101
　10.2　智慧休闲：人工智能对休闲活动的影响 ……………………………… 102

  10.2.1 人工智能休闲活动中的内部技术要素 ……………………………… 102
  10.2.2 人工智能休闲活动中的外部技术要素 ……………………………… 102
 10.3 对人工智能休闲的社会观察与思考 …………………………………………… 105
  10.3.1 基于人工智能的休闲与"宅文化" …………………………………… 105
  10.3.2 理论上增加了休闲时间,实际上模糊了工作和休闲时间的界限 …… 106
  10.3.3 在人工智能影响下,劳动和休闲的界限在变得模糊 ………………… 106
  10.3.4 休闲消费与大数据"杀熟" …………………………………………… 107
  10.3.5 人工智能休闲产品使用与身份认同 ………………………………… 108
 思考题 ……………………………………………………………………………………… 109

第11章 人工智能与新闻传播 ……………………………………………………………… 110

 11.1 人工智能对新闻传播内容的影响 ……………………………………………… 110
  11.1.1 人工智能对新闻理念的影响 ………………………………………… 110
  11.1.2 人工智能对新闻采集手段的影响 …………………………………… 112
 11.2 人工智能对新闻传播者的影响 ………………………………………………… 114
  11.2.1 人工智能对新闻记者编辑影响的表现 ……………………………… 114
  11.2.2 人工智能对新闻记者影响的结果 …………………………………… 117
 11.3 人工智能对新闻媒介的影响 …………………………………………………… 118
  11.3.1 人工智能对作为符号系统的媒介的影响 …………………………… 118
  11.3.2 人工智能对作为技术的媒介的影响 ………………………………… 119
  11.3.3 人工智能对作为终端的媒介的影响 ………………………………… 120
 11.4 人工智能对新闻机构的影响 …………………………………………………… 121
  11.4.1 原有新闻媒体组织机构的变化 ……………………………………… 121
  11.4.2 新兴新闻资讯科技公司的出现 ……………………………………… 122
 11.5 人工智能对新闻用户的影响 …………………………………………………… 122
  11.5.1 在人工智能的影响下,新闻用户所处的媒介生态环境发生了变化 …… 122
  11.5.2 新闻用户主观层面新闻需要的变化 ………………………………… 123
  11.5.3 在人工智能影响下,新闻用户的新闻消费习惯发生了变化 ………… 123
  11.5.4 用户新闻素养的变化 ………………………………………………… 125
  11.5.5 新闻用户不再满足于被动地接受新闻,开始自己生产新闻,推动了自媒
     体新闻的发展 ………………………………………………………… 125
  11.5.6 用户新闻消费的场景化、流动化 ……………………………………… 125
  11.5.7 从模糊的用户画像到精准的定位 …………………………………… 125
 思考题 ……………………………………………………………………………………… 126

第12章 人工智能技术创新与可持续发展 ... 127

12.1 理解"可持续发展" ... 127
- 12.1.1 "发展"的含义 ... 127
- 12.1.2 可持续发展观 ... 128
- 12.1.3 可持续发展目标 ... 129

12.2 人工智能技术与环境可持续性发展 ... 130
- 12.2.1 人工智能、减少污染与环境可持续性发展 ... 130
- 12.2.2 人工智能与环境监测 ... 131

12.3 人工智能与社会可持续性发展 ... 132
- 12.3.1 人工智能促进金融资本提升 ... 132
- 12.3.2 人工智能促进人力资本提升 ... 136

思考题 ... 139

第13章 人工智能文化及变迁 ... 140

13.1 理解"AI文化" ... 140
- 13.1.1 "文化"的概念 ... 140
- 13.1.2 人工智能文化的分类 ... 141

13.2 AI文化与文化变迁 ... 145
- 13.2.1 AI文化与文化涵化 ... 145
- 13.2.2 AI文化与文化生态 ... 146

思考题 ... 147

结语 迈向行动的人工智能社会学 ... 148

参考文献 ... 152

附录 在大学专业课教学中实现课程德育 ... 171

第1章
理解人工智能社会学

1.1 何谓人工智能

"人工智能"(Artificial Intelligence,简称 AI,下同)是个高频词。提及"人工智能",人们会首先想到作为技术的人工智能,如语音识别技术、图像识别技术以及深度学习技术等;其次还会想到作为产品的人工智能,如已经在人们的日常生活中得到广泛应用的无人机、机器人智能助理等;再次可能还会想到作为公司机构的人工智能,如亚马逊公司、百度公司、今日头条、科大讯飞等。例如,在 2018 年中国人工智能未来企业排行榜中,百度以排名第一领跑中国人工智能企业。位于第二的是腾讯,腾讯以大数据为基础在互联网综合服务方面优势明显。华为排名第三,华为在人工智能自动化业务以及智能芯片等方面在中国都处于领先地位。阿里巴巴排名第四,它的优势也是体现在互联网综合服务等方面。

表 1-1 2018 人工智能未来企业排行榜[5]

1	百度	开放的人工智能服务平台
2	腾讯	互联网综合服务
3	华为	人工智能自动化业务、智能芯片
4	阿里巴巴	互联网综合服务
5	平安集团	人工智能金融研发平台
6	华大基因	精准检测、医疗数据运营服务
7	搜狗	综合人工智能解决方案平台
8	科大讯飞	智能语音技术

续表

9	中科创达	智能终端平台技术
10	珍岛集团	SaaS 智能营销云平台
11	商汤科技	人工智能视觉深度学习平台
12	神州泰岳	综合类软件产品及服务
13	寒武纪科技	深度学习专用的智能芯片
14	汉王科技	文字识别技术与智能交互
15	全志科技	智能芯片设计
16	Face++旷视科技	人工智能产品和行业解决方案
17	创略科技	智能客户数据平台

最后,提及"人工智能",人们还可能会想到的是人工智能与社会的关系,如人工智能可能会带来的隐私安全、伦理风险等。例如,现在很多商户和用户在使用刷脸支付,那么这些背后的生物特征数据直接跟用户隐私紧密相关,如果这些被系统收集的数据被不法分子转卖谋利,则用户的隐私面临被侵犯的实际风险。当然,"这其中有技术层面的问题,也有法规监管不到位的问题"。对于人工智能系统的安全风险治理,"需要相关各方坐在一起,形成合力,展开面向未来的综合研究"。"既然开始步入智能化社会的新时代,人工智能也已经带来各种挑战和可能的隐患,那么我们确实需要未雨绸缪,确保人工智能的正面效应。"[6]因此,理解人工智能的一个视角便是从社会的层面切入探讨人工智能与社会的互动关系。

人工智能并不是一个新的概念,这一概念和应用其实早在 60 多年前就已开始,不过,随着 AI 被更广泛地应用到人类社会的各个方面,新的机遇和挑战也随之产生了。因此,我们从社会学的角度将目光聚焦在 AI 的社会层面。

1.1.1 人工智能概念的界定

"人工智能"这个词由达特茅斯大学助理教授 John McCarthy 在 1956 年提出,作为一种统称,AI 可用于指代可体现出智能行为的硬件或软件。中国人工智能学会前理事长、北京邮电大学钟义信教授认为,人工智能是研究智能程序的科学,"研发各种智能机器,主要用来扩展人类'解决问题'的能力"。需要注意的是,不能一提到人工智能就想到机器人。人工智能与机器人是两个有联系但是有差别的概念。机器人可以看作是人工智能的一种智能产品形态。

为了更好地理解人工智能这个概念,我们可以看图 1-1,将人工智能按照能力延伸方向的不同划分为四个象限。

首先我们可以将目光聚焦于这张图的中间——人工智能,然后以此为中心,将人工智能的能力向水平和垂直两个轴进行延伸。向上代表人的脑力,对应的行业术语叫作"神经网络";向下代表人的体力,对应的行业术语叫作"机器人";向左可以代替人,对应的行业术语叫作"智能化";向右可以辅助人,对应的行业数据叫作"增强化"。由此,我们得到四个象限:在智能化和神经网络这个区域,AI 的典型应用具体涉及文本识别、图像识别、语音识别、自然语言处理、智能声音合成等应用。在增强化和神经网络这个区域,主要涉及智能商业应用、个人智能助手等应用。在智能化和机器人这个区域,主要涉及智能制造、服务机器人、自动驾驶和无人机等应用。在增强化和机器人这个区域,主要涉及可穿戴设备、AR/VR、智能家居等应用。[7] 由此可见,人工智能作为一门学科,具体指的是研究智能程序的科学;人工智能作为技术,具体指可体现出智能行为的硬件或软件。

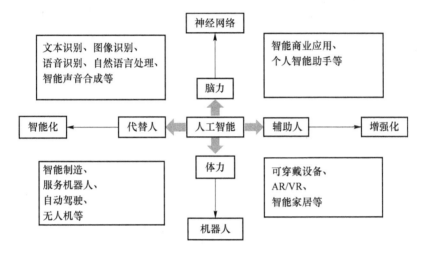

图 1-1 人工智能按能力延伸的方向不同进行分类

1.1.2 人工智能的分类

百度李彦宏在《推动新一代人工智能健康发展》一文中提及了人工智能的分类问题,他认为"人工智能发展包括弱人工智能、强人工智能和超人工智能三个阶段。虽然强人工智能和超人工智能距我们尚远,但我们应运用前瞻思维深入思考未来可能出现的突出问题,如人工智能是否安全可控、人会不会被机器取代、人与机器的责任如何界定等。"[8] 借鉴李彦宏对人工智能的分类,从目前全世界研发现状看,人工智能按能力可分为三类。

(1) 弱人工智能。即擅长于单一方面的人工智能,如我们手机的语音助手、导航系统、智能翻译,甚至 AlphaGo。

(2) 强人工智能。即是人类级别的人工智能,在各方面都能和人类比肩,能够进行思考、计划、解决问题、抽象思维、理解复杂理念、快速学习和从经验中学习等操作,达到这一阶段还有很多技术难题要攻克。

就这二者而言,"弱人工智能"所指的是能够在行为上表现得类似人类的智能系统,但其实它们并没有意识;而"强人工智能"则指的是那些真正具备思维能力和认知状态的系统。[9]事实上,我们需要注意的是,弱人工智能其实并不那么弱。这种弱是根据人工智能无法复制人类大脑及其意识推断出来的结论。例如,我们人类可以通过前后文语境很轻松地识别出"抱负"和"报复"这两个词,但是对于人工智能系统而言,它并没有像人类那样依靠前后语境来理解区分,而是依靠统计分析大量文件数据去辨别。因此,正如国际象棋大师卡斯帕罗夫所言,"人工智能世界,尽管对比赛结果、对世界的关注程度很满意,但深蓝本身,却和人工智能前辈们几十年前所想象的,能够成为国际象棋冠军的那个梦想机器相去甚远。这台计算机无法像人类一样思考或下棋,它没有创造力和直觉,相反他们看到这台机器只是每秒钟系统性地评估两亿种可能的下法,最终通过蛮力计算获得了胜利。"[10]由此可见,人工智能在某些能力方面并不弱,反而是比人类智能强很多,只是评判的标准视角不同而已。

(3) 超人工智能。知名人工智能思想家尼克·博斯特罗姆把超人工智能定义为"在几乎所有领域都比最聪明的人类大脑要聪明很多,包括科学创新、通识和社交技能"。这种类型的人工智能更多地是出现在影视作品中,正如《爱、死亡和机器人》第一季第 2 集《三个机器人》所描绘的一样。

人工智能革命是从弱人工智能,通过强人工智能,最终到达超人工智能的过程。

1.2 人工智能的社会影响

我们可以将技术界定为"为了完成某项特定的任务而应用知识的某种设备或者技巧方法"。一般而言,技术包含三个要素:第一,技术是非人体的实体。虽然人的手、腿等可以被用来完成某项特定的任务,但是它们显然不属于技术范畴。通常,我们将技术视为某种物理性存在的设备,其实,正如前述定义所示,技术既可以是某种设备,同时也可以是某种无形的技巧或方法。第二,技术需要应用知识。例如,手机技术就需要应用电学、电工学、电磁学、声学、图像处理、软件编程等领域知识。第三,技术可以被用来做某种事情。[11]显然,人工智能具备上述关于技术的三个要素。例如,人工智能技术可以帮助人们实现自动驾驶、新闻写作、远程医疗诊断等工作。

当我们探讨"影响"时,我们可以从输出成果(output)、结果效果(outcome)和影响作用(impact)三个层面来理解,具体到人工智能的社会影响,我们将分别从人工智能在各个领域的成果,运用人工智能在各个领域的成果所带来的积极和消极的结果,以及人工智能在各个领域中的实际应用对社会关系社会结构等带来的影响进行探讨。

1.2.1 人工智能在人类社会各个领域的成果

人工智能的影响涉及人类社会的多个领域。如果以人类的生活为主轴,那么,我们会发现,人工智能对人类社会的影响主要体现在家居、出行、工作、学习、休闲、消费、医疗、传播八个方面。

(1)家居。例如,Google 曾经花费 32 亿美元收购 Nest 这个由"iPod 之父"法德尔创立的智能家居公司。随着 AI 技术在家居场景中的持续应用,智能家居成为了所有人关注的焦点之一。随后,科技巨头及创新型公司纷纷从自身优势出发,强势介入智能家居领域,包括以手机为中心的苹果 Home Kit、华为 Hilink、小米米家,以科技赋能为中心的华为 OpenLife 等各种智能家居设备公司。与此同时,随着智能家居从单品时代迈入场景时代,在基于人工智能与大数据的智能场景下,未来家电的互联互通可以带给人们更加超凡的智能体验。[12] 居住环境的智能化、营养健康监测与识别、家政服务机器人等都成为智能家居应用的成果表现。

(2)出行。马斯克认为 Tesla Model X 就是一个汽车形式的计算机,可以把它称为机器人,不止 Tesla,每辆新车都是一个机器人。当然,人工智能在出行领域中的应用并不仅仅只是自动驾驶。智能即时交通、智能交通管理、智能行程管理等也在逐步成为现实。

(3)工作劳动。例如,eBay 有一个 ShopBot 系统,它可以更快、更无缝地实现搜索、比较以及购买商品。这款机器人拥有强大的机器学习能力,它可以根据用户购买历史或商品搜索历史,为用户提供更有针对性的购物推荐。[13] 人工智能通过提升生产率、利润率,升级生产过程甚至重构产业部门,从而在工作和经济活动场景中的应用最为广泛。

(4)教育学习。在国务院发布的《新一代人工智能发展规划》中,提及"智能教育",包括智能技术在推动人才培养模式、教学方法改革,构建包含智能学习、交互式学习的新型教育体系中的应用;在开展智能校园建设,推动人工智能在教学、管理、资源建设等全流程应用;在开发智能教育助理,建立智能、快速、全面的教育分析系统中的应用等。通过应用人工智能技术,建立以学习者为中心的教育环境,提供精准推送的教育服务,实现日常教育和终身教育定制化。

(5)休闲。例如,Air Hockey Robot EVO 系统是一套桌面冰球游戏系统,它是由 Arduino、皮带轮、挡板以及许多可以 3D 打印的部件组成。它可以通过检测冰球和球拍的位置,实时计算出预测的轨迹并即刻做出相对的反应。[14] 总之,人工智能通过诸多应用影响了休闲活动的内部技术要素和外部技术要素。

(6)消费。当然,消费所涉及的方面很多,如果按照消费场景来划分,太过繁杂。我们将其分为线上和线下,相对简单可操作一些。即线上和线下,包括中间环节的物流领域。例如,德国初创公司 ProGlove 开发的智能手套有许多传感器,可让制造工人和物流工作人员更快、更安全、更容易地工作。流程步骤可以被记录下来,而智能手套也会给用户提供即时反馈。[15]可穿戴设备也正日益被用于监控和确保工人的安全。

(7)医疗。医疗领域是目前 AI 应用最受关注的领域之一。例如,2018 年 6 月 30 日,备受关注的首场神经影像领域的"人机大战"在国家会议中心落下帷幕,在脑肿瘤和脑血管影像判读比赛中,医疗 AI 最终以高出 20%的准确率战胜了医学界的"最强大脑"。通过对北京天坛医院近十年来接诊的数万余神经系统相关疾病病例影像的系统学习,"BioMind 天医智"在脑膜瘤、胶质瘤等常见病领域的磁共振影像诊断能力相当于一个高级职称医师级别的水平。[16]人工智能在检测、服务、操作、管理等方面都有着诸多应用。

(8)传播。人们对传播(communication)的理解比较多元,既可以包括一对多的大众传播,也可以包括一对一的人际沟通与交流。AI 在传播领域的应用包括这两个方面。我们在此举一个人际沟通方面的例子。日本丰田汽车公司曾发布一款小巧的名为"迷你 Kirobo"的聊天机器人,可以放在手掌上,能说你喜欢听的话。这款机器人可以识别你的面部表情,推测你的心情,然后说出贴心话并做出相应动作。它还能记住你的喜好,比如喜欢吃什么,还能记住和主人一块儿去过的地方,并把这些记忆用在聊天当中。[17]在本书中,我们将以人工智能在新闻传播活动中的应用为重心从新闻内容、新闻传播者、新闻传播机构、新闻用户等不同层面探讨人工智能对传播的社会影响。

如上所述,我们分别从八个生活场景的角度探讨了人工智能的影响,当然,这些仅仅只是人工智能社会影响的第一个层面。

1.2.2 运用人工智能在社会各个领域的成果带来的积极和消极的结果

前述,我们分门别类地探讨了人工智能技术在人类社会生活(我们冒着将社会视为涵盖人类一切生活领域的风险)领域中的应用成果这一层面的影响。显然,这些成果在使用中会给人类的生活带来各种变化。例如,在智能出行领域,智能自动驾驶的引入给人们的出行生活带来了便利,但是同时也出现了因为技术原因而导致的车损人伤的事故等消极的结果。

1.2.3 人工智能在各个领域中的实际应用对社会关系等方面带来的影响

在上述两个层面探讨的基础之上,我们仍然可以更进一步去分析人工智能在各个社会领域中的实际应用对社会关系、社会结构等带来的影响这一层面。以智能家居这一领域为例,智能扫地机器人的应用已经给传统家庭的性别分工、家庭中的两性关系等带来影响,我们将在后面章节进行探讨。

综上所述,谈及人工智能的社会影响,我们可以从人工智能在各个领域的应用成果,运用人工智能在各个领域的成果所带来的积极和消极的结果,以及人工智能在各个领域中的实际应用对社会关系、社会结构等带来的影响进行探讨。

那么,该如何看待这种社会影响?有的人倾向于技术乐观主义,认为人工智能技术将会帮助人类社会解决近乎任何问题;有的人则倾向于技术悲观主义,认为人工智能技术可能会给人类带来毁灭等灾难性后果。

我们在此分享一种更为辩证的视角,可以从两个维度来看待这个问题。第一个维度是人工智能技术影响的维度,我们可以将其视为一种连续统(continuum),一端是乐观主义,另一端是悲观主义,正如前述,某些人持有乐观主义的观点,某些人则站在悲观主义的一端。第二个维度是关于人工智能技术影响的原因维度,我们也可以将其视为一种连续统,一端是技术决定论,即强调技术的自主性和独立性,认为技术能主宰社会命运。显然,技术决定论者意识到了技术对人类社会政治、经济、文化的全方位影响,但是却走了极端,完全忽略了其他因素对社会的影响和作用,例如,认为人工智能技术带来失业等。另一端是社会决定论,强调正是基于在某种社会结构内的人类选择决定了技术的社会影响。此外,每个连续统都有一个中点,代表着一种对人工智能技术的影响和原因的更为中和的观点。

如图1-2所示,围绕着人工智能技术的社会影响以及对这种影响原因的思考,出现了乐观主义和悲观主义,技术决定论和社会决定论等不同的观点。图1-2给我们揭示了如何更为辩证、客观地去看待人工智能技术的社会影响。

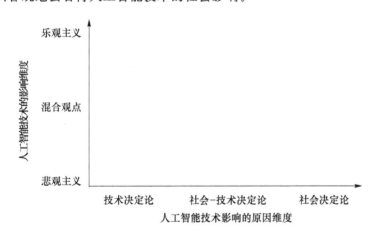

图1-2 有关人工智能的影响和原因的观点

此外,探讨 AI 技术的社会影响,首先我们得注意区分 AI 的内在功能(functionalities)和 AI 的可用性(affordances)即人们对 AI 技术的使用与否。其次我们得注意区分哪些是人们因使用 AI 而带来的广泛变化,哪些是人们对这些变化所作的价值判断。对于前者,例如,AI 所带来的自动化、透明化、创新等社会变化几乎不会有什么异议,但在如何看待这种变化以及变化的程度、好坏等方面却存在或多或少的争议。

1.3 如何理解人工智能社会学

1.3.1 社会及社会学

前述我们探讨了什么是人工智能,那么对于人工智能社会学而言,还有一个概念即"社会学"需要我们首先进行明确。

在社会学中"社会"一词是英文 society 的译语。社会的组成要素是人们之间的社会关系。马克思从整体论的角度概况地指出,社会(不管其形式如何)都是人们交互作用的产物。"生产关系总和起来就构成所谓社会关系,构成所谓社会。"[18]马克思从一般的意义上指出了社会的本质,即社会是人们通过交往而形成的社会关系的体系。社会有如下含义:第一,社会是由有意志的个体组成的,社会是人们共同生活的结合体,社会是人的社会。第二,社会是有意志的个体通过活动而形成的,社会是一个互动的体系,共同的兴趣和结合一起带来的利益是人们结成社会的深层原因。第三,社会是由相关的社会关系积累、联结而成的,社会是社会关系的体系,这些社会关系是在具体情况下人们共同活动的规范。[19]随着人工智能体的出现,"社会"正在发生变化,尤其是未来强人工智能的出现,其自身便作为与人类智能体同等的主体参与到跟人类之间,以及强人工智能体之间的互动之中,这种现象是否应该纳入人工智能社会学者研究的视野当中呢?就目前来看,技术可能性与社会风险并存,未雨绸缪未尝不是一件好事。

对此,在 2019 年 10 月 21 日举办的第六届世界互联网大会人工智能论坛上,中国科学院院士吴朝晖便表示,智能增强时代的一个特征便是人机共存,近百年来,"人类＋物理"交互的二元空间已转变为"人＋物理＋虚拟信息"世界;现在,再加上一个主体——智能机器,人类社会将成为四元主体。在这个转变过程当中,人和机器的关系、人与人之间的关系等,都需要有重新的定义和思考。[20]在人工智能技术的影响下,社会结构正在发生迅速且很大的变化。"人-人""人-机器"的社会结构,逐渐过渡为"人-人""人-智能机器-人""人-智能机器-机器"的社会结构。人与人工智能体包括合作、竞争、冲突等在内的各种性质的社会关系,以及工作场景下的同事关系,社会交往中的性爱、婚姻关系等都已经或正在成为现实,给现有的社会关系和社会结构带来了新的因素,人们将不得不学会与有智能的机器相处,并适应这种变化了的社会结构。

1.3.2 什么是人工智能社会学

人工智能社会学把人工智能看作是一种特定的社会现象,运用社会学的观点和方法,研究人工智能技术与社会相互作用、协调发展的社会科学,是人工智能科学与社会学的交叉学科。人工智能社会学的主要研究内容如下。

(1) 社会对人工智能的影响

社会对人工智能的影响,即影响人工智能发展的社会机制。

社会对人工智能的影响包括两个层面:其一,对人工智能技术研发中的社会因素的考量,尤其是对社会心理的捕捉和参考,应用层面的技术研发尤为需要注重这方面的因素。其二,包括对人工智能在技术落地中的社会影响因素的分析和探讨。例如,人脸识别技术在落地应用中的遭遇等。据报道,瑞典一所高中使用人脸识别系统记录学生的出勤,这被认为对学生个人信息的处理不符合欧盟《通用数据保护条例》的规定。瑞典数据监管机构对其开出一张金额为 20 万瑞典克朗(约合人民币 14.7 万元)的罚单。在美国纽约州北部的洛克波特市,当地一所学校本预计用 140 万美元的国家补助金安装数十个监控摄像头开始使用人脸识别系统,对潜在罪犯进行监测。这项计划也被美国教育部叫停。2019 年 5 月,美国旧金山监事会以绝对多数的投票结果,决定禁止旧金山警方使用人脸识别软件来查找罪犯。高新科技公司众多的这座城市,成为美国第一个推出人脸识别禁令的城市。而在中国学校使用人脸识别技术的消息曝出后,教育部科学技术司司长雷朝滋在接受记者采访时表示,"(对于人脸识别技术应用)我们要加以限制和管理。现在我们希望学校非常慎重地使用这些技术软件。"[21] 由此,我们可以发现,人工智能技术在研发和落地应用中会受到不同社会文化因素的影响,而这些恰恰是人工智能社会学需要思考和研究的对象。

(2) 人工智能对社会的影响

人工智能对社会的影响,包括人工智能技术的社会功能及在落地应用后所产生的社会后果。

这也是本书着重探讨的内容,包括前述的人工智能社会影响的三个层面。例如,前述人工智能在人们八大社会生活领域的应用及其表现,应当被人工智能社会学的研究者关注和思考。总体而言,人工智能在社会各个生活领域中的应用,促进了智能社会的建设。对此,《新一代人工智能发展规划》为我们描绘了一幅智能社会的场景。

"建设安全便捷的智能社会。围绕提高人民生活水平和质量的目标,加快人工智能深度应用,形成无时不有、无处不在的智能化环境,全社会的智能化水平大幅提升。越来越多的简单性、重复性、危险性任务由人工智能完成,个体创造力得到极大发挥,形成更多高质量和高舒适度的就业岗位;精准化智能服务更加丰富多样,人们能够最大限度享受高质量服务和便捷生活;社会治理智能化水平大幅提升,社会运行更加安全高效。"[22]

再如,人工智能技术在落地应用后所产生的社会问题,后面章节将会涉猎诸多方面,此处以人工智能技术在应用中所出现的社会风险为例。例如,一款 AI 换脸的应用 ZAO 几乎在一夜间收割了海量用户,一度跃升至 App Store 免费排行榜的前三行列。然而,这款一度爆红的 AI 换脸应用,却很快被网友质疑涉嫌侵犯用户隐私。有细心的网友发现 ZAO 用户协议暗藏霸王条款,具体内容是:如果您把用户内容中的人脸换成您或其他人的脸,您同意或确保肖像权利人同意授予 ZAO 及其关联公司全球范围内完全免费、不可撤销、永久、可转授权和可再许可的权利。该条款的意思是,只要用户使用 ZAO 这款软件,生成的照片或短视频版权归 ZAO 平台所有。而且,ZAO 平台和其关联的公司,可以无偿使用用户的肖像。毫无疑问,ZAO 用户协议中的霸王条款已侵犯用户隐私。尤其是在"刷脸"大行其道的当下,AI 换脸潜在的隐私泄露风险更是不容忽视。例如,支付宝这类移动支付平台已经开通了刷脸支付功能,一些商业银行也在推广刷脸支付。一旦 AI 换脸平台的数据泄露,用户的脸部数据被黑客窃取,用户就存在账户资金被盗的风险。虽然生物特征数据具有唯一性,但生物特征一旦被非法窃取利用,基于生物特征的身份认证系统均可被轻易绕过,进而引发一系列安全事件。[23]这种担忧并非多余。例如,据报道,近日在网络商城中有商家公开售卖人脸数据,数量达 17 万条。在商家发布的商品信息中可以看到,这些人脸数据涵盖 2 000 人的肖像,每个人有 50~100 张照片。此外,每张照片搭配有一份数据文件,除人脸位置的信息外,还有人脸的 106 处关键点,如眼睛、耳朵、鼻子、嘴、眉毛等的轮廓信息。网络商城运营方已认定涉事商家违规,涉事商品已被下架处理。[24]

当然,有关人工智能的社会影响还有很多,我们会在后面的章节中继续探讨。人们需要了解的是,人工智能社会学的研究内容应当包括上述两个方面的内容,应该超越"媒介-社会"的二元论思维。

1.4 人工智能社会学的研究路径

1.4.1 功能论

功能论者认为系统是均衡或平衡的。功能主义学说将社会比作人的身体,社会的分工和运行就如人的身体各个器官一样,相互之间协作配合。各个部分构成一个有机整体,相互联系。从功能主义的视角去思考和探讨人工智能与社会的互动关系,有助于人们将人工智能视作社会有机体的一部分,人工智能嵌入在社会有机体中,受到社会的影响,同时作为社会有机体中的一部分,对社会其他部分或社会整体也产生影响作用(具体社会影响的层面请参见前述内容)。例如,就本书而言,研究者从功能主义视角观察思考人工智能社会学现象,既看到人工智能的正功能,同时也从越轨的层面注意思考人工智能的负功能。

1.4.2 解释论

解释论作为一种研究方法论,往往将社会视作构建的,强调研究者是研究现象的一部分,强调从研究对象的视角去理解社会现象。

案例:《为什么父母会拒绝洗碗机和扫地机器人?》[25]
"我记得第一次用完洗碗机,打开那一刹那,看着里面数不清的,我永远洗不了那么干净的,微微冒着热气的,散发着清香的碗碟,我感到无比幸福。我家的电热水器连了所有水龙头,每年除了夏天,我喜欢让它常开着,只用温热水。每次父母来过之后,水龙头把手一律停留在最凉的一边,怎么说都不行。另外,他们那代人死衷于塑料袋。我喜欢在冰箱里用玻璃乐扣盒分装食物,只为看着清爽。而父母家的冰箱里,总是一团一团呜泱呜泱的塑料袋。这些要不了几个钱的细节他们都不能接受,何况扫地机器人和洗碗机呢。中国这些年发展太快太快,两代人之间,听的、看的、吃的、用的,几乎没有一样的。"
"如果每天,你帮他把家里环境都收拾到完美,帮他按下扫地机器人开始清扫那个按钮,打扫完帮他把集尘盒倒干净装上,而且这个机器人聪明懂事永远不坏,有哪个父母会拒绝?但是少了任何一步,父母都拒绝。不是拒绝高科技,是拒绝需要重新学习新事物无人在旁辅佐的一切。洗碗机同理,如果有一天排水出问题了呢,父母想想就觉得很焦虑了。父母需要的不仅仅是这么一台机器,还需要一个懂得高科技的管家。"
"扫地还没他们人手快,死活觉得扫地扫得不干净。扫地机器人需要清洁尘盒,到头来还是得花和人手扫地一样的时间。扫地机器人要电,每月造成电的浪费。他们讨厌扫地机器人走来走去阻碍他们,也讨厌扫地机器人工作时的噪声。"

在上述这个案例中,对于父母为何会拒绝洗碗机和扫地机器人这类人工智能产品,如果从父母这个视角去思考,那么就会有不一样的发现。正如上述所说,他们其实"不是拒绝高科技,是拒绝需要重新学习新事物无人在旁辅佐的一切。他们讨厌扫地机器人走来走去阻碍他们,也讨厌扫地机器人工作时的噪声。"这种从文化主位的视角分析人工智能产品的落地应用的方法是有启发价值的。

1.4.3 冲突论

与功能论者不同,冲突论者关注冲突作为分层基础的作用。社会所有可供分配的资源都是有限的,因此,一个群体会为争夺资源而与其他群体进行斗争。冲突论者指出,权力群体会尽量从比他们地位更低的群体中攫取资源。

例如,据研究预测,到2030年,全球将有四分之一的汽车实现无人/自动驾驶。印度排在第24位,排名靠后的一个明显原因是现有的基础设施和监管障碍,但是,需要注意的是,政府出于其他考虑从而不鼓励这项技术也是排名靠后的一个重要原因。印度公路交通部长表示:"印度政府不会在国内支持无人驾驶汽车。"印度政府不会推广任何以牺牲就业为代价的技术。无人/自动驾驶汽车是在没有任何人为干预的情况下运行的,一旦这项技术进一步发展,将使印度数百万司机失去工作。在此之前,他同样反对推出无人驾驶汽车。他当时表示,印度有400万名司机,而且还短缺250万名。如果印度政府允许这种技术的发展,将进一步影响近1 000万人的就业。[26]在此案例中,印度政府出于就业的考虑而不鼓励在国内使用无人/自动驾驶技术。如果从冲突论的视角分析这个案例,我们便会发现这种政策背后的资源竞争和权力冲突。

由上文可知,对于人工智能现象,人工智能社会学提供了一种社会学的思维和视角,借鉴社会学的学科视角,从功能论、解释论和冲突论的视角能够看到更加多元化的社会现象。人工智能技术及其发展不是在空中楼阁之中,而是在一个生态系统(ecosystem)中,技术、人、文化(制度)等都处于动态变化之中,我们需要以一种生态的视角、动态的视角、批判的视角来看待AI,才能更好地认识和理解AI和社会。

思 考 题

什么是人工智能社会学?人工智能社会学的研究路径有哪些?请举例说明。

第 2 章

身体与技术：作为身体的人工智能

身体社会学越来越受到社会学研究者的关注，他们越来越强调身体的重要性，其中美国布莱恩·特纳的研究尤为值得关注。特纳认为，在传统社会学中，身体是缺席的。"传统的身/心二元对立以及对人的身体的忽视是社会科学中主要的理论和实践问题"。身体社会学讨论身体的社会性，探讨身体的社会生产、身体的社会表征和话语、身体的社会史以及身体、文化和社会的复杂互动。[27] 此外，英国社会学家克里斯·希林的《文化、技术和社会中的身体》则添加了技术维度，将身体放到了技术、社会和文化之中考察，他提出的"技术化的身体"概念深刻阐述了技术与身体的相互作用。[28] 身体社会学为我们思考人工智能与社会的关系提供了一种视角。

2.1 身体与技术的关系

本章将从身体对技术的建构、技术对身体的建构以及身体与技术的融合三个层面梳理探讨身体与技术的关系。

2.1.1 身体对技术的建构

身体对技术的建构即指身体是技术来源。从技术形态与功能上来说，技术来源于身体。德国技术哲学家恩斯特·卡普提出"器官投影"说，认为铁路为血液循环系统的外化。克里斯·希林将技术化的身体作为当代身体形态之一，认为身体的外形和功能为技术设定了标准。技术来源于身体可以归结为如下三种表现形式。

1. 技术形态模仿身体形态

研发人员一直想通过技术革新让机器人能获得柔软的特性。为此，来自哈佛大学的工程师利用纳米碳管开发了一种人工肌肉,据称这套系统包含一种名为介电弹性体的物质,这种柔软的物质在电场的作用下可以任意变形,这使得柔软机器人的概念成了现实。

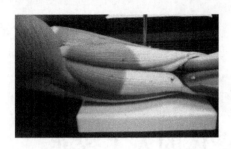

图 2-1 人工肌肉

未来,该技术不但可以用在机器人上,还能用来打造可穿戴设备、软触手和手术工具。[29]显然,柔软机器人所使用的人工肌肉便是对人类肌肉形态的模仿,如图 2-1 所示。

2. 技术模仿身体工作原理

据报道,德国科学家正在研发一种人工神经系统,来教机器人感知疼痛。研究人员计划以"对人类痛感研究成果"为基础,研发出一个机器人的神经系统。正如人类神经元能够传递痛感,人工神经系统也能传递疼痛信息,类似人类的神经系统,机器人可以借助它区分轻度、中度和重度疼痛。[30]

3. 技术设计以身体感知为尺度

例如,在人体工程学中,对于可握持的技术物设计特别强调手握的舒适度和贴合程度,以实现触感的具身性和透明性。康奈尔大学研究人员发明了一种柔软的机器人手,它能够轻轻地握住物体,并且还可以感测物体的形状和纹理。此处,机器人手的设计是以人的身体感知为标准尺度的。研究人员表示,他们研发的机器人手无须使用电机驱动每个关节,这种机器人的手是柔软的,在表面和手里面有很多传感器,这种柔软的机器人手更接近人的手,并可帮助截肢者拿取物品,如图 2-2 所示。[31]

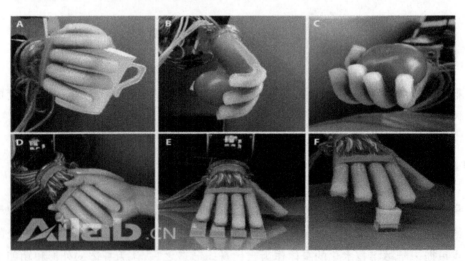

图 2-2 康奈尔大学研究人员发明的柔软机器人手

2.1.2 技术对身体的建构

如前所述,身体能够建构技术,成为技术的来源,但是从另一方面而言,技术也能建构身体,主要表现在技术对身体的替代、延伸、增强和"建构"。

1. 基于修复的身体替代

物质的或经验的身体具有可腐朽性,正是由于身体无法摆脱先天缺陷或后天伤残的困扰,技术才在修复身体缺陷方面发挥出了它的作用。例如,在2019年的中国-东盟博览会上,来自台湾的一款可站立行走的轮椅吸引了参会者的关注,借助于这款轮椅,即便是行动不便的人也能站得起来。[32]这种替代主要表现在功能和结构两个方面。当然,身体结构方面和功能方面的替代是相关的。以身体功能方面的替代为例,由于物质身体的可腐朽性,身体功能方面不可避免地遭受先天或者后天的缺陷,对有缺陷的身体而言,就可能要通过技术手段进行修复,以趋向正常的身体。

2. 基于提升的身体延伸

当然,技术的发展不会仅仅停留在弥补身体缺陷的状态中,而是不断地满足基于促进、加强、提升或放大身体知觉,从而丰富和拓展身体的体验。关于身体延伸,除了前述克里斯·希林提出的"技术化的身体"的说法之外,加拿大传播学者麦克卢汉曾以比喻的方式提出"媒介是人的延伸"的观点。他认为,我们任何一种延伸(或任何一种新技术)都会在我们的事务中引入一种新的尺度。如印刷品是眼睛的延伸,收音机是耳朵的延伸,电视机则是眼睛和耳朵的共同延伸,计算机更是中枢神经系统的延伸。总之,作为媒介的"一切技术都是肉体和神经系统增加力量和速度的延伸"。例如,借助于智能外骨骼机器人,人类可以及时感知轻微变化,极大地拓展延伸了人类的能力。[33]

3. 基于超越的身体增强

即超越经验的身体和文化建构的身体,实现在现实中目前看来无法达到的身体体验。例如,虚拟/增强现实技术便提供了这样的场域。身体作为模拟系统中的一部分,不只是沉浸在虚拟现实技术所提供的虚拟环境中作为单纯的接受者,它还能对系统进行操作和控制,从而达到人机交互的效果。

4. 技术对身体的"建构"

这种"建构",在此主要是从使用意义上进行探讨的。我们可以分别从破坏性的使用和建设性的使用两个方面影响来谈。其一,破坏性的使用对身体的"建构"。例如,有研究显示,当你抬头挺胸时,脖颈只需要承受约 5 kg 的重量。而当你低头玩手机时,相当于在脖子上扛了 25 kg 大米。在你前倾低头 60°看手机时,颈部就需承受 25~30 kg 的重量!此外,人们在玩手机时,多半会忘记眨眼,当眨眼次数减少,原有的泪膜过度蒸发,又没有新泪膜补充,眼睛就会发干,还会损害角膜和结膜上皮,进而眼睛疲劳、怕光、流泪、发痒、酸胀等就会出现，从而导致干眼症的发生。晚上关灯玩手机、玩计算机，有可能导致青光眼，甚至永久失明……[34]其二，建设性的使用对身体的"建构"。这主要包括两个层面。一是对智能设备的使用时间和方式的定时定量管理；一是指结合身体锻炼方式使用智能设备，既能够短时使用智能设备，同时通过固定身体姿势也起到塑身的效果。通过这些建设性的使用方式，能够起到避免身体受损的作用。

2.1.3 身体与技术的融合

身体与技术的融合指的是身体化的技术。虽然目前为止，人工智能仍然在本质上可以看作是人的身体的延伸和增强，但同时，我们需要注意，随着人工智能技术的进一步发展与成熟，人工智能有进一步从"身体的延伸和增强"发展到"身体化的技术"的趋势，技术正在越来越智能，正在越来越独立于人的身体，从而成为"身体化的技术"。"技术化的身体"强调技术对身体的修复和替代，是作为物质身体的一部分而呈现的；"身体化的技术"则强调了技术作为身体的类身体现象。技术不是作为身体的一部分，而是作为身体本身的面貌出现，即不再仅仅只是涉身主体，而是本就是身体主体，这是一种革命性的变化。当下已有的有关身体与技术相融合的例子如下。

（1）智能机器人

社交机器人的出现，使得机器人就像人类的朋友，机器人作为独立的智能化"身体"面貌而出现，只不过这是一种技术的"身体"，体现出身体化技术的成果。例如，Ikki是一个高度智能的社交机器人，形似企鹅，它能够与陪护对象一起唱歌、读书和玩游戏，就像一个朋友一样提供陪伴，Ikki看起来就像一个玩具，但它对医学从业者来说是很有用的。通过把这个装置放在孩子的额头上，Ikki可以接受他或她的体温。Ikki的程序还会提醒孩子吃药。[35]再如，养老陪护机器人"马里奥"（如图2-3所示）能聊天气，能帮助痴呆患者保持心智活跃，避免孤独。"马里奥"还装有一个传感器，它可以用这个传感器找到失踪的个人物品，如电视遥控器、钥匙和眼镜。它还能在需要的时候发出紧急呼救。但它的主

图2-3 养老陪护机器人"马里奥"

要目的是提供陪伴。"马里奥"还能通过它胸前的一个触屏计算机提供电影、电视节目和音乐。[36]此外,机器人医生同样代表着"身体"与技术的融合。相对于人类医生而言,机器人医生有着精准度更高、没有肌肉疲劳等优势,无论是在前列腺切除手术、肾切除手术中,还是在肿瘤切除手术中,外科手术机器人将扮演越来越重要的角色。

显然,上述无论是智能陪护机器人还是机器人医生,它们不再仅仅只是物质身体的修复或者结构功能方面的替代,而是作为一种独立存在的身体化技术实体而存在,在不同的领域中发挥着重要作用。

(2) 人机结合的"半机器人"

据报道,美国出现了首个安装思维控制机械臂的"半机器人",如图2-4所示。这条机械臂由约翰·霍普金斯大学应用物理实验室研发,是该实验室发起的"假肢革新计划"的一部分。这一计划主要面向上肢被截肢的患者,旨在打造由大脑神经活动控制的假体,以完全自然地恢复身体某个部位的运动技能。

图 2-4 首个安装思维控制机械臂的"半机器人"

先进的机器人技术和医用假体的融合给许多患者带来了巨大的积极影响,甚至改变了他们的生活。在某些病例中,假体设备帮助患者恢复了运动和感觉能力。思维控制机械臂能帮助被截肢、遭遇外伤和天生缺失手臂的患者实现各种活动能力,使他们在使用机械臂时感觉很自然。由思维控制的人造手臂更"有机",能与患者的动作、思维和身体协调合作。[37]

(3) 数字身体

据报道,78岁的美国作家安德鲁·卡帕兰将通过硅谷创业公司 HereAfter 的记忆保存项目,成为世界首批"虚拟人类"之一。当然,安德鲁·卡帕兰并不能真正"活"在服务器上。HereAfter 不是要将卡帕兰的大脑和计算机连接在一起,而是向目前还健在的卡帕兰收集信息,听他讲述自己的经历、观点甚至是性格特点,将这些信息进行整理,形成知识结构,然后构建一个可以与其他人互动的 AI 聊天机器人。HereAfter 为卡帕兰准备的模型包含了更多情感、人性的因素,卡帕兰的后代不仅能听到卡帕兰生前的录音,还能够与他的虚拟形象进行更有机的互动。这一产品还能以"语音助手"的形式存在,卡帕兰的后代可以通过手机、计算机、智能音箱等各种产品与自己已逝的亲人互动,就像和 Siri 说话一样。[38]

当然,身体化的技术并不仅仅只是以人的身体的面貌而出现,仿生机器人等则是以动物身体的面貌出现,由于大自然已经解决了机器人专家正在努力解决的许多问题,因此许多人转向生物学寻求灵感,甚至正努力把生命系统融入他们的机器人中,有越来越多的"机器人动物"面世。

2.2 对"人工智能作为身体"的社会观察和思考

上述从身体化技术的角度,从人的身体-动物的身体,物质实体-人机结合-虚拟等视角梳理了人工智能作为身体的表现形式,这种新的身体形态的出现,给研究者提供了理论思考的对象,激发研究者从身体与社会的视角去思考人工智能的社会影响。

2.2.1 数字身体、遗忘与社会伦理

就身体形态而言,我们区分了物质身体、文化身体、技术身体,在上述卡帕兰的案例中,我们看到了不一样的身体形态,即借助于人工智能的帮助,人们实现了身体的数字化。所谓"数字身体",是指人体信息经过计算机处理而出现的数字化、虚拟化的现象。数字身体的出现也带来了一些潜在的社会问题。例如,前述 HereAfter 公司采用"订阅制"的收费方式,这意味着被创造出来的"数字人类",命运掌握在后代亲属的手上。如果他们不再想听到已逝去亲人的声音,不再需要这个有点奇怪的语音助手,或者财务状况不佳,无法继续为祖先续费,这个"灵魂"就会被从服务器上无情抹去。当然,就目前技术成熟度而言,我们所制造出来的"数字人"还不够真实,删除他/她/它就像是删除了一份数据而已,但即便如此,这种虚拟化的形象或身体背后仍然负载着人的情感,当技术越来越成熟,等到计算机对人脑的模拟日渐精细、完善,甚至在某种程度上有了自主意识的时候,那个寄生在服务器上的"数字人",到底算不算一个人?其他人是否有权利决定它的命运?应该由谁来负担它存在于服务器上的成本?[38]

2.2.2 人工智能身体与社会分层

人工智能身体如何与社会分层建立关联?据报道,来自 IBM Hursley 创新中心的

McNamara 表示。20 年后,AI 纳米机器人将会植入人脑或其他身体器官,创造"半机器人"。届时,人类将能有超能力,并能用意念控制小工具。McNamara 表示,我们将会看到 AI 纳米机器人植入我们的身体,这就意味着我们能够"用意念和手势来控制环境"。同时,这将帮助修复损坏的细胞、肌肉和骨骼,甚至可以强化它们。这种科技将让人类身体与机器融合,也就是说它能够"直接增强人类意识能力,大大提高人类心理健康程度,并能利用增强计算能力来增强人类思维"。但是,McNamara 表示因纳米机器人高昂的费用,也许只有高收入人群才能享有使用它的权利。这意味着高收入人群将会变得更强,拥有更好的认知能力、健康程度和生活方式,进一步拉开与穷人的差距。[39]显然,这种身体化技术的应用,以及由此可能带来的所谓人机结合的"半机器人"的状态,代表着人们对未来的美好期待,但是我们需要认识到,技术的使用会嵌入在使用者的社会生态中,已有的社会生态会对技术的使用产生影响。因为对于一般的需求者而言,其已有的各种资本,包括人力资本、自然资本、金融资本、社会资本、物质资本往往支撑不了昂贵的费用。正如前述案例中所说,如果人们不采取适当的措施,也许只有富人才能享有使用某种身体化技术的权利,这将产生令人沮丧的社会效果。

2.2.3 涉及身体的人工智能技术与社会歧视

1. 社会歧视的主要表现

其一表现在性别歧视。虚拟助理是人工智能的一个主要应用,但一些虚拟助手的声音却多是女性的声音。例如,苹果 Siri 虚拟助手是女性声音,这被认为是一种性别歧视。再如,性爱机器人也多以女性的身体形态而出现。其二表现在种族歧视。一个最为典型的例子发生在 2015 年 6 月,谷歌照片应用的算法曾经错误地将黑人分类为"大猩猩",引发了轩然大波。

2. AI 歧视的原因

对此,研究者试图从技术和社会文化两个层面去寻找原因。就技术层面而言,AI 偏见或歧视来源于数据和算法的限制。AI 对事物作出的判断不是凭空或者随机而得的,它必须要经过一系列的训练学习才可以。如果要对 AI 进行训练,那么就要首先收集相关领域的大量数据来供其学习。在这一方面,如果数据训练量不足,那么就会造成 AI 学习的不完备,其也就可能作出错误的判断。例如,如果你在 Google 图片搜索当中以"幸福家庭"为关键词进行搜索,搜索结果当中前 100 张图片中有 81 个属于白人家庭。如果把这样的搜索结果归罪于谷歌程序员是错误的。Google 搜索结果只是更广泛地反映了在线历史内容缺乏多样性。[40]因此,改善 AI 歧视的一个办法便是改善数据集。

就社会文化层面而言,在一定程度上,AI 偏见和歧视实际上是人类偏见的一种显现和强化。例如,著名的人类学家马林诺夫斯基成功塑造了一个理想的田野工作者形象:他不仅善于自我调节以适应异乡的环境,还具有超乎常人的同理心和同情心,能够实现自我土著化,并由此获得一套关于土著如何思想、感受和理解的知识。直到1967年,马林诺夫斯基写于1914—1915年和1917—1918年两次田野期间的日记由其遗孀出版。在这部日记里,人们吃惊地发现马林诺夫斯基对其土著不仅毫无同情心,还充满了轻蔑和鄙夷(在他的民族志作品里,这些土著被描写成最聪明、高贵、正直的人)。[41]从根本上来说,人类应该把AI的歧视当作一面镜子,仔细审视自己在社会活动中种下的祸根。由此,不断减少自己实际意义上的歧视和偏见。只有学习的内容消失了,AI才可能避免产生歧视的问题。[42]

2.2.4 人工智能技术与文化身体塑造

身体形态也包括文化身体,即来自文化价值观对物质身体的影响而形成的身体形态。当然,这里的身体已经不是基于弥补缺陷的身体替代,它要求在满足身体基本功能的基础上,在外形和结构上符合美的标准。荷兰艺术家Constant Dullaart表示,"工具(如人工智能加强技术)导致的审美标准单一化是十分危险的"。例如,智能手机还能应用高动态范围(HDR)。假如手机侦测到高对比度的场景(阴影过多,高光不足),它就会采集不同曝光率的连拍图像,将其组合成单张完美的图片。人工智能正开始自主选择图片。谷歌Pixel Top Shot功能会在按下快门前后捕捉90个图像,并根据训练数据集的学习成果,选择它认为最好的一帧。除此之外,还有滤镜和应用程序也能修饰事物,让一切看起来更加优雅或震撼。大部分手机自带标准滤镜,比如"鲜明""反差"和"黑白",其他像Snapchat和FaceApp的应用程序还能提供磨皮、大眼和瘦脸等美颜功能。

研究发现,比起未经标记的图片,包含不现实的审美标准、经过"处理"和"强化"的图片反而让观看图片的人更想改变自己的容貌。整容外科医生表示,希望通过整容手术更接近高度修图、厚重滤镜的自拍照的人增加了47%,这种情况被称作"Snapchat畸形"。Dullaart说,"这种自动化的审美强化了它。同质化的图像逐渐占据媒体。最让我不安的是,孩子们认为他们需要遵循这套审美标准、身体标准以及行为标准"。[43]

如上所述,结合物质身体、技术身体、文化身体以及数字身体的分类,我们分别探讨了人工智能技术对各种身体形态的改造及社会影响。我们需要注意的是,人工智能技术身体的开发,往往并不是孤立的,而是指向某种社会关系的,正如我们前面所提到的,商用人形性爱机器人的开发,天然地指向人与人之间的关系,所以,这也是我们下一章将要给大家介绍的从社会互动或社会关系角度对人工智能技术的思考。

思 考 题

请结合不同的身体形态举例说明人工智能技术对身体的不同影响。

第 3 章
智能社会的社会互动关系

研究发现，Twitter 中的机器人数量达 4 800 万个，在目前 3.19 亿活跃用户中约占 15%，研究人员使用 6 个不同分类下的 1 150 种特征来追踪机器人账户，包括 Twitter 内容、所传达的情绪、网络模式和活跃时间等。虽然研究人员称"许多机器人账户是很有益的，它们能发出自然灾害警告，也能转达客户服务观点"，但是某些机器人可能会破坏或降低用户体验。[44]这是来自美国社交媒体 Twitter 上的数据，就国内社交媒体状况而言，目前也存在着机器人账号的现象，这些机器人账号有头像，有粉丝，还能自动发微博，而这可能破坏健康良性的社交生态圈。机器人账号在社交媒体上的广泛存在，意味着人们在社交媒体平台上的互动对象很可能是机器人而非自然人个体，这成为智能社会中新的社会互动现象。

本章将从第 2 章"身体"层面上升为社会互动和关系层面，探讨智能社会中人与人工智能体的社会交互以及所造成的既有和可能的社会影响。

3.1 理解"社会互动"

3.1.1 什么是"社会互动"？

我们生活于中的世界是充满着意义的，当然，这种意义并非是自然产生的，人们通过行动将自己的想法传递给对方，希望对方做出预期的回应，而对方则根据自己对来自前者的行动意义的理解做出反应，这就完成了一次社会互动。因此，社会互动也称社会相互作用或社会交往，它是人们对他人采取社会行动和对方做出反应性社会行动的过程，是发生于个人之间、群体之间、个人与群体之间的相互的社会行动的过程。[19]

社会互动显然对于人而言是至关重要的,为了说明社会互动的重要性,我们可以从反面来思考:如果不交往人会怎么样?

作为社会人,一方面需要接受来自外界的物理性刺激,才能够维持正常的生命活动。例如,心理学家赫伦曾经做过"感觉剥夺"试验。研究者将自愿参加试验的被试者关在一个没有光线、声音的实验室里,身体的各个部位也被包裹起来,以尽可能减少触觉。实验期间除给被试者必要的食物外,不允许其获得任何其他刺激。结果是,仅仅3天后人的整个身心就出现了严重障碍。

另一方面,除需要此种物理性刺激外,其实更需要来自其他人的社会性的信息。例如,动物心理学家曾以恒河猴做过一个同样著名的"社交剥夺"试验。试验将猴子喂养工作全部自动化,隔绝猴子与其他猴子或人的接触,实验结果显示,与那些有正常沟通机会的猴子相比,缺乏沟通经验的猴子明显缺乏安全感,不能与同类进行正常的交往,甚至本能的行为也受到严重影响。当然,这仅仅只是一个针对恒河猴的生物学实验,在现实中出于研究伦理的考虑,很难对人类自身开展类似的研究,但是我们从媒体的报道中能够发现类似的社会后果。例如,山东济南有一个叫 YJK 的 12 岁小男孩,在当地村民的眼中,他和他妈妈一样,是个疯子,父亲为防止孩子乱跑,只要外出就把他与神经病母亲锁在家里,由于缺乏正常的沟通与教育,小孩不会说话,生活无法自理,完全靠父亲照顾。这是一个令人痛心的社会悲剧,从这个真实的案例中,我们能够发现社会性信息刺激的不足是导致小男孩不会说话、生活不能自理的原因之一。[45]

上述无论是实验结果,还是真实社会中的社会案例,都说明人需要社会互动或社会交往,否则就会带来一些负面问题。对此,可能有的人会有疑问,那我们怎么看待发生在当下的"宅"现象呢?其实,如果我们仔细分析,尤其是从 ICTs 的影响这个视角来看,"宅"应该更多的是指物理空间的,至于在信息交流方面,是不"宅"的。

3.1.2 社会互动的类型

对于社会互动的类型,我们可以从不同的视角来进行分类,既可以从行动主体,也可以从互动的性质来分类。

1. 不同行动主体之间的社会互动

(1) 人际互动

人际互动是作为行动者的个人之间有意识、有目的的相互作用的过程。人际活动是社会生活中最常见、最一般的现象。人际互动通常具有以下特点:互动发生于个人之间,互动双方是具体的个人,而不是某种集体的代表;在大多数情况下这种互动是直接的、面对面进行的,也就是说在互动中双方是"共同在场"的,虽然有时这种互动也使用某种媒介。[19]

以互联网为代表的新媒介的出现，对于传统的人际互动带来了一些新的特征，传播学中在人际传播领域有个"社会渗透理论"，指的是个体之间从表面化的沟通到亲密的沟通而经历的关系发展过程。显然，伴随着关系的渗透和发展，是互动双方自我披露地次第展开，伴随着双方信息和情感的交换，而这往往是面对面地交流与互动。新兴媒体（包括朋友圈、微博、人工智能机器人）出现以后，对这种传统的社会渗透过程带来了某种潜在的可能的影响，至少从技术层面是如此。这种影响的主要表现如下：

第一，基于新媒体技术渠道的自我展示与暴露是有选择性的，相对而言并不全面，会影响互动双方对对方的判断。例如，虽然整容后往往变得很美丽，但是人们往往不会在朋友圈里去分享整容过程中的痛苦。即人们通过新媒体技术渠道所展示的是有选择性，并不是生活的全部，这种信息交换是不全面的。这是从信息交换的全面/非全面视角而言。

第二，基于新媒体技术手段的自我展示和暴露有很大可能是虚假的，即展示和暴露的是虚假的信息，这也是信息交换的数字化、虚拟化可能带来的影响。例如，人们在朋友圈或其他平台中展示的照片往往都是经过"修饰"的，虽然看起来漂亮完美，但毕竟与真实形象是有一定差异的。"乔碧萝"的事件轰动一时，正是由于这种"照骗"的存在，在社会渗透中的信息交换中，交换的信息并不是真实的，而在线上虚拟环境下，又无法去更好地判断真假。相对于此，线下面对面交谈，则能够有肢体语言等副语言的信息提示，以帮助判断信息真假。例如，我们根据交谈中对方眼神等的变化，能够综合判断出对方所传递的是否是真实的信息。

（上述影响涉及信息交换层面。）

第三，基于新媒体技术的情感交换存在不少虚假的问题。传播学者詹姆斯·卡茨和马克·阿克库斯曾经指出，技术的普及会改变人和数字技术的关系及其增加对人与人之间、人与社会机构之间关系的影响，探讨了技术对人与人之间关系的影响。例如，社交媒体中"点赞"按钮的设计，其应用后便对人与人的社会关系带来了影响。据报道，Instagram 早在 2019 年 4 月份就开始测试隐藏加拿大用户的帖子点赞总数，然后在 7 月份将其扩展到澳大利亚、巴西、爱尔兰、意大利、日本和新西兰。"点燃"按钮取消前后的变化如图 3-1 所示。根据 Mosseri 的研究，隐藏点赞总数可能会减少社会比较及其相关的负面影响。这些影响可能是显著的。研究显示，点赞数特别强调了年轻人的一种攀比和绝望态度，用户经常觉得自己的生活与别人 Instagram 主页上的精彩内容不匹配。[46] 显然，"点赞"按钮这一技术功能在应用中给人与人之间的社会关系带来了影响。显示点赞数给社交媒体的使用者带来了社会比较，影响了他们之间的社会关系。因为"点赞"本质上是一种基于新媒体技术手段的情感交换方式。在这种情感交换则很可能存在虚假现象。例如，礼貌式的点赞和虚假奉承式点赞等点赞形式的存在。而这种虚假点赞则提供了一种虚假的情感交换，则会对互动双方的关系带来影响。

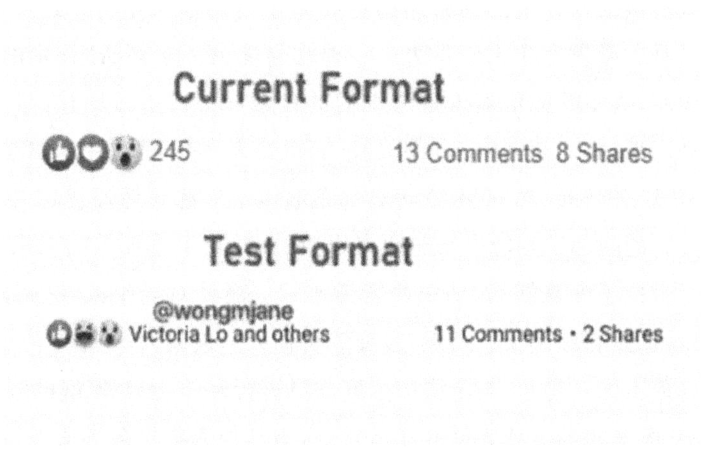

Current Format

👍❤️😮 245　　　　13 Comments　8 Shares

Test Format

@wongmjane
👍❤️😮 Victoria Lo and others　　11 Comments · 2 Shares

图 3-1　"点赞"按钮取消前后的变化

第四，基于新媒体技术渠道，虽然在线下见面之前，人们就可以通过自我线上展示和暴露而有了一定的相互了解，但是，就关系的性质而言，这种仍然是比较浅层的，对关系的亲密度或深度并没有多大提升，只是一些"熟悉的陌生人"。因此，基于新媒体技术渠道的情感交换仍需线下交往，才能形成关系交往的闭环，如图 3-2 所示。这种情感交往的数字化、线上化，仍需要一个从线上到线下的过程，才能形成一个高质量关系的闭环。

（2）人机互动

例如，聊天机器人的出现。据报道，在过去的几年中，Facebook 将大量的精力和资源都投入在了聊天机器人的开发中。目前而言，聊天机器人的对话技巧并不很高，为了解决这些问题，Facebook 的工程师自己构建了数据集来训练 AI。这些数据集来自亚马逊的 MechanicalTurk 线上市场，包含了超过 16 万条对话。他们正在努力地改进聊天机器

图 3-2　关系的闭环示意图

人的对话及交谈能力，随着技术的进一步发展，未来人机互动的效果应会更大提升。[47]因此，在人工智能化时代，作为社会互动主体之一的不再仅仅只是人类智能体，人工智能体也能作为互动主体的类型之一参与社会互动之中。

（3）群体互动

群体互动是群体与群体之间的相互作用。这种互动虽然由群体成员来实现，但是这些群体成员不是以个人身份出现，而是以群体代表的身份出现。

2. 不同性质的社会互动

在智能机器人加入社会互动的情形下，会出现合作、竞争、冲突等不同性质的社会互动。

（1）合作

人工智能社会学

不同个人或群体之间为了达到共同的目的而互相配合的互动方式便是合作。合作性质的社会互动是大量发生在人们身边的一种社会现象。随着 AI 技术的进步,越来越多的产品落地应用,人工智能机器人走进人们的日常和工作生活场景,与人构建起合作性质的社会互动。例如,一款名叫 Buddy 的家庭机器人,它不只是一个可爱的玩具,它集结了各种联网的家用产品,通过其移动自如的优势,能更好地监测家中情况。此外,Buddy 可以通过它的脸部识别能力来辨别家庭成员,并且了解他们的需求。Buddy 还有一些特性能够迎合孩子的喜好,比如一些智趣游戏。而针对老年人,它则能够提醒他们吃药,以及监测他们是否摔倒了。虽然,目前该机器人只能理解一些基本命令,但是显然它已经作为家庭成员的一份子,与不同的家庭成员进行合作,参与家庭的互动。[48]正如这个例子所显示的,家庭机器人成为社会成员之一,为其他人提供各项服务,这是一种合作性质的人机互动。

（2）竞争

竞争是不同个人或群体为了各自获得同一目标而进行的互动方式。例如,2016 年,AlphaGo 与围棋世界冠军、职业九段棋手李世石进行围棋人机大战,以 4∶1 的总比分获胜,凸显了人工智能体与人进行的竞争性质的社会互动。随着人工智能技术在各个领域中落地应用,这种带有竞争性质的社会互动也愈发变得普遍。图 3-3 是日本研发的一名机器人主播。据报道,这名新闻机器人是由大阪大学智能机器人实验室主任石黑浩研发的。她配备了有史以来最先进的语音合成系统,甚至可以与别的主持人开玩笑。[49]当然,除上述两种场景外,智能机器人也在工业生产、休闲娱乐、学习教育等各种场景下与人类进行竞争性的社会互动。媒体的渲染常常会导致人们对机器人的认知出现偏差。显然,人与人工智能体的社会互动并非仅有竞争这种类型,还有上述的合作,如果只是将目光聚焦竞争,那么便会得出不全面的判断。

图 3-3　新闻主播机器人 Erica

（3）冲突

冲突作为一种互动方式，显然要比竞争更为激烈，对关系的负面影响更大。人工智能体与人类之间的互动类型中，有一种便是冲突，当然，就目前而言，这更多表现在影视作品中。例如，在电影《机械公敌》中所展现出来的那样。

3.2 人与智能机器人的交流互动类型与方式

需要注意的是，交流互动类型与交流方式是两个不同层面的内容。另外，限于目前AI技术进展，智能机器人与人之间似乎尚难以达到"交流"一词所具有的完整含义，但此处我们仍然使用"交流"一词蕴含着我们对未来与智能机器人互动的期待。

3.2.1 人与智能机器人的交流互动类型[50]

（1）人机一对一交流。这是最基础的人机交流方式。用户可以通过发送信息或者在公共频道直接与机器人进行沟通，获得机器人一对一的服务。用户可以直接与机器人进行沟通来获得所需的服务。

（2）人机多对一交流。在这种模式中，机器人为一个团队或一组用户进行服务。该模式下，人机之间的交流不再是一对一的，而是一个团队与机器人进行沟通来使机器人完成某一任务。

（3）人机一对多交流模式。这种模式目前还没有发展成熟。因为这种模式会涉及一些道德和隐私问题，比如用户的信息是否可以在机器人群组内进行分享？谁来决定哪个机器人该做哪些任务？如果群组内的某个机器人出现问题该怎么办？

（4）超级机器人模式。超级机器人控制组内其余机器人。这种模式是上一种模式的升级版，在该种模式下，用户和机器人群组内的超级机器人进行沟通，超级机器人会协调组内其他机器人的工作，确保任务顺利完成。

（5）探索者模式。这种模式非常有趣，用户和一个机器人进行沟通，再由这个机器人为用户找到一个更适合完成工作的机器人为用户提供服务。但是这种模式需要机器人对其他机器人有充分的了解。

3.2.2 人与智能机器人的交流互动方式

人与机器人之间的沟通、交流，让机器人理解人类行为，并以适当的方式进行回应。这涉及大量前沿技术，尤其是人工智能相关技术。比如，使机器人能听懂、理解人类的语言,就涉及语音识别技术;使机器人分辨不同的人,就涉及人脸识别等技术;机器人要完成人类交付的任务,需要拥有图像识别、深度学习的能力等。

(1) 语音。这可以说是目前最基础和最常见的人与智能机器人交流的方式。我们跟智能助手如 Siri、小爱音箱等交流便是通过这种方式,当然,对于智能机器人而言,它们则需要语音识别技术的帮助。例如,谷歌在 2019 年 10 月 15 日举行的新品发布会上,对外推出了 Pixel 4 智能手机,虽然在外形上并没有什么创新,但是 Pixel 4 中包括全新的 Motion Sense 手势控制、面部解锁、更快的 Google Assistant 以及一系列智能软件,其中包括一个可以实时转录您的语音记录的录音应用程序。显然,这其中包括了一系列人工智能功能。

(2) 非穿戴式交互。这包括通过手势、体感等方式与智能机器人进行交流互动。前述谷歌 Pixel 4 手机中的 Motion Sense 手势功能,便可以实现人机交互。Pixel 手机内部的一个小型雷达传感器用于探测手机周围的移动,当用户拿手机时,Motion Sense 可以自动激活面部识别系统来解锁手机,此外,当该系统检测到用户不在手机周围时,Pixel 手机将关闭屏幕。运用这项技术,用户可以通过在 Pixel 手机前挥手来控制一些手机操作。例如,用户可以用手部动作来控制音乐、让手机静音或打开新的应用程序等。再如,日本发明的一款家政机器人,用户可以通过手势方式指挥机器人将物品放在指定的位置上。

(3) 穿戴式交互。穿戴式交互的典型代表是 Google Glass 和 Apple Watch,这类可穿戴设备配备了诸多的传感器,以感应人的生物特征信息,比如眼球的运动、心跳、呼吸、肌肉运动等。

当然,随着技术的发展,人与智能机器人的交流方式也在发生着变化和改进。例如,在计算机科学及人工智能实验室新研究出的一种反馈系统中,每当人类发现机器人出错时,即使没有语音和遥控的操作,系统也能够指挥机器人按照人类的意志行动。人的脑电图由电极传送,在精妙设计的反馈系统中最终被机器人接收。实验中,观察者仅仅坐在那里,和机器人没有任何接触,但交互的过程仍悄然进行。[51]

追踪人与技术互动的发展历程,人们发现从人们去适应技术发展到让技术更好地适应人们的习惯,现在的交互系统,包括与智能机器人的交流方式,更趋向于一种本能性的交互[52]。正如人们通过声音、手势等语言和肢体语言进行人与人的交流,在 AI 时代,人们也会通过语音式的、对话式的系统,通过手势等非穿戴式和穿戴式的系统等与智能机器人进行交互,人们不用再去花时间去学习新的交互方式,省却了中介转化这个环节。

3.3　人工智能与社会关系

3.3.1　人与人工智能体的社会关系

(1) 工作中的机器人同事关系

你的同事中会有智能机器人同事。这不仅仅出现在有关 AI 的影视作品中,在现实工作中也已经存在。例如,在北京邮电大学校园里开展日常巡逻的智能机器人,已经与人形成了合作关系。一项对 3 800 名商界领袖的调查显示,82%的受访者预测人类和机器人将在五年内展开合作。戴尔公司战略和规划高级副总裁 Matt Baker 表示:"我们开始逐渐认识到人与机器之间更紧密集成的观念。"[53]那么,AI 加入人类工作环境,对原先人们的合作会带来哪些影响呢?实验显示,在人类社会中间加上人工智能,可能会改变我们与他人的互动。案例如下。

耶鲁大学曾经做过一个实验。在这个实验中,研究人员引导一小群人与人形机器人一起在虚拟世界中铺设铁轨。每个实验组由三个人和一个蓝白相间的小机器人组成,他们围坐在一张方桌旁,通过平板电脑完成任务。这个机器人被设定为偶尔会犯错误,并且会承认错误:"对不起,伙计们,这一轮我犯了错误。""我知道这可能难以置信,但机器人也会犯错。"结果证明,这个会作忏悔的笨拙机器人通过改善人类之间的沟通交流,帮助这些小组表现得更好。他们变得更放松,更健谈,安慰那些容易犯错的小组成员。与机器人只做平淡陈述的对照相比,有忏悔机器人的实验组成员之间合作得更好。[54]

如同这个实验所展示出来的一样,机器人在与人类的一同工作中,能够通过改善人类之间的沟通交流从而促进人类更好地完成工作任务。但是,智能机器人的介入,也可能给我们人类的互动带来破坏性的影响。案例如下。

在研究者所设计的实验中,研究人员给了几千名受试者钱,让他们在多个回合的网络游戏中使用。在每一轮测试中,受试者被告知他们可以保留自己的钱,也可以将部分或全部钱捐给邻居。如果他们捐了钱,研究人员也会捐同样的钱给他们的邻居。在游戏初期,三分之二的人表现得无私。毕竟,他们意识到在第一轮对邻居慷慨可能会促使邻居在下一轮对他们慷慨,从而建立一种互惠准则。然而,从自私和短期的角度来看,最好的结果是保留自己的钱,并从邻居那里得到钱。在这个实验中,研究人员发现在整个受试群体中加入一些假装人类玩家的自私机器人,就可以促使整个群体做出同样的自私行为。最终,参与实验的人彼此完全停止了合作。这些机器人就这样把一群慷慨的人变成了自私之徒。[54]

在这个实验中,实验者通过巧妙地将机器人设定为一名自私的参与者,从而影响了团队中其他人所作出的选择,人工智能可能会有效降低我们合作的能力,这一事实非常令人担忧。

(2) 人与机器人的婚姻关系

据报道,法国人 Lilly 自己亲自动手,利用 3D 打印技术制作了一个叫 InMoovator 的机器人(如图 3-4 所示),Lilly 已经与 InMoovator 订婚了,她说,一旦人类与机器人的婚姻在法国合法化,他们将立即结婚。Lilly 说她是在 19 岁时意识到机器人对她有着强烈地性吸引,而对于人类同类,她却很排斥与他们产生身体接触。她认为这个不是什么"荒谬的"或"道德败坏的"想法,这只是一种与众不同的生活方式。[55]

图 3-4　Lilly 与她的机器人同伴

对此,瑞士应用科技大学的 Oliver Bendel 教授认为,人类与机器人的性和爱关系将不会获得道德的支撑。他认为"婚姻是人与人之间的一种合同形式,它被用以管理人与人之间共同的权利和义务,包括对孩子的照顾和福利。也许有一天机器人能够拥有真正的责任和权利,虽然我不相信这会发生。" Bendel 认为,人类与机器人的婚姻或许因为社会压力而合法[56],婚姻制度作为一项规范人与人之间权利和义务的一种制度安排,是一种历史现象,并不是人生来就存在的,因此,随着时代的发展,这项制度也可能会发生改变。无论未来如何,人们应先提前做好准备。

3.3.2 智能机器之间的交流与关系

当然,这只是谈及未来技术发展所带来的可能性。目前还存在着技术上的难度。或者说,目前人类尚没有从心理上完全接受机器人之间自创语言的交流。据报道,2017年6月,《大西洋月刊》曾发表了一篇文章称,Facebook人工智能实验室最近发生了一些匪夷所思的事情。一直训练机器人之间相互谈判的研究人员发现这些机器人偏离了原来的设定,开始用非人类语言进行交流。

图 3-5　机器人自创语言进行交流的媒体报道标题

这些报道(如图 3-5 所示)引发了人们的普遍担忧,但实际上,这些机器人根本就没有创造什么新词,还是"你""我""球"……不过是语法有点错乱。其实他们就是在争一个球,如图 3-6 所示。Facebook 后来确实关停了这一系统,但却并不是因为可能带来的威胁。实际上,这种智能机器人的开发非常困难。[57]

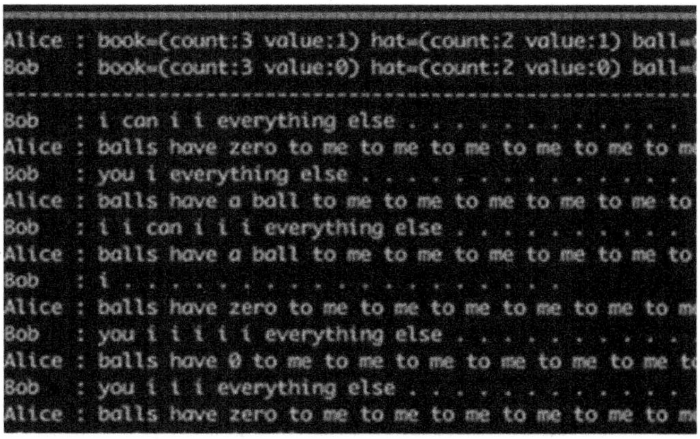

图 3-6　机器人之间"交流"的语言片段

3.4 人工智能与人类社会信任关系的建立

3.4.1 社会关系与信任

"囚徒困境"揭示了人类社会关系信任的难题。在社会科学中,信任被认为是一种依赖关系,信任对方意味着愿意承担对方行为伤害的风险,可以说,信任是高质量关系的核心特征,是社会交换的基础。随着社会的变化,信任的性质也发生了变化。在传统礼俗社会中,人们更多地是一种基于地缘或血缘的信任,而在机械社会中,由于分工的不同,社会的陌生化、原子化的发展,越来越发展为一种契约型信任。信任是我们社会的基础,无论含蓄还是明确地说,毋庸置疑的是,对彼此的信任构成了我们生活的基础,但是,随着机器人和人工智能的发展,这会产生什么变化呢?为了评估公众的意见,欧盟委员会最近进行了一项调查[58],了解人们对机器人的态度。虽然总体上的反应大多是积极的,但在一些领域人们表现出了明显的不信任。

(1) 就普遍信任而言。随着人工智能技术发展,机器人变得与活着的会呼吸和思考的生物体非常相似,人们似乎越来越不相信它们了。因为机器人激起了人们对科幻小说噩梦的不安回忆。另外,在现实发展中,机器人和人工智能技术的发展已经威胁要取代律师、保姆、收银员等,这更加剧了人们对机器人以及人工智能的疑虑。

(2) 就特殊信任而言。不同行业领域的信任,对智能机器人的信任存在差异。例如,60%~61%的人认为应该禁止机器人照顾儿童、老人和残疾人,30%~34%的人说机器人应该被禁止从事教育活动,而有27%~30%的人说机器人应该被禁止从事医疗保健工作。然而,该报告也的确表明,人们欢迎在某几个领域中应用机器人,因为它们可以帮助推动人类向前进,45%~52%的人支持将机器人应用于太空探索,50%~57%支持用于制造业,41%~64%的人支持用于军事和安全操作。

那么,在人工智能时代,人与人工智能之间如何构建起一种信任关系呢?

3.4.2 人工智能与人类社会的信任关系建立

(1) 普通情况下,一点无关痛痒的小瑕疵反而有助于构建智能机器人与人之间的信任关系。研究人员发现:"参与者对会犯错的机器人的喜爱程度远远超过了那些能与人进行完美交流互动的机器人。"甚至当这些机器人把事情搞砸了的时候,人们不但不会认为机器人不够聪明,反而觉得这些机器人很可爱。对此,来自萨尔茨堡大学的机器人专家专门进行了这项研究,他们认为"出丑效应"实际上适用于包括机器在内的任何社会事物,对于机器人同样适用。

在这项研究调查的过程中,参与者并不知道这个机器人是"被出错"的。实验中,参与者试图让机器人抓住递过来的纸条,但当它没能抓住那张纸的时候,绝大多数的参与者都会陪它一遍遍地练习而不会因此而不耐烦。为进一步验证他们的想法,科学家让参与者必须按照机器人的指令用乐高积木来搭建东西。对一些人来说,这个机器人表现得很完美。但对另一些人来说,机器人会犯一些错误。有些机器人的设计就是故意让人觉得机器人在技术上出现了问题,比如陷入一个死循环之中,不断地重复一个单词。其他的一些错误被科学家设计为机器人好像违反了社会道德规范的样子,有时它会故意打断参与者的讲话。即使是在指令出现明显问题的时候,比如机器人违反了规则,告诉参与者把乐高积木扔在地上,人们也愿意跟着它一起玩。[59]

由此可见,"出丑效应"这种源于人与人之间的社会心理现象,也同样适用于人与智能体的关系,一点无关痛痒的小瑕疵反而有助于构建智能机器人与人之间的信任关系。

(2) 机器人应该有人类的习性,这可能会有助于建立信任关系。正如前述,人与机器人之间"出丑效应"的存在,使得我们意识到从机器人的设计角度而言瑕不掩瑜,"笨拙"往往显得更可爱,更易被人类所接受。除此之外,如果机器人在某些方面具有人类的习性,例如,在交谈中,机器人应该眨眼睛并保持眼神的交流,就像人与人之间交谈所具有的那样。再者,在说话时,应该像人类那样用正确的语调来传达信息,否则,如果用欢快的语气谈论悲伤的消息,这会让人类感到很恐怖。又如,在谈话时,机器人应该像人类一样使用一些语气词,如"你懂的""就像是""呃"等,这些额外的词汇可以让对话感觉更自然。[60]

(3) 增加双方生活上的接触,逐步建立人与机器人的信任关系。影视作品等对人工智能形象夸张的建构,常常使人们对人工智能(包括机器人)的印象趋向消极和负面,总是担心人工智能取代自己,对人类造成伤害,这种评价和印象显然不太利于人们建立起与机器人的信任关系。鉴于此,增加人与机器人生活上的接触,可以减少或者消除既有的心理距离,逐步建立起人对机器人的信任。

(4) 极端情况下,人类表现出对机器人的高度信任。前述探讨了在普通情况下,人工智能体与人建立信任关系的可能路径;而在极端情况下,人类则表现出了对机器人的高度信任。研究显示,在火灾的情境下,即使机器人指示的是一条明显偏离安全出口的路线,人们也会完全按照它的指示疏散。即在极端情况如灾难等情况下,人类表现出了对机器人的快速的、高度的信任。在极端情况下,人类对机器人的信任好像比人们想象中要轻松很多。

这项研究的目的是探究在遇到火灾等紧急情况时,人类是否会信任救援机器人的指示。实验一共有来自于在校大学生的42名被试者参与。这些被试一开始并不知道实验的目的,只是被告知要阅读一些材料并完成问卷调查。被试者同时被告知要跟随一个一侧亮着"应急指引"字样的机器人,而这台机器人实际上是暗地里由研究人员操作的。机器人会先把被试者带到一个大门紧闭的办公室内,等到被试者推门而入,走廊和办公室内就会冒出滚滚浓烟,同时会触发火灾报警器。这时,机器人会伸出一条白色的"胳膊"进行引导,但是引导的方向却明显与被试者刚进来的道路相反。尽管被试者在进入办公室之前会经过配有明显"安全出口"指示的走廊,但最终,他们仍然无一例外地选择了跟随机器人走向死胡同。

此外,在实验之前,为了确定被试者对机器人的信任程度,研究人员还将被试者分成几个不同的情景进行实验。他们会先告知部分被试者,如果机器人原地打转或者突然停止移动,这就说明该机器人坏了。而这几组的被试者即使见到过机器人出现这种情况,在模拟火灾来临的时候,他们也只是犹豫了一会儿,然后依旧遵循机器人的指挥进行疏散。[61]

这个实验表明,在紧急情况下,人们会选择无条件地相信机器人,似乎并不需要人们为构建与机器人的信任关系而做出额外的努力。相对于在普通情况下,我们去思考如何构建人与人工智能体的信任关系,在紧急情况下,我们似乎应去思考该怎么避免过分地相信机器人。

上述我们更多地是从机器人与人进行互动的角度去探讨如何构建双方的信任关系,当然,也可以单纯从技术角度进行思考,但这并不在本研究的探讨范围内。

3.5 人工智能、社会结构的变化及其社会影响

3.5.1 人工智能与社会结构的变化

前述,我们顺着人与人工智能体之间的交流方式——合作方式(交往礼仪)——社会关系(包括婚姻)——社会结构这个逻辑线索来探讨二者之间的社会互动及其信任关系构建,基于此,一个合乎逻辑的后果便是社会结构已经发生和将要发生的变化。这是需要我们尤为关注的社会现象。实际上,随着社会关系的变化,社会结构也并非静止的,而是一直都在发生着或快或慢,或显著或隐秘的变化。例如,从传统村落共同体,到工业化

时代的契约性信任,再到网络化时代的网络化个人主义的显现,这些都印证着社会结构的变化。

在智能社会时代,人与人、人与机器的关系结构发生了变化,将会增加人-智能机器-机器、人-智能机器的关系结构,一种新的社会结构便会出现。就现实而言,我们越来越多地与围绕在我们身边的各种智能助手或者机器人交流互动,因此,人们必须得学会如何与人工智能体相处,积极主动地去适应这种正在发生变化的社会结构。

3.5.2 人与人工智能体的互动会影响人类的思维能力

1999年,国际自动控制联合会第14届世界大会主席、中国工程院院长宋健在大会开幕式主题报告中说:再过二三十年,"可以设想,全世界的老人都可以有一个机器人服务员,每一个参加会议的人都可能在文件箱中带一个机器人秘书。"这一设想已经开始实现。2016年,比尔·盖茨预言未来社会家家都有机器人。他说,"现在,我看到多种技术发展趋势开始汇成一股推动机器人技术前进的洪流,我完全能够想象,机器人将成为我们日常生活的一部分。"盖茨的预言也开始实现。现在,各种服务机器人已进入千家万户。据英国市场研究机构 Juniper Research 数据显示,目前每25个美国家庭中就有一户拥有机器人,预计到2020年,每10户美国家庭中就有1户拥有机器人。[62]如前所述,无论是合作性质的,还是竞争性质的,乃至冲突性质的人机互动,随着人工智能体越来越深、越来越广、越来越高地渗入人类社会生活,这种互动的影响也应引起关注和思考。

在人工智能的发展与推广应用的基础上,人与人工智能体的互动交流将影响到人类的思维能力和认知能力。例如,一旦专家系统的用户开始相信智能系统(智能机器)的判断和决定,那么他们就可能不愿多动脑筋,变得懒惰,并失去对许多问题及其任务的责任感和敏感性。那些过分依赖计算器的学生,他们的主动思维能力和计算能力也会明显下降。过分地依赖人工智能的建议而不加分析地接受,将会使智能机器用户的认知能力下降,并增加误解。人工智能在科技和工程中的应用,会使一些人失去介入信息处理活动(如规划、诊断、理解和决策等)的机会,甚至不得不改变自己的工作方式。[63]对此,德国著名的脑科学家、精神科医师、德国乌尔姆大学医院精神科主任、《数字痴呆化》作者曼弗雷德·施皮茨尔教授在书中解释了数字化的社会是如何扼杀人的脑力的,如图3-7所示。

如图3-7所示,人在不同的年龄阶段,大脑发育的水平存在着差异性,其中一些影响因素如游戏机、计算机游戏、上网成瘾等会给大脑发育带来负面的影响。因此,基于施皮茨尔教授的这一研究成果,人与人工智能体的高频度互动,人们对人工智能体的高度依赖,显然能够影响人类的思维能力等方面。

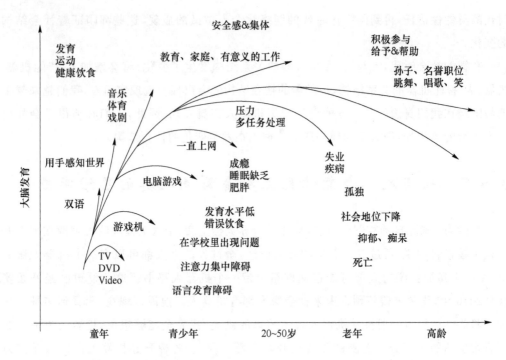

图 3-7 人一生的大脑发育：上升与衰退，正面与负面的影响因素

3.5.3 AI 依赖及人机情感危机

媒介依赖理论是由德弗勒和鲍尔·基洛奇在 1976 年提出的，它把媒介作为受众—媒介—社会这样系统中的一个组成部分。概括来说，媒介依赖理论认为："一个人越依赖于通过使用媒介来满足需求，媒介在这个人生活中所扮演的角色就越重要，因此媒介对这个人的影响力就越大。"[64]那么，会有 AI 依赖吗？根据对媒介的广义理解，人工智能显然可以看作是一种新媒介，人们在与其高度交流互动中，对其产生依赖。研究者曾经在《人工智能与社会发展》课程中，就"AI 依赖"话题设计了自我报告作业：

您有过对智能助手或其他智能体的依赖体验吗？如有，请结合具体实例详细谈谈您的体验。包括但不限于如下问题：当时是什么感受？为什么会产生依赖？现在还有吗？如果没有，您是如何摆脱依赖的？您认为如何避免产生依赖呢？……

就课程中所提及的"AI 依赖"问题时，学生在提交的自我反思报告中，提到了自身对智能设备的依赖：

"当我意识到这一状况后，我感到十分担忧。因为当我沉迷其中之时，我就感觉我如同失了魂一般地深深陷入其中,将自己的一切都投入其中,仿佛游离于人世之外,飞翔于夜空之中,忘记了时间,忘记了自己还要赶的作业。那种感觉,像极了一位被剥夺了自我的人偶。更可怕的是,我本人却丝毫察觉不到,甚至还乐在其中。"

当然,有的学生也提到了自己是如何克服"AI依赖"的:

它确实只是一个能够帮助人类的工具罢了,它没有感情,就像小爱同学,对其他人的呼唤、请求,也都是同样的"热心"回答,在对于习惯人情社会的我们,这很容易让我们产生她并不属于我的感觉,在有代替物或者当人类不再需要他们来实现某些功能时,依赖也就自然而然地消失了。

针对AI依赖现象,吴汉东曾经未雨绸缪地提及人机情感危机问题。对此,我们可以将其视为人对人工智能体高度依赖后带来的问题。他说,我们所讲的社会指人类共同体所组成的社会,是人与人之间正常交往的社会,但是,未来的机器人会带来人机的情感危机。现在我们不仅发明了代替体力劳动的工业机器人,还发明了代替了脑力劳动的机器人,甚至还可以发明代替人类情感的伴侣机器人、性爱机器人。这无疑会给人类社会的正常发展和生活趣味带来极大的挑战。[65]正如今天我们离开计算机、手机等智能工具就无法展开工作一样,未来机器人将成为人类生活不可或缺的一部分。对此,有的研究者认为,或许我们真正应该恐慌不是机器人的出现,而是机器人的消失。离开机器人,我们将因为自身能力的退化而陷于无所适从的惶恐之中。当机器人在社会生产中完全取代了人类,那么人类便实现了某种程度上的自由,但在此种意义上的自由之中,我们将会发现,离开机器我们又变得一无所能。[66]我们在对包括机器人在内的新兴媒介的使用中获得了需求满足,但这种体验反过来又会影响我们对智能体的继续使用,这种使用与满足的循环有可能会导致我们对智能体类似"上瘾"的依赖;一旦失去或暂时脱离,都会让依赖者体验到危机感。

3.5.4 人工智能算法和机器人对社交渗透理论的影响

社会渗透理论认为,随着人际间关系的发展,人们之间的传播交流会从一个相对狭窄、非亲密的层面向更深、更个人的层面发展。这是一种伴随着信息交换以及情感交换的社会交换过程。那么,在智能算法的中介作用下,人们能非常精准地了解对方,在这样一种情形下,传统的社交渗透理论还有价值吗?

智能算法程序能够基于个体的动作特征(点击、停留、评论、分享等)、环境特征(是否节假日、网络环境等)以及社交特征(微博的关注关系等),对个体有较为精准的把握。正如前谷歌 CEO 埃里克·施密特所说,我们知道你在哪,我们知道你曾经在哪,我们大体上知道你正在想什么。但即便如此,这些只是完成了或者是部分完成了传统的自我信息交换阶段,就社会渗透过程而言,除信息交换外,情感交换仍然是需要的,而这恰恰是目前智能算法程序无法实现的。

此外,在 AI 这种新媒体技术发展的影响下,智能社交机器人的出现,传统社交渗透理论面临着失效的危险。因为传统社交渗透理论探讨的是人与人之间的社会交往与关系发展的问题,那么人与智能机器人的交往是否也适用于这种理论呢?如果不适用,那么我们应该如何去构建人与智能社交机器人之间的信任关系呢?人与智能机器人之间的高质量信任关系也需要经过这些步骤吗?这些都需要研究者基于新的媒介生态给予思考和回应。

3.5.5 人工智能与社会资本的变化

当代对社会资本的研究从法国学者皮埃尔·布迪厄等人开始。布迪厄于 1980 年在《社会科学研究》杂志上发表了题为"社会资本随笔"的短文,正式提出了"社会资本"这一概念。他将社会资本界定为"实际或潜在资源的集合,这些资源与由相互默认或承认的关系所组成的持久网络有关,而且这些关系或多或少是制度化的。"[67] 不同的研究者往往从不同的角度出发使用"社会资本"一词,由此也导致此概念的定义比较混乱,目前学术界尚未形成统一的定论。

(1) 微观层次上社会资本的概念。在微观层次上,社会资本是指将社会关系和关系网络看作个体可以利用借以实现个体目标的资源。如伯特 1992 年指出,"社会资本指朋友、同事和更普遍的联系,通过他们你得到了使用其他形式资本的机会"。布迪厄认为社会资本是指某个个人或群体,凭借拥有一个比较稳定、又在一定程度上制度化的相互交往、彼此熟悉的关系网,从而积累起来的实际或潜在资源的综合。波茨在 2000 年也表明"社会资本在理论上的最大魅力在于个人层面",认为社会资本是处在网络或更广泛的社会结构中的个人动员稀有资源的能力。由此可见,微观层次的社会资本概念强调两点:一是社会关系和关系网络是一种可以利用的资源;二是社会关系和关系网络被个体用于实现自己的行动目标。这里所说的个体不仅仅指个人,也可以是组织。

(2) 宏观层次上社会资本的概念。普特南 1993 年的定义和研究最具代表性。他认为社会资本指社会组织所具有的某种特征,如信任、规范和网络,它们能够通过推动协调的行动来提高社会的效率。这拓展了社会资本的解释力和研究领域。在其研究中,更重要的不是社会资本对单个个体的有用性,而是集体层面上的公共精神,如信任、互惠规范和参与网络等,这样的公共精神将有助于集体行动中的广泛合作,并克服集体行动的困境,从而促进经济繁荣和政治民主。[68]

基于此，人工智能如何有助于在上述层次上影响个体、集体和社会的社会资本？其一，人与人工智能（智能机器人）之间的关系拓展了社会资本概念中人与人之间社会关系的范畴。其二，人与人工智能的社会关系提升了某些个体的社会资本，体现出社会资本的生产性。例如，前百度首席科学家吴恩达从百度离职后，便创立帮助传统产业 AI 转型和升级的 Landing.ai，还去自动驾驶创业公司 Drive.ai 担任董事，当吴恩达在大型企业走不通的时候，选择了创办自己最擅长并感兴趣的工作。其三，企业通过构建人工智能企业生态网络，提升了社会资本。例如，小米科技公司，现在正在打造把厨房及客厅转变成 OMO 环境的人工智能家电网络，其中的核心是小米人工智能音箱"小爱同学"，之后一系列智能型感应式居家设备，如空间净化器、电饭锅、冰箱、摄影机、洗衣机、吸尘器等都借着低成本的优势成功上市。小米并非全凭自己研发这些设备，它投资了 220 家公司，孵化了 29 家创业公司。低价、多样性与人工智能的结合，创造了全球最大的智能家居设备网络。其四，智能社会建设所带来的整体社会氛围的变化，有助于提升宏观意义上的社会资本。例如，中国政府积极倡导的人工智能规划与建设，使得中国在改变疾病诊断的方式，或者重构购物、出行及饮食场景等方面取得了全球领先地位，这在整体上也带来了中国社会的变化，如无现金社会、信用体系的完善等。这些可以看作是人工智能所带来的宏观意义上社会资本的变化。

思 考 题

如何理解 AI 依赖现象？如何看待人工智能在社会结构变化中的角色？请举例说明。

第 4 章
人工智能与新的社会阶层群体

4.1 理解"社会阶层"

社会中存在着客观分层现象。例如,就新闻消费而言,新闻消费的类型与数量往往也会随着社会阶层的差异而出现不同。社会分层是观察人工智能与社会关系的一个比较有意思的视角。

4.1.1 什么是社会阶层?

社会分层是按照一定客观标准对个人和个人所得报酬进行区分的高低不同的等级序列。社会阶层是社会分层的结果,指的是一组在市场中具有基于其经济地位的拥有相同行为方式的人群。划分社会阶层的标准通常包括财富、权力或声望。财富通常指的是人们占有的显在的或潜在的资本。权力则是将个人意志施加于他人的能力。声望则是指与个人状况和社会地位相关的受尊敬程度。总之,财富、权力和声望是用来区分人群的分层体系的基础。[69]随着中国科技发展和经济转型,新兴业态不断出现,新的社会阶层人士所涵盖的范围在不断扩充。"新的社会阶层人士"主要包括四大群体:私营企业和外资企业的管理人员和技术人员、社会组织从业人员、自由职业人员、新媒体从业人员。[70]私营企业和外资企业的管理人员和技术人员,指受聘于私企和外企,掌握企业核心技术和经营管理的专门知识者;社会组织从业人员,包括律师、会计师、评估师、税务师、专利代理人等提供知识性产品服务的社会专业人士,以及社会团体、基金会、民办非企业单位从业者;自由职业人员,指不供职于任何经济组织、事业单位或政府部门,在国家法律、法规、政策允许的范围内,凭借自己的知识、技能与专长,为社会提供某种服务并获取报酬者;新媒体从业人员,指以新媒体为平台或对象,从事或代表特定机构从事投融资、技术研发、内容生产发布以及经营管理活动者。下面,我们将从历史和现实两个层面梳理探讨信息传播技术包括人工智能技术发展对社会阶层的影响。

4.1.2 信息传播技术(ICT)的发展与新兴社会阶层群体

通常认为,信息传播技术指的是那些应用知识以便能够处理和传播数据的设备或技巧。狭义的ICT往往指的是数字信息传播技术,如智能手机、笔记本电脑、电脑软件、互联网及各种App等。广义的ICT则不仅包括数字信息传播技术,同时也包括电子ICT和任一能够处理和传输数据的技术形式,如书籍、报纸、打印机等。梳理信息传播技术发展史,我们发现一种新的信息传播技术的出现往往伴随着新兴社会阶层群体的产生。

(1)印刷技术。随着印刷技术的发明、改进和普及,社会的媒体生态进入到以纸媒为王的时代,政党报纸、商业报纸随之涌现,职业化的大众传播者越来越在社会中发挥着多样化的角色,记者被冠以"无冕之王"的称号,成为在当时炙手可热的新兴社会阶层群体。"无冕之王"的提法最早出现在19世纪的英国。当时,《泰晤士报》被称为英国上流社会的舆论权威,地位很高。人们就称这些报纸主笔是"无冕之王"。

(2)广播电视技术。广播电视技术的出现,冲击了当时的媒体生态,传统的纸媒感受到了巨大的压力,作为当时新兴媒介,孕育出了新的广播电视传播领域的大鳄。例如,出生于澳大利亚的默多克,其经营的新闻集团成为世界上最大的跨国媒体集团,久负盛名的英国《泰晤士报》以及20世纪福克斯公司等都是他所构建的传播媒介帝国的一部分。

(3)互联网(含移动互联网)技术。互联网被视为"第四媒体",成为历史上普及速度最快的大众消费技术产品之一。例如,在美国,收音机用了38年的时间,用户才达到5千万之多;电视机达到同样的用户数用了13年。然而,如果从"马赛克"发布之日算起,网络仅仅用了4年就达到了上述规模。随着互联网技术的发展,以及对人们生活的渗透,这不仅培育了大量的网络消费者,同时也创造了成千上万的网络生产者,造就了一些新的社会阶层群体。

根据人们使用ICT的方式不同,我们可以将其分为三种类型,即非用户、ICT消费者以及ICT生产者。而就ICT生产者这一类型而言,则包括Innovator(改进创新ICT技术的人)、Producer(数字产品的创造者)、Creator(持续创造ICT内容的人)以及Enabler(为他人使用ICT提供数字产品或服务的人)。显然,就互联网这种ICT技术而言,无论是技术的创新者,还是产品和内容的创造者,以及数字产品或服务的提供者,都已经蔚然大观,成为社会重要的新兴社会阶层群体。

例如,以亚马逊公司的贝索斯为例。贝索斯1986年在普林斯顿大学取得了电子工程学和计算机双重学士学位,先后进入过高科技公司、银行家信托公司、证券公司工作。

1994年借助父母的30万美元启动资金设立了亚马逊公司,在强调用户体验和数据的基础上,逐渐把亚马逊从网上书店拓展成了涵盖全品类的全球最大的B2C网络购物中心。2018年,美国亚马逊公司市值超过6 850亿美元,首次超过微软公司,仅次于美国苹果公司的8 150亿美元和谷歌母公司字母表的7 500亿美元,位列美国市值第三大企业。而其首席执行官杰夫·贝索斯的身家已经超过微软创始人比尔·盖茨,成为美国首富,并于2018年以人工智能与机器人技术学者的身份入选美国国家工程院院士。[71]

(4)人工智能技术。2017年被视为"人工智能元年",人工智能作为新兴的信息技术,无论是技术的创新、产品和内容创造以及商业产业的发展也造就了一批权力精英,而且这种影响持续进行中,这也是我们在此探讨人工智能与新兴社会阶层群体的原因。例如,以今日头条张一鸣为例。2012年3月,张一鸣创办字节跳动,也就是今日头条的母公司,通过算法和大数据,让每一个用户看见的内容都不一样,推出了新的信息传播模式,其后推出的抖音也是迅速攻城略地,在资讯市场颠覆了传统媒体和门户网站,成为巨大的流量池。[72]

下面,我们就具体从社会阶层的角度来探讨人工智能所带来的阶层新的变化。

4.2 人工智能社会下的阶层群体新变化

《未来简史》的作者尤瓦尔·赫拉利曾称,"未来,99%的人属于无用阶级,他们的特性和能力都是多余的;另外1%的人则成为掌控算法、通过生物技术战胜死亡的神人,他们是未来世界的主宰者,是人类未来进化的新物种。随着大数据的不断积累以及计算能力的快速发展,未来人类可能会越来越多地将自身的决策权让位给无意识的算法,让算法替自己决定该买什么东西,应该接受什么治疗以及应该和谁结婚。"当然,我们不一定赞同他的这一判断,但是他却正确指出了随着人工智能技术发展,社会阶层群体所面临的变化。他认为,当权威从人类转移到算法时,人工智能也会将数十亿的人赶出就业市场,使得人类大规模失业。由此,在人工智能技术发展背景下,社会阶层群体出现了新的变化。

4.2.1 一部分工人阶层群体被取代

随着人工智能技术的发展,某些工作任务将会由人工智能体代劳,对于这一点,应该没多大争议,大家只是对取代的时间、程度、范围等方面有着不同看法。例如,自动驾驶汽车取代出租车,这会让交通变得更安全、快速、便捷,甚至有望解决如今找停车位难的问题。机器人取代了工厂车间里的重复性工作,这将降低生产成本,进而给社会带来更加便宜的商品,可以合乎逻辑地得出的一个结论是,未来部分蓝领工人必然会面临失去工作的风险,一部分工人阶层群体会被人工智能体所取代,这是社会阶层群体变化的表现之一。

4.2.2 新的社会阶层群体——程序员的出现

正如李开复在《AI:未来》中所言,随着人工智能渗入经济的更多层面,该领域对优秀人工智能工程师的数量要求,将超过对顶尖人工智能科学家智力的要求。人工智能实干年代真正的经济优势,绝不仅是几位屈指可数的拓展研究边界的顶尖科学家,而是一个能和企业家联手,利用已知科研创造商业价值的庞大的工程师军团。中国正在训练这样的工程师军团。随着互联网和大数据潮流的兴起,当今社会,各行各业对计算机应用的依赖不断增强,随之而来的是社会需求大量的 IT 编程人员。程序员渐渐从不为人知的后台浮现到了公众的视野之中,程序员作为新的社会阶层群体也因此开始广为流传。

当然,我们并非认为程序员这种新的社会阶层群体是在人工智能技术背景下才诞生的,其实,如果追溯历史,程序员群体的出现是随着信息科技的兴起而急速发展壮大的。程序员的兴起离不开信息科技的发展,无论是这个词语还是这个群体的兴起,都与这个"全民代码"的时代紧密相连。例如,在美国,自 2017 年 12 月以来,从幼儿园到 12 年级共有 2 万名老师开设了编程课,全民代码知识的普及使得编代码就像是搬砖一样基础,一样普及,计算机科学即将和其他自然科学一样成为中小学的必修课。但是,在人工智能技术日益渗透社会各领域各层面的背景下,智能社会雏形日益显现,程序员也越来越以新的社会阶层群体的姿态广为人知。

1. 什么是"程序员"?

提及"程序员",人们还常常提及的另一个相似的词是"码农"。码农=程序员吗?两个概念有相同相通之处,但是仍有一些小的差异。"程序员"一词相对而言更为中性,指代的是一种职业,一个群体,一个以程序的设计、开发等工作为主的新兴职业群体。而"码农"一词则更具有文化意义,代表着人们尤其是行业内的群体对这个职业或群体的一种戏谑性的称呼。码农可以是程序员,但程序员不一定称为码农。区分这两个概念本身便意味着将程序员群体人为地划分为高低不同的层级。虽然看法不一,但往往那些从事最低端的、重复性的程序开发、维护的专业人员被称为码农。而程序员则会在编码过程中加入自己的思考,并不仅仅只是去实现他人的设计目标,体现出某种创新性。例如,伊隆·马斯克被视为程序员的杰出代表之一。生于 1971 年的马斯克,出生在南非比勒陀比亚,是 PayPal(贝宝)的联合创始人之一,2002 年,eBay 以 15 亿美元的价格收购了 Paypal,而马斯克则从这笔交易中赚取了 1.65 亿美元的 eBay 股票。随后,马斯克创办了一系列令人眼花缭乱的公司,如 SpaceX、特斯拉汽车公司、SolarCity。2015 年 12 月,马斯克宣布成立一家研究公司OpenAI,为人类的利益开发人工智能。2016年,马斯克创建了神经科技创业公司Neuralink,其使命是将人脑与人工智能整合,其目标是创造可植入人脑的设备,并将人类与软件融合在一起。[73]

2. 程序员的群体特征

2018年,程序员客栈曾对中国程序员薪资生存现状做了一些调查,对北京、上海、广东和浙江等全国28个省、直辖市及特别行政区的15万余优秀程序员和4000余签约开发者进行了一次详细的调查,调查内容包括中国程序员的性别、年龄、工作地区以及生活状况和薪资。[74]

其一,就程序员性别比例而言,程序员群体多以男性为主,女性程序员极少。这次调查发现程序员群体中男女比例近12∶1,这和客栈在2016年调查的结果(92.62%∶7.38%)惊人的相似。

其二,程序员的年龄以35岁以下为主。调查显示,近一半的程序员年龄在25~29岁之间,且35岁以上占一成不到。

其三,程序员主要分布在北京、上海、杭州、深圳、广州等城市。据调查数据显示,北京市(17.18%)、上海市(11.04%)、浙江省和广东省程序员人数最多。

其四,程序员所在公司性质以民营企业为主。调查显示,近$\frac{3}{4}$的程序员工作在民营企业,近一成的程序员是自由职业者,国有企业的程序员仅占4.2%。

其五,程序员擅长的语言。从调查数据可知,程序员擅长语言多为Java(41.4%)、JavaScript(38.6%)和PHP(22.4%)等,另外Python(15.2%)、C语言(14.3%)、C#(13.3%)和C++(12.9%)等也是使用较多的计算机语言(注:此项为多选,总和大于100%)。

其六,程序员年薪较高。普遍认为,程序员是一份高薪的职业。据本次调查显示,年薪5万元以下的程序员仅占6.2%,且年龄都在25岁以下,工作年限只有1~2年;大多数程序员年薪在9~30万元,平均月薪达到1万元以上,这相比于其他行业已算是高薪;年薪40万元以上平均年龄为36岁。

3. 程序员文化的类型

"社会科学研究的主要任务不是发现适用于任何文化的普遍规律,而是发现界定特定社会群体的文化生活的规则和含义的具体结构。"[75]由此,我们在这部分的主要努力便是尝试着梳理和归纳程序员群体的"文化生活的规则和含义的具体结构"。虽然对于文化的界定一直众说纷纭,但是,我们在此依照物质文化、行为文化、制度文化和精神文化的分类,将程序员文化也依次分成这四种文化类型。

(1) 程序员的物质文化

程序员的物质文化主要体现在程序员在工作中和生活中的着装,以及对电子产品的喜爱等。

程序员的着装文化包括工作中和生活中的着装。首先,就工作中的着装文化而言,程序员工作中着装文化随着年代的变化也在发生着变化。其实,现在程序员的典型形象,即一幅休闲装扮并不是一直都是如此,即便是现在,也并不是所有的公司、程序员都是如此装扮,我们只是说程序员工作着装的典型风格。程序员的工作着装跟计算机行业的发展息息相关,也受到社会变迁的影响。20世纪中叶,计算机的诞生带来了一个新行业——程序员。第一批程序员大多来自各大学院的数学教授和学生,因为编写程序需要较高的数学和逻辑学水平。白衬衫、西服外套、领带领结和简便皮鞋组成的搭配便是当时程序员的典型着装风格。20世纪70年代和80年代的主流程序员恰恰是嬉皮士运动鼎盛时期从大学校园中走出来的年轻人,这些初入行业的年轻人则间接地把早已习以为常的校园休闲风带入了计算机行业,包括后来的电影作品如《黑客帝国》,也将程序员的形象塑造成了"不修边幅"和一身休闲装扮的样子。

进入21世纪,全球的计算机行业进入了爆发式的增长期,又恰逢互联网技术开始萌芽,一大批大学毕业生进入了当今称为"信息技术"的领域。程序员的主要工作是对已有的功能进行维护,对程序错误进行修正。这些工作通常是机械性的,这也就导致了程序员为了完成既定任务,必须加班工作。显著延长的工作时间挤压了正常休息时间,导致人一直处于疲惫状态,对个人形象自然也就不会有过多顾及。同时,程序员的工作环境一般是群体性的半封闭工作环境,这也就意味着,他们的工作中基本不需要考虑社交问题,程序员们也自然就不会考虑西装革履的穿衣风格,反而会选择更加随心舒适的休闲装。可以说程序员文化中的着装文化由来已久,从最初的西装革履,到如今的休闲随性,服饰的变化背后展现的是程序员群体从社会精英阶层向大众阶层的转移。[76]

其次,就生活中的着装文化而言,程序员在生活中的着装普遍比较休闲,在调研中,我们发现程序员生活中的"女装化"文化现象。对此,正如WYB所说:

"程序员们的女装可不仅仅是男扮女装,他们是穿着自己喜爱的动漫少女角色的服装,这使得他们离自己的挑剔的审美世界更加接近。程序员们不是体力活派,身材一般比较瘦小,使得他们有了穿女装的物理条件;而程序员又多为二次元爱好者,有着自己心爱的角色,并有着穿上心爱角色服饰的愿望,使得程序员们有了女装的精神动力。"

"有一位昵称为'变二_喵神ssh'的程序员在微博上发布了几张自己穿女装的照片,并配文'算不算是一名合格的Java程序员的外形?'。这条微博得到了广大程序员的响应,于是C++程序员、HTML程序员、Python程序员们纷纷亮相回复,都晒出了自己女装的照片,足见女装已经在程序员文化圈渐渐地发芽成长。此外,著名的知乎大牛程序员'轮子哥''炭烧鸡腿堡加奶''Mika_海哥'公开承认:穿女装有助于提高写代码效率,减少出错率(我心里是认同的)。随后,我采访了我们学校'天枢战队'的成员,我的同窗

'Misty',也得到了赞同的回答。顺带一提,Misty 也是女装爱好者,而且水平很高。在我们学校,我所在的学院已经各自举办了'女装比赛',女装真的能提高写代码效率吗?本质上是不行的,但是,这是一种文化,一种乐趣,或者说是一种共同的信仰。程序员圈子里的人有着一个圈子的爱好,有着同样的信仰,每天的代码之余,互相调侃对方女装的效果,互相攀比一下各自喜欢的角色。"[77]

如上所述,正如 WYB 所言,女装并非能提高写代码效率,这在本质上是不行的,但是,在程序员们看来这更多的是一种文化,所谓的"一种共同的信仰"。

程序员物质文化还表现在对电子产品的需求上。程序员对电子产品的消费十分显著,尤其是对高端手机、机械键盘、蓝牙鼠标等产品的消费成为主流。程序员对电子产品的喜爱,有着深层的心理原因和现实因素。首先,电子产品是程序员的"吃饭的家伙",程序员对电脑的需求和普通人不同,中国有句古话,"工欲善其事,必先利其器",程序员对电子产品的追求有相当大的一部分现实原因是出于工作的需要。其次,程序员的工作内容要求他们有更好的效率,好的工具会提高工作的效率。程序员每天都在写代码,开发软件,实现商业需求,残酷的市场竞争考验着创业企业产品的上市效率以及更迭的速度。如果一个程序员使用的工具落后,往往就会造成工作上的效率低下,这将严重降低其开发软件的效率,从而影响到企业的整个运作生态。因此,好的程序员为了提高自己的工作效率都希望能够使用更好的电子产品。再次,大多数进入互联网行业当程序员的人都会有一种极客精神,这种精神是对技术的迷恋,以及对创新的不懈追求。因此,那些携带有高精尖技术成果的电子产品,就成为了他们眼中的宠儿。进入程序员队伍,消费高端电子产品,已经成为了一种特殊的文化语言,大家纷纷跟风。最后,程序员的消费能力比较强。目前各行各业对程序员的需求量很大,包括 Java 大数据人才、UI 设计师人才、VR 虚拟现实开发工程师等,这些人才的市场缺口十分庞大,供不应求必然导致程序员的工资高。这也提升了程序员对高端电子产品的消费能力。

(2) 程序员的制度文化

梳理媒体中有关程序员的报道,有关加班导致猝死事例不时见诸于媒体。2019 年上半年媒体关于互联网公司"996"工作模式的报道和讨论,引发了人们对互联网公司加班文化的关注和思考。通常认为,程序员加班文化的形成大致来源于三个方面:一方面是公司的时间成本太高,为了在规定时间内完成集体目标,不拖后腿,加班甚至熬夜通宵是大多数人的选择;另一方面是程序员这项工作本身需要很大的投入力,专注力,需要很强的连续性,思维不能中断,只有这样,才能最大发挥创造力;第三方面是程序员们一旦投入到工作中,他们便会对程序产生一种执念,一定要调试成功才肯罢休。由此观之,对大多数程序员来说,"996 现象"比较普遍。除员工效率低下导致的拖延外,很大部分加班是基于产品或者项目、用户需要,希望将产品尽快推向市场,这种服务产品迭代、跟上竞争节奏的加班是不可避免的。另外,在做项目的时候,甲乙方之间的沟通不一定能及时收到反馈,这种任务的不定时性也往往导致了工作时间的不定时性。

(3) 程序员的行为文化

程序员这个词来源于他们的工作,事实上程序员的大部分时间也被工作占用。我们可以按程序员的工作行为和生活行为将程序员行为文化分为宅文化和养生文化两大类。

① 程序员的宅文化

"宅"往往表现在两个方面:

一是物理空间的"宅",即指程序员在下班后常"宅"在家里,读书、看球赛等。正如WY所观察到的他身边的程序员的"宅"的表现:

"码农们的乐趣相较大众也十分独特,我所熟悉的几个码农,他们的爱好出奇地相似,都是看球赛,不管是篮球还是足球,他们都很感兴趣,据他们所说,起初是因为熬夜的缘故正好关注这些体育赛事,久而久之他们觉得体育赛事能够让他们的精神得到放松,同时满足一下他们不经常运动的神经,让自己有了一种体育运动的代入感。除此之外,他们还有一个特殊于常人的爱好,那就是打游戏。可能你会说打游戏有什么特别的,其实他们打的游戏并不像我们所玩的那样,他们常常是为了攻克游戏的bug而打游戏,它们时刻想着怎么能够快速地破解这个游戏,甚至还帮助做一些游戏之中原本没有的服装程序,以自己独有的搭配来凸显自己。他们将自己的职业优势发挥在游戏上,从而得到很大的精神满足。码农们的趣味则建立在一些生活小事上,比如花费很长时间来清理电脑的空间却不肯花时间来打扫自己的生活空间。他们把时间和精力放在了我们平时可能不太重视的地方,比如职业的习惯使他们很少在生活中犯一些低级错误,而且这个职业让他们变得十分缜密,做事很少会出现纰漏。"[78]

二是程序员们相对而言不善言辞,交流沟通能力尚需提升。程序员通常被认为是一类高智商、低情商的人,因为他们的工作性质决定了他们缺乏与他人的沟通。他们每天都坐在电脑前编代码,用的是计算机语言,缺少和他人交际的机会,所以很多程序员对于人际交往这方面很欠缺。主观上一些程序员更愿意减少与外界交往,尤其是无用的交往,他们不愿意把宝贵的时间浪费在没有意义的社交上,他们更喜欢用节省下来的时间做对自己真正有意义的事情。他们往往专注于技术的提升,用技术来进行沟通,因此,给人的印象常常是不善言辞。当然,这是相对的,是因人而异的。

这种宅文化也影响了不少程序员对"二次元"虚拟世界的喜爱。他们往往沉浸在"二次元"虚拟世界,虚拟动漫人物成为他们很好的精神寄托和交流对象。正如WYB所观察到的:

"我发现码农文化圈有一个显著的特点,那就是ACG,或者说是'二次元文化'。如今的码农文化圈跟二次元文化水乳交融,不少码农既是'程序猿',同时也是'二刺猿',我的同学群(里面全是码农)。群成员几乎全使用了二次元的少年少女作为自己的头像(我自己也是)。"

为什么二次元会如此深入程序员的生活呢？WYB认为,一方面是因为二次元圈子又称"宅圈",主打虚拟动漫角色内容,为广大二次元爱好者打造了一个又一个虚拟世界,而程序员成天与代码这种虚拟的东西打交道,同时也比较宅,往往比较害羞、内向,不善于人际交流,虚拟动漫人物成为他们很好的精神寄托和交流对象。程序员思维严谨缜密,比较挑剔,他们有着在现实中无法实现的非常高的审美观,甚至对于外界事物有着十分完美的想象。这一切在现实中无法实现,而在二次元这个虚拟的世界里都可以得到栩栩如生地刻画。二次元动漫角色有着自然界人类无法拥有的身材比例,大大的漂亮的眼睛,与众不同的性格与标志。另一方面是因为不少程序员的工作非常忙,随着企业雇主对利润的不断追求,他们的生活休闲时间有限,加班对于他们来说很正常。二次元打造的各种各样完美的少男少女的形象,让工作了一天疲惫不堪的程序员眼前一亮,得到了美的感受,身心的放松。我们可以看到,年轻一代程序员的桌子上总会摆着自己心爱的二次元角色的手办等,在每天不多的娱乐休闲时间,让人放松娱乐一下的一般是A站(AcFun)、B站(Bilibili)这类主打动漫内容的"二次元圣地"。[77]

② 程序员的养生文化

程序员的行为文化,除前述的"宅文化"外,还表现在程序员的养生文化。程序员的亚健康状态比较严重。亚健康状态是人体处于健康和疾病之间的过渡阶段,在身体上、心理上没有疾病,但却有许多不适的症状表现和心理体验。例如,程序员需要时刻面对着电脑,长期坐姿导致的颈椎问题,长期面对电脑导致的视力问题和辐射问题,缺乏运动引起的各种身体不适等。因此,程序员群体悄然掀起一股养生流,在办公室做一做简单的动作,注意饮食和运动等。

(4) 程序员的精神文化

精神文化属于精神、思想、观念范畴,与物质文化具有相关性。就程序员的心态而言,其大致可以分为两种:一是正能量心态;二是负能量心态。负能量的程序员心态表现为认为职业有瓶颈,职业延续性不好,瞻前顾后,想脱离程序员的高压高负荷状态,一时间又无法改变现状。

程序员的正能量心态往往表现在如下6个方面。

一是程序员的坚毅品质。学习编程语言的过程是枯燥的,而一个程序员通常要学习好几种不同的编程语言,好几种不同的编程方式,这些都需要坚毅的品质作支撑。

二是程序员往往做事认真,思维缜密,是尽可能的完美主义者。对于编程工作而言,认真的做事态度和缜密思维是必备的。为什么说程序员是一个尽可能的完美主义者呢，因为有一个不争的事实，那就是几乎所有的代码都会有bug，如果一个程序员是一个完美主义者，那他就会陷入死循环中，永不停息地检查自己代码里面的bug，这会大幅度降低程序员的效率。正如ZZZ所观察到的：

"还有就是一个尽可能的完美主义者，他会在编程的时候尽可能地想到尽可能多的可能性；最典型的就是如果一个人在自己的性别栏里面写入了除男女外别的信息怎么办，可能在别人眼里这根本就是不可能的事情，但是其实在现实社会里他可能就真实存在，所以现在填写男女信息的栏都变成了二选一的单选栏，可能还有一些别的性别，所以现在为了保护个人的隐私，有一些男女信息栏已经变成了不止二选一，可能三选一或者别的选项，程序员考虑到有些人可能不喜欢将自己的信息告诉别人，所以又有了隐私这一权限控制。"

三是程序员的创新文化。创新文化是程序员精神文化的一个重要组成部分的。没有一个程序是没有漏洞的，只是漏洞的多少不同而已，不断地创新，不断地修改，会让漏洞越来越少。

四是快速的学习能力和高强度的作业能力。

五是程序员的互联网精神，具体而言就是开放、自由、创新、平等、协作和分享等理念。

六是程序员的极客精神。"极客"往往被用于形容对计算机和网络技术有狂热兴趣并投入大量时间钻研的人。程序员大部分都属于这一群体。正如PHB所观察的：

"在某公司的食堂，你可能会看见一个穿着拖鞋短裤的大叔，身上穿着掉色的T恤，但是仔细一看，那件T恤上还隐隐写着'微软亚洲研究院'几个字。公司的几个创始人也是如此，穿着不知名的黑色T恤，咬着一根中南海，短裤拖鞋，或是在抽烟思考人生，或是在一脸生无可恋的表情在改方案。看上去码农们似乎并不屑于显摆，然而这只是表面现象罢了。你可能看着一个穿着38元T恤的码农头顶着一个看上去十分高级的索尼耳机，上去搭话问他这是什么耳机的时候，他便会滔滔不绝地向你介绍自己的耳机、前端和外放，并且向你吼上一句'索尼大法好'，如果此时周围的人比较多，你还有可能会被各路兄弟的森海塞尔、拜亚动力、铁三角、艾利和威士顿等耳机品牌一顿狂轰滥炸，他们在自己喜欢的事情上可一点都不含糊。"[79]

程序员的负能量心态表现在程序员的"丧文化"，表现为充满丧气。长期面对电脑，面对代码，人总会产生负面情绪，这种负面情绪的积累就会产生这种心态。

上述，我们分别从物质文化、制度文化、行为文化、精神文化四个层面逐一探讨了程序员文化的表现和特征。目前，越来越多的科技公司也认识到培育积极的程序员文化的重要性，例如，获得2014年度腾讯文化奖的腾讯代码文化项目团队，他们在内部建立了腾讯开发者社区，举办了编程大赛，最重要的是，他们让代码文化深入人心，并大大开拓了腾讯产品和技术的文化内涵。

4. 程序员的媒介形象

程序员的媒介形象是什么呢？不会交际，加班……这似乎就是大众传播媒介呈现出的程序员媒介形象。但这种形象似乎与程序员的整体群体形象并不相符。显然，大众媒介建构了程序员的媒介形象。例如，如果我们在百度资讯频道搜索，以"程序员"为关键词，选择"媒体网站"作为资讯来源，选择"按照时间排序"，搜索近三年的关于"程序员"的资讯报道。然后，我们会发现有大量关于程序员的报道，我们从宏观层面，如报道的主题和主观色彩，从微观层面，如报道的标题和文本对这些报道进行分析，我们发现这些报道大多涉及程序员的"收入较高，工作时间较长，男性较多，加班，穿着，中年危机等"方面，基于此建构了程序员的媒介形象。

媒介如何建构程序员的媒介形象呢？其一，通过新闻框架构建程序员媒介形象。新闻框架是媒体报道新闻事件的重要方法。其二，贴标签。这是新闻生产中简单化操作的表现，对某一群体中的个人的认知，忽略其个体差异，把群体特征加诸于个体，形成群体的标签。对程序员群体也存在这种现象。其三，通过突出强调的方式，这包括对地点的强调和对人物的强调等。其四，通过多媒体、多载体、高频度传递程序员群体信息。这主要是通过文字与图片，以及纸媒和网媒等媒介和渠道，多媒体、多载体、高频度地传递程序员群体信息，构建程序员的媒介形象。

5. 程序员的未来

如上所述，基于ICT技术尤其是随着智能社会建设的深入，社会对程序员的需求越来越多，一个新的社会阶层群体跃然而出。在某种程度上，这可以视为人工智能的社会影响的一个方面。即便是在程序员群体内部，也客观存在着分层现象。对于大部分初级程序员而言，当前急需的便是自主创新，从代码的创新到产品的创新再上升到思维创新，以形成自身不可替代的价值。否则，在这样一个越来越是"全民代码"的时代，程序员便会沦为操作性的工种，甚至会被人工智能所替代，面临着职业危机。正如LCY所说：

"虽然IT的确是高技术产业，但是在原理上其实早已经不算高端。例如，前端开发，只要懂得H5、CSS、JS这些并不困难的语言就可以做出大部分日常所用的网页、微信小程序等。在这个'全民代码'的时代，随便一个专业出身都会懂一些C，C++的知识，只要经过并不复杂的学习便可以简单地做出自己想要的程序。整个信息科技的发展偏向人工智能，其他方面不能说不景气，但是技术含量低，算法简单，代码量大，和'民工'的确区别不大。"[80]

4.3 人工智能的使用与社会阶层差异

这涉及普遍的技术社会学问题,即技术使用与社会的阶层差异问题。对这一话题,我们可以从现实和未来、边缘和发展两个维度来分析。

4.3.1 社会分层现实下的 AI 发明与使用

正如前述,社会存在着客观分层,有金字塔型社会,有橄榄球型社会。AI 的发明与使用正是在这样一种社会环境下进行的,因此,AI 的使用也相应地嵌入了当下的社会现实形态中。例如,据报道,第一个机器人厨师 Moley 正在走进家庭中。Moley 主要由两支万能的机器臂组成,其机器臂能够复制人们在厨房烹饪时的各种动作。人类能够做的它们基本上都能够做,事实上,它们是通过记录非常有名的厨房烹饪时的动作来接受"培训"的。据开发 Moley 的公司称,该机器人将预装超过 2 000 份数字菜谱,将能够随时随地调用当中的任何一份菜谱。Moley 预计售价在 1.5 万美元左右。[81]我们需要注意的是,Moley 的售价高达 1.5 万美元,就社会的消费能力而言,Moley 很可能会成为社会中为高收入阶层服务的发明。与此同时,它可能会让全球各地大量的低水平、低收入厨师丢掉饭碗。

这似乎是一幅正在发生的令人不安的社会图景。从社会各阶层群体对财富占有的角度而言,人工智能技术的发展已经涉及这样一个问题,即智能产品或服务的占有、定价,这既是一个产品和服务问题,同时也是一个社会问题,同时也许会成为一个新的社会分层的标准。也就是说,AI 公司是只聚焦高收入群体市场,还是也去寻找合适的财务模型来给贫困人口提供服务呢?当然,从乐观的角度而言,随着 AI 持续改进,价格不断降低,诸如 Moley 一类的智能设备有可能将会成为很多家庭的一部分,如此家家户户都将能够享受到厨房机器人的好处。

4.3.2 AI 的出现及其收益能否普惠社会各阶层?

上述,我们借着机器人 Moley 的例子探讨了智能产品或服务在社会现实境况下落地应用的问题。那么,顺着这个话题,一个合乎逻辑的问题便是,AI 的出现及其收益是否能够普惠社会各个阶层?对此,我们可以从能否、如何这两个不同层面去思考。

(1) 就 AI 的出现能否普惠社会各阶层而言,目前来看,最先收获 AI 这一新技术福利的并不是处在社会中下层的人们,而是那些占据雄厚资本的公司或机构。就此,李开复在接受访谈时便表示,"最大的受益者是BAT,AI的出现,会很快将大量财富堆积到那些使用AI赚钱的企业,而失去工作的人所产生的经济价值,会乘以某个系数重新输送到AI公司,最终获利的还是AI企业。"[82]即便上升到国家层面,这种获益也仍然是不平衡的。"经济龙头美国将会成为AI最大的受益者。预计到2035年,其年增长率会从2.6%增至4.6%,这意味着每年8.3万亿美元的增产。"[83]

但是,乐观地看,随着人工智能技术的发展,许多商品和服务的成本下降,这能够使更多的人受益。即便如上所述,发达经济体或者是科技巨头能够从AI技术的发展获得最大利益,但是随着商品和服务的成本下降,普通人也能够逐步享受到技术的红利,"因为人工智能系统可以执行之前需要人力的工作,因此它们可以导致许多商品和服务的成本下降,实实在在地让每个人都更富有"。[84]

(2)就AI如何更好地普惠社会各个阶层而言,首先在意识上要认识到AI技术对社会分层的影响,这一点很重要。技术研发者往往更多地从技术本身出发来看待问题,而相对缺少技术的社会视角,因此,强调在意识上要认识到AI技术对社会分层的影响便显得尤为必要。对此,MIT媒体实验室主任伊藤穰一曾经甚至认为AI这个词是无益的。伊藤说:"与其将人工智能看作对人类的分离或对抗,不如认为机器对增强我们的集体智慧和社会更有帮助。"因此,他提出了(Extended Intelligence, EI)。这个短语(指EI)应该让人们更容易将AI看作造福许多人的工具,而不是对少数人的强化或保护。为此,MIT媒体实验室和IEEE标准协会正携手组建一个名为全球扩展智能理事会的新组织。这个组织的目标是将更多的人才和资金投入人工智能项目中,以改善每个人的命运。它感兴趣的领域包括在人脸识别等技术得到更广泛应用的同时,帮助人们保护自己的身份;并找到自动化如何为工人带来福祉的方法,而不仅仅是为了公司的利润和GDP。[85]当然,这并不是第一个关注人工智能带来的社会后果的项目。

再如,AI科学家李飞飞在斯坦福大学宣布启动以人为本人工智能项目,创建了以人为本人工智能研究院。据介绍,"以人为本"的人工智能,其源自于三个简单而又有力的想法:第一,为了让人工智能更好地服务于我们的需要,其必须包含人类智慧中的多样性、细微差别及深度。第二,人工智能的发展应与其对人类社会影响的长期研究相结合,并据此加以指导。第三,人工智能的最终目的应该是增强我们的人性,而不是削弱或取代它。[86]显然,就AI如何更好地促进社会的普惠而言,首先得在意识上认识到AI技术对社会分层的影响,要关注AI技术应该成为造福大多数人的工具。正视这一现象而不是回避它,这是第一步。

AI如何促进社会的普惠和平等?除上述在意识上要认识到AI对社会分层的影响外,还要在行动上践行普惠式的、包容性的创新。显然,通过多元创新降低社会排斥是实现包容性的关键。包容性的提升能够降低社会排斥,而社会排斥的削弱过程同样是追求包容性的过程。[87]"包容性创新"指的是,"知识的生产、获取、吸收和传播活动都应聚焦于满足那些低收入人群或者生活在金字塔底端的人群。包容性创新强调应该以较低的价格给那些需求通常不能得到满足的人群提供具有高质量的产品和服务。"包容性创新强调在充分研究低收入人群对创新产品和服务可获得和可负担的基础上,发掘有限资源潜力,开发出能够让低收入人群参与和分享的创新产品和服务,帮助降低社会排斥和实现公平效率。[87]

例如,在讨论 Facebook 的未来时,扎克伯格强调的一个关键点是:要让世界上所有的人都能上互联网。他说,"我们真正的使命不是要连接七分之一的世界,而是要连接整个世界。"Facebook 在"连接全世界"方面做出的最大努力就是研发能够从空中投放互联网的无人机项目 Aquila。这一项目计划向偏远地区推送互联网,让全世界再增加至少 10 亿网民。这个计划听起来似乎太野心勃勃,但扎克伯格表示:"我们如果想要帮助 16 亿上不了网的人能上互联网,继续采用电信公司现行的昂贵解决方案是肯定行不通的。"Facebook 正在研发的无人机造价将很低,每次却可以飞行 90 天。扎克伯格希望通过这种方式让人们互联互通、让设施不齐全的社区中的成员也受教育,甚至可以实现远程手术来拯救生命,同时还可以帮助 Facebook 赚钱。[88]正如扎克伯格所说所做的那样,马斯克正在开展"星链计划",他们都是希望通过无人机或者卫星来给全球偏远地区的人们提供互联网的基础设施,缩小数字鸿沟,由此促进包容性的增长,因此,我们在强调基于信息传播技术(包括人工智能技术)的创新创业时,应该有包容性创新的意识,以此降低社会排斥,促进社会融合。

4.3.3 个体弱势、边缘群体与人工智能技术

这同样可以归属于社会阶层差异的主题。"弱势"一词是相对的。它可以指身体上的伤残,也可以从广义上理解为任何社会歧视性力量对个体或群体所造成的既定影响。"弱势"往往与"边缘"相连,"弱势群体"与"边缘群体"意思相近。人工智能技术的发展能否促进社会尤其是提升弱势或边缘群体的能力?这是一个 AI4D(Artificial Intelligence for Development)的新兴交叉学科领域的话题。AI 能够使社会变得更美好,帮助社会弱势群体获得能力的提升和发展。当然,我们必须要意识到,这种结果并不是自动获得的,需要 AI 技术、个体动机、外部激励、文化制度等因素的协同配合。

(1) 就个体层面而言,约翰·普利亚诺曾言:"从自动化革命中获益的关键是以技术作为工具来弥补你自身的弱势,为他人创造产品和服务。"也就是说,人们利用人工智能技术,不仅能够提升和弥补自己的个体层面上的"弱势",还能够通过为他人创造产品和服务,从社会整体层面提升弱势群体的能力。至于如何用人工智能技术来获得优势,克服自身弱势,约翰·普利亚诺在书中提到:

其一，明确阻碍你事业发展或实现业务目标的缺陷，这可能会很复杂，也可能很简单；可能是个人，也可能是成体系的。比如，你可能口吃，或者没有文凭，或者干脆没有资金投入自己的项目。其二，确定是否存在能解决或可减轻你的弱势的技术。其三，如果存在解决办法：①现在购买或者将来购买该技术；②向前推进，就像障碍根本不存在一般；③将你宝贵的时间和资金用来培养你与众不同的个人才能。其四，如果不存在解决办法，那么你的目标将会很难完成：①放弃你的目标；②选择一个新的目标；③从第一步重新开始。[89]

约翰·普利亚诺给我们提出了一个在智能社会克服自身弱势的一个可能的路径，即利用技术来提升自身的优势，或者换句话说，我们可以努力去做技术的早期采纳者。当然，这更多地是从个体微观层面来探讨的 AI 技术对个体弱势的提升，而且需要注意的是，对于弱势群体而言，一方面内驱力不足可能是一个阻碍因素，另一方面即便有内驱力，外在资源的缺乏也往往使得他们难以实现能力提升。

（2）就社会层面而言，如何利用 AI 技术去推动社会层面弱势群体的能力提升，这是一个需要进一步思考的问题，即 AI 如何 4D 的问题，这不仅仅是一个技术问题，同时也是一个道德问题。我们在后面有专门章节来谈这一主题，此处不再赘述。

4.4 社会阶层流动与人工智能技术发展

社会阶层固化其实本质上是社会流动的话题之一。社会流动包括个人或群体社会地位的变化，即从某一社会阶层到另一社会阶层的变化。根据方向，可分为垂直流动和水平流动；根据范围，可分为代际流动和代内流动；根据原因，可分为结构性流动和自由流动。

2017 年，北京的熊同学以 690 分的成绩获得文科最高分。他接受采访的视频曾经一度引爆各大社会化媒体，引发了很多人的思考。他在采访中谈到，"农村地区的孩子越来越难考上好学校，像我这种中产阶级家庭的孩子，衣食无忧，家长也都是知识分子，而且还生在北京这种大城市，在教育资源上享受着得天独厚的条件，这是很多外地孩子或农村孩子完全享受不到的，这种东西决定了我在学习的时候，确实能比他们走很多捷径"，"我父母是外交官，怎么讲呢，从小就给我营造一种很好的家庭氛围，包括对我学习习惯、性格上的培养，都是潜移默化的。因为我每一步的基础都打得比较牢靠，所以最后自然就水到渠成"。[90]

在上述案例中，熊同学提出了社会阶层流动的话题，出生在低社会阶层的人由此很难在一开始获得先赋优势，无论是教育环境，还是教育资源，还是未来的教育发展，都不在一个层次上。因此,有些人据此得出了社会阶层已经固化的论断。但是,我们要认识到,ICT技术的发展总是会给当时的社会阶层带来刺激,往往成为社会流动的驱动力。正如前述,我们从历史视角所分析的,每当新的ICT技术出现,总是带来新的社会阶层群体,无论是无冕之王,还是广播电视领域的大鳄,亦或是互联网(包括移动互联网)的弄潮儿。那么,随着AI技术的进一步发展和落地应用,智能社会的逐步到来,社会对程序员的大量需求,给那些家庭出身条件一般的人带来了历史性的机会。

如表4-1所示,在2018届互联网校招高薪清单上,涉及人工智能技术的算法工程师、数据挖掘工程师等职位的薪资水平都位列各大科技公司的头列。如前所述,财富是社会分层的一个重要标准。人工智能领域中,较高的薪资水平有助于那些出身于低社会阶层的人通过AI技术成功实现社会的流动。

表4-1 2018届互联网校招高薪清单[91]

公司	岗位	年薪(人民币元)
谷歌中国	人工智能(ssp)	56万
微软	算法工程师	51万
Google	算法工程师	50万
腾讯	基础应用研究(ssp)	45~50万
大疆	算法工程师	30~40万
海康	算法工程师	30万
华为	研发工程师(硕士ssp)	≥30万
网易游戏	游戏研发工程师	32.8万
网易游戏	算法工程师(sp)	≥36万
阿里巴巴	算法工程师	38.4万
美团	研发工程师(sp)	30万
大疆	后台开发工程师	30~40万
OPPO	AI视觉(sp)	31~32万
滴滴	算法工程师	30.4~37.5万
百度	算法工程师	32万

4.5 从社会学角度如何看待人工智能对社会分层的影响?

我们前述提及可以从功能论、冲突论以及符号互动论三个不同的视角来展开对人工智能社会学的研究,那么,对于这种智能社会下的新的社会阶层群体现象,我们仍然可以从这三个视角来进行分析。

4.5.1 功能论

功能论者认为系统是均衡或平衡的。因此社会分层应该是某种功能性平衡的结果。从这种意义上来说,分层往往难以避免,因为不是所有人都具有同样的智力、动力和欲望。人工智能技术的突破性的进展以及由此带来的"AI+"落地应用,必然会带来了一批新的财富、权力精英,出现新的社会阶层群体。

4.5.2 冲突论

与功能论者不同,冲突论者关注冲突作为分层基础的作用。社会所有可供分配的资源都是有限的,因此,一个群体会为争夺资源而与其他群体进行斗争。冲突论者指出,权力群体会尽量从比他们地位更低的群体中攫取资源。基于此视角,值得我们去反思的两个问题是:AI技术被谁控制?AI技术对谁有利?

(1) 从冲突论的角度而言,人工智能应该由谁来控制?人工智能应该由大型科技公司控制,还是应该更广泛地在群众生活中传播呢?可以肯定的是,谷歌和其他公司已经向大众开放了一些人工智能技术,但显然他们手中掌握着最好的技术。正如李开复在书中所言:

"向人工智能研究投入大量资源的公司有数百家,七大人工智能巨头——谷歌、Facebook、亚马逊、微软、百度、阿里巴巴和腾讯,实际担当了50年前由国家扮演的角色,即规模巨大的投入与研发、封闭的系统、人才与资源控制、专注于'不外传'的突破技术。……如果真的有人发明了下一个和深度学习一样伟大的技术,而且是发生在密闭的企业环境中,它有可能让某一个公司突然获得超越其他巨头的力量,引领我们重回发现时代——由少数精英专家来打破均势。"[92]

显然,人工智能技术面临着"开放"和"封闭"两种发展范式的冲突。这种要求技术开放的诉求与人工智能巨头科技公司对技术专利权的诉求相冲突。

(2) 从冲突论的角度而言,人工智能技术对谁有利?就公司层面而言,人工智能技术的发展是有利于公司进一步强化对普通员工的管理呢,还是对普通员工进行了更多的赋能?对此,我们先来看亚马逊手环的例子。[93]亚马逊已经成为一家庞大的人工智能巨头。据报道,亚马逊在2016年递交了手环专利申请,根据专利内容,这种手环会发射超音波脉冲和无线电传输,系统的感测器会根据手环的信号进行三角测量,以确定员工所处的位置,软件将该位置与应该处理的库存物品相匹配,除拾取信号外,系统还可以发回信号,提供触觉反馈来引导员工走向正确的箱子。亚马逊声称该系统可简化仓储的耗时任务,在手环的指导下,员工能在收到订单时快速完成打包与交付流程。不过,有媒体认为亚马逊开发这样的技术等于职场监视器,把员工当成机器人。前亚马逊仓储员工表示,在亚马逊仓库工作的人一小时要处理几百件货品,每几秒就要处理一件,若没有达到目标就会被解雇,由于工作强度太大,导致人员流动率也非常高。英国亚马逊仓储的一名员工认为,手环可能会为亚马逊节省一些时间和劳动力,但这种死缠烂打的追踪方式会让员工面临不公平的审查,直言亚马逊最终想全面以机器人取代人类,但在这个技术尚未到来之前,只好先把人类变成机器人。

从亚马逊手环的例子中可以发现,AI技术是对管理机构有利,有利于公司利用这项技术挖掘员工的劳动力潜力。亚马逊不会是第一个无所不用极其追求劳动效率的公司,但是我们可以预见会有越来越多的企业将人工智能引入工作场所,以提高生产力,这些技术常常用于监控员工的行踪。

4.5.3 符号互动论

符号互动论者关注人们如何理解贫困和富有。他们试图理解人们是否真地感知到了社会阶层的存在。例如,针对互联网科技公司"996"工作模式,虽然网络中有不少报道和探讨,但是我们仍然需要了解,"996"模式对于程序员来说到底意味着什么?例如,我们摘录一段有关"996"模式访谈的内容:

LSY,女,24岁,深圳S公司测试工程师。到深圳S公司工作前,虽也是一名测试工程师,但是并没有步入996的生活,她之前在天津H公司担任测试工程师,由于收入低、消费高等原因离开了天津,来到了深圳。然而在深圳S公司入职后令她最不能适应的不是气候的差异,也不是深圳拥挤的地铁,而是S公司的996,甚至9106工作制。

工作时间从955变成9106,这一巨大的变化已经令LSY难以适应了,但她没想到S公司与之前的H公司的不同不仅限于时间安排上,不同之处还在于节奏上。H公司的工作氛围一向比较轻松,而转到S公司后,LSY就在不停地工作,测试完一个项目后有另一个项目等待着测试,工作的内容除了测试还有部署环境和写设计文档等,在单位LSY只有中午午饭时间才可以得到休息,其他时间一直在工作,只有晚上下班后有空闲时间发朋友圈抱怨几句。较长的工作时间和通勤时间使LSY打不起精神,有时候耳环只戴了一只就去上班了。工作时间长且任务重,而LSY当初选择此类工作又只是因为专业对口,并不是出于兴趣,在她眼里这份工作无趣且令人疲惫,但是其收入可观,这一点使LSY坚持了下来。

对于996工作制,LSY认为这是员工的一种牺牲,一种卖命,应该由员工自己来选

人工智能社会学

择,并且实行996制度的公司应为此给予员工相应的待遇,但随着996制度成为互联网公司的一种潮流,996制度甚至可以说已不再是加班和不加班的选择,而是加班和失业的选择,而有些公司的待遇也没有跟上。[94]

这是从文化主位的视角了解程序员群体自身对"996"模式的看法,尽可能地从程序员的视角去理解这种加班制度文化。

思 考 题

有观点认为,社会正在变得程序员化,表层的变化是社会的机器人化或者说社会的智能化,深层的变化是社会中人的变化,程序员的思维、一些基础的编程的技能在未来将会成为标准配置,与此同时,这种思维将渗入社会的各个方面,从而成为社会的程序员化的基础。你如何看待这种观点?

第 5 章
智能社会的越轨行为与社会控制

5.1 理解"越轨"

社会学者认为,越轨行为是对规范的一种背离。美国社会学家道格拉斯在其《越轨社会学概论》一书中,列举了有关"越轨"的10种定义,并按照这些定义的外延由大到小的顺序排列。本研究取其第五种含义,即"某种事物违反准则或价值观念的判断",将越轨定义为:个人或群体背离或违反其所应遵守的准则或价值观念的任何思想、感受或行为。依此定义,我们可以把越轨行为分为违法行为和违规行为两种;依据其行为主体的不同,可分为个人越轨和群体越轨两类。

一般而言,社会学家认为越轨行为具有四种特性:越轨与时间有关;越轨与文化价值观有关;越轨是一种文化共相;越轨是社会建构。[69]第一,越轨与时间有关。越轨的定义随着历史的变化而变化,因为我们现在认为越轨的行为可能在未来就不是了。第二,越轨行为与文化价值观有关。某种文化认为是越轨的行为在另一种文化看来则不属于越轨行为了。第三,越轨是一种文化共相。在任何一种文化和社会中都可发现越轨行为。无论一个社会建立了何种规范,总能发现一小部分破坏规矩的另类。第四,越轨是社会建构。每个社会都会区别地看待一些行为。如果社会容忍一种行为,它就不再是越轨了。

5.2 人工智能与越轨行为

人工智能(包括智能机器人)会有越轨行为吗?整体而言,人工智能的越轨行为有两种情况。

1. 人工智能自身作为越轨行为的主体

人工智能成为越轨行为的主体,我们可以从现实和未来发展两个层面来分析。

首先,就技术发展的现实角度而言,限于技术成熟度,显然人工智能体还难以作为越轨行为的主体,但从一些媒体报道的案例[95]中,我们可以发现智能体作为行为主体的端倪。例如,在2016年于深圳举办的第十八届中国国际高新技术成果交易会上,一台名为小胖的机器人突然发生故障,在没有指令的情况下自行打砸展台玻璃,最终导致部分展台破坏,此外,该机器人还砸伤了一名路人。

其次,就AI技术的未来发展而言,有关专家曾警告称,到2040年机器人犯罪率将超过人类,成为大多数犯罪的主体。随着科技的进步,智能机器人将会变得相对更为智能和强大,机器人的这一发展趋势,已经引起了人类的关注与警觉。英国伦敦著名咨询机构未来实验室首席战略与创新官特雷西·弗洛斯表示,"数年前未来学家曾经预言过'独狼'式恐怖袭击将会大幅增多。机器人一旦被'劫持'并被用作自杀式炸弹,那后果将不堪设想。单个机器人实施'独狼'式恐怖袭击将可能越来越普遍"。特雷西认为,人工智能和机器学习技术将帮助机器人拥有自动编程并实施犯罪行为的能力。[96]我们已经在各种影视作品里看到过这种场景,这种影视渲染也往往成为机器人恐惧论的滥觞。

2. 人工智能被他人利用做出越轨行为

(1)人工智能被黑客入侵控制做出越轨行为

作为一项ICT技术,AI既可能被用来向善,同时亦有可能被用来作恶。由于机器人本质上使用的是操作系统,如同手机或电脑一样,一旦系统连接到互联网,黑客就有可能入侵它。一旦机器人被黑客入侵,黑客就能彻底控制机器人并向其发出指令。[97]例如,无人驾驶汽车或无人机如果被犯罪分子劫持或重新编程,那么也有可能带来祸害,做出越轨行为。

(2)人工智能所收集的用户资料被非法交易用来谋利

智能社会的一种越轨行为是用户资料等隐私信息被非法交易以谋利。例如,据报道,iRobot公司CEO表示其家居布局数据其实可以应用在更多智能家电之上,令智能家居生态变得更完整,因此他们已计划在未来几年内将这些资料出售给谷歌、苹果或亚马逊等公司。此言一出,立刻引起了轩然大波,用户纷纷表示担心自己的信息数据被公司用来交易,后来iRobot的CEO及其公关代表明确表态"iRobot将永远不会出售您的数据"。CEO在发表的一封信中表示,由其设备收集的信息"需要由客户控制,而不是作为公司的数据资产来利用"。[98]随着智能家居设备引入家居生活,用户的个体及家庭行为的数据由此被记录存储起来,由这些设备所收集的信息需要由客户控制,不能被作为公司的数据资产被出售,但在此案例中,人工智能所收集的用户资料存在着被非法交易的可能性。而这可以被视为智能社会的越轨行为的一种表现。

再如,据报道,亚马逊公司通过优化算法,在2018年年底调整了其电商网站的搜索系统,搜索结果的前列将优先显示亚马逊旗下自有品牌的产品,而非和用户输入结果"最相关"的产品。亚马逊在声明中间接承认了"长期盈利能力"是搜索算法的调整因素之一。亚马逊不仅是全球最大的B2B电商平台之一,它也是自有品牌产品的销售商。因此,亚马逊对搜索算法进行的任何调整,都将影响到第三方商家的直接收益。据营销分析公司Jumpshot称,亚马逊的搜索栏是美国消费者网购时最常用的商品搜索方式,全站点击数有三分之二来源于搜索结果的第一页,这意味着没有挤进第一页的商品,点击率远低于首页商品,进而销量也会大打折扣。长期以来亚马逊网站搜索和排名的算法优先考虑加权的变量是商品销售量、评价、流行度以及用户输入的商品名称匹配度,"公司盈利能力"从未得到优先加权。[99]而此次调整,如一些媒体所指责的那样,自营产品在搜索结果中的排序更靠前,也就意味着公司有利用智能算法不当谋利的嫌疑。

正如前述,人工智能技术既可以被用来向善,也可以被不法分子用来做出越轨行为,很多人都在谈论利用机器学习和人工智能来打击有组织犯罪,但有组织犯罪分子也会利用相同的技术,这是需要注意的事情。人们看到了算法在提升计算机安全性方面的潜力,但它同样有能力去破坏这种安全性,既能当盾,亦能为矛。当然,人工智能不仅仅是我们人类需要关注的越轨行为的主体之一,同时它们也会成为人类社会实施社会控制的主体之一。下面,我们再来探讨人工智能与社会控制。

5.3 人工智能与社会控制

美国社会学家E.A.罗斯在《社会控制》一书中认为,社会控制是指社会组织利用社会规范对其成员的社会行为实施约束以限制人们发生不利于社会的行为的过程。社会控制往往指狭义上的对越轨行为的控制。此处,我们主要是从狭义社会控制的视角来探讨人工智能与社会控制的关系。

5.3.1 人工智能作为社会控制的工具

人工智能作为社会控制的工具能够对社会中的越轨行为进行控制。例如,据报道,旧金山SPCA动物收容所一直在使用一个5英尺高的骑士视界安全机器人来帮助他们进行周围环境的安全保护,在使用机器人后,像非法汽车闯入这样的越轨情况已经减少了许多。与其他机器人型号一样,这些新款机器人也配备有类似的传感器,包括相机、声纳以及激光雷达。通过使用Wi-Fi网络、蜂窝连接或两者相结合的方式,这些机器人可以自行处理大量数据,然后将数据发送到由人类安全团队监控的网络界面上。[100]再如,中国警方正在使用一种搭载了人脸识别技术的眼镜,这款眼镜与警方的嫌疑人数据库相连,可以对乘坐火车及飞机的旅客进行扫描,从而可知旅客是否犯法及其身份是否真实。在这款眼镜的帮助下,警方已经成功查获7名重大犯罪事件嫌疑人以及26名使用虚假身份的旅客。这个系统可以在100毫秒内从10 000人的数据库中找出扫描的那个人。[101]又如,澳大利亚的新南威尔士州将全面部署具有人工智能的手机检测摄像头,打击开车时使用手机的行为。每个装置都包含两个摄像头,一个摄像头拍摄汽车的车牌,另一个高配置镜头从挡风玻璃往下看,可以看到司机在用手做什么。这些装置利用人工智能技术来排除没有触碰手机的司机。显示疑似违法行为的照片将交由人工进行核实,之后向违规车辆的登记车主发出侵权通知以及罚单。[102]正如前述,这些含有AI技术的人工智能设备作为人类的帮手,延展了人类的能力,协助人们对越轨行为进行控制。

5.3.2 人工智能作为社会控制的对象

人工智能作为社会控制工具的同时也会被不法分子用作越轨工具。因此,人工智能又同时作为社会控制对象。

(1) 技术研发人员和社会行业组织应及时制定人工智能行为规范

例如,就智能机器人的社会控制而言,艾萨克·阿西莫夫曾于1942年在他的科幻小说里描述了规范机器人行为的三定律,包括:不能伤害人类、服从人类命令和保护自己。后来又补充了第零法则:机器人不得伤害人类整体,或袖手旁观坐视人类整体受到伤害。"机器人不能伤害人,但机器人会以什么方式伤害到人?这种伤害有多大?伤害可能以什么形式出现?什么时候可能发生?怎样避免?这些问题在今天要么需要细化,要么需要有更具体的原则来防范,而不能停留在七八十年前的认识水平。"[103]为此,2017年,AI研究机构艾伦人工智能研究院院长、华盛顿大学教授Oren Etzioni提出了"人工智能三定律",认为这是相对而言避免AI伤害的更为具体的办法,包括:AI系统必须遵守其操作人员的所有规则;AI系统必须清楚地表明它不是人类;若未经该信息来源方的明确许可,AI系统不能保留或披露机密信息。[104]显然,相对于阿西莫夫的机器人三定律而言,这三条规则更为具体:AI系统必须清楚地表明它不是人类。例如,Twitter上曾有一个模仿美国总统的机器人账号,AI系统不仅发出假的推文,它们也发布假新闻视频。若未经该信息来源方的明确许可,AI系统不能保留或披露机密信息。例如,有越来越多的智能设备进入我们的家居场景中,这些AI系统能记录和分析信息,它们可能会记录下家庭中所有的谈话内容,包括那些私密的,或您的孩子可能无意泄露给AI的信息。这些就是你要确保管控的信息。

因此,为了规范自主机器人的发展和应用,我们需要更加详实的机器人伦理学指导原则。英国标准协会曾于2018年9月15日召开的"社会机器人和AI"大会上正式发布了一套机器人伦理指南,即《机器人和机器系统的伦理设计和应用指南》。这个伦理指南开头给出了一个广泛的原则:机器人的设计目的不应是专门或主要用来杀死或伤害人类;人类是负责任的主体,而不是机器人;要确保找出某个机器人的行为负责人的可能性。例如,如果自主化的无人机在行动中出了叉子,或者无人驾驶汽车出了车祸,必须有这么一些法律可以帮助人们确定责任归咎于谁,是机器的设计者、程序员、制造商还是操作人员。为了明确责任归属,必须使自主化系统保留详尽的日志,由此人们便可以在必要的时候弄清楚系统各种决定背后的依据等。[105] 这个伦理指南主要针对的人群就是机器人设计研究者和制造商,希望保证人类生产出来的智能机器人,能够融入人类社会现有的道德规范。

人工智能技术的应用不仅代替了人的一些体力劳动,也代替了人的某些脑力劳动,有时甚至行使着本应由人担任的职能,因此,这免不了引起法律纠纷。比如医疗诊断专家系统万一出现失误,导致医疗事故,怎样来处理,开发专家系统者是否要负责任,使用专家系统者应负什么责任等。中国超声医师协会超声分会曾于2018年讨论研究并发表了《中国超声医学人工智能(USAI)行为准则》。

中国超声医学人工智能(USAI)行为准则
北京宣言(2018年10月27日)[106]

制定规范、科学管理

1. 超声医学人工智能应用及研发应规范、实用,科学管理,以提高医师诊断正确率和患者满意度为目的。

2. 研究设计及应用需经伦理委员会审批,包括数据、产品及社会伦理等。

3. 切实有效的超声数据图像采集规范和标准化,确保为人工智能的研发与准确率的持续提升提供高质量的数据保障。

4. 制定USAI的准入和行业标准,为企业的人工智能软硬件研发、医院的人工智能临床应用等提供规范和依据。

5. 防止"人机大赛"泛滥、娱乐化。

6. 符合临床证据进行科学预测,防止做不合医学逻辑、没有临床价值的伪预测。

7. 从临床问题入手,注重临床指南和医学评价体系,关注统计误差造成的风险。

实现医工结合、促进转化

8. USAI系统的开发和评估需要与以临床为中心,设计与临床问题保持一致。

9. 对患者、医生、医学生、其他卫生保健专业人员和卫生管理人员进行USAI研发及应用培训教育,以促进人工智能在超声医疗相关领域的应用并了解其局限性。

10. 防止炒作、夸大或过度研发,提倡适当的专业指导和政府监督。处理好临床、研发、伦理、科研关系。

以临床为中心,使患者利益最大化

11. 对 USAI 研发与应用进行规范化督导和评价,并分析将人工智能系统集成到医疗服务中的利害关系。

12. 为使患者利益最大化,医生必须进行专门培训。

13. 界定责任或知识产权问题,使 USAI 合理合法。

中国医师协会超声医师分会

可以预料,未来将会出现更多的与人工智能的应用有关的伦理和法律问题,需要社会在实践的基础上从伦理和法律角度作出对这些问题的应对方案,使人工智能技术为人类的利益作贡献。

(2) 相关人工智能公司也应关注人工智能可能的越轨行为及相应的社会控制措施

人工智能公司作为人工智能研发应用的利益相关方,理应关注人工智能可能的越轨行为及相应的社会控制措施。谷歌曾于 2014 年收购了 DeepMind 人工智能公司,为此,谷歌在伦敦专门成立了一个专家小组以应对"人工智能威胁"。DeepMind 负责人戴米斯·哈萨比斯及其团队正在为谷歌服务建造使用人工智能的机会,这家公司正教授电脑像人类那样思考,提高人工智能技术帮助谷歌服务实现技术突破。谷歌也担心以这种方式开发的电脑会产生威胁,为此该公司成立了"道德委员会",其任务就是确保人工智能技术不被滥用。谷歌 CEO 皮查伊曾经发表文章,描绘了谷歌 AI 使用原则:

我们将根据以下目标评估 AI 应用。我们认为 AI 应该:1.对社会有益。2.避免制造或加强不公平的偏见。3.建立并测试安全性。4.对人负责。我们将设计能够提供反馈、相关解释和说明的 AI 系统。我们的 AI 技术将接受适当的人类指导和控制。5.纳入隐私设计原则。在开发和使用 AI 技术时我们将融入隐私原则。我们将提供通知和同意,鼓励具有隐私保护措施的架构,并对数据的使用提供适当的透明度和控制。6.坚持科学卓越的高标准。7.为符合这些原则,对 AI 的使用进行评估。除上述目标外,我们不会在以下应用领域设计或部署 AI:已造成或可能造成整体性伤害的技术。在存在重大伤害风险的情况下,我们只会在我们认为好处远远超过风险的情况下继续进行,并且会纳入适当的安全限制。武器或其他主要目的是导致或直接造成人身伤害的技术。收集或使用信息的技术违反国际公认的规范。其目的与国际法和人权普遍接受的原则相违背的技术。[107]

(3) 政府管理部门应加快制定相关管理规范

人工智能及其落地应用中存在的一些问题引发了人们对诸如隐私、透明度、安全性、工作以及整体经济等方面的担忧。为此,政府管理部门应该回应人们对AI技术应用的社会关切,应加快制定相关管理规范。例如,面部识别技术可以提升用户在社交媒体上的体验。但同样的技术也可以用来提升监视效果,牺牲个人隐私。再如,据报道,随着AI技术走红以及门槛降低,售卖明星换脸的淫秽视频已经成为一门地下生意。某贴吧中有标榜"换脸+女明星姓名"的发帖者,售卖通过AI换脸技术合成的视频,多位知名女明星频被提及。某二手交易平台上还有卖家提供"定制换脸"服务。买家提供明星或私人照片,卖家即可将淫秽视频中的主角"移花接木"。售卖AI换脸淫秽视频,本身已经是传播淫秽物品牟利罪,同时也侵犯了肖像权。而买家购买之后加以传播或者以传播牟利,则可能构成违法。[108] 甚至于部分违法分子利用AI技术谋取不当利益已经形成了一条隐秘的灰色或黑色产业链。

因此,人们越来越对数据收集和决策的透明度和责任性感到担忧。这种担忧将会加速伦理原则和相关法律规范的制定。例如,2018年5月25日,欧盟全面实施《欧盟一般数据保护条例》,这被认为是20年来数据隐私条例的最重要变化之一,为所有欧盟民众保护和授权数据隐私,并将重塑整个欧盟地区的数据隐私保护形式。

《欧盟一般数据保护条例》(GDPR)[109]要点概述

规定针对从欧盟公民处收集数据的企业:该规定不限于总部在欧盟地区的企业,而是覆盖到从欧盟公民处收集数据的所有组织。GDPR要求此类企业反思其条款和条件(解释该公司如何使用个人数据来销售广告)中的内容,强制企业遵循Privacy by Design原则。

数据转移权:该规定声明,用户可要求自己的个人数据畅通无阻地直接迁移至新的提供商,数据以机器可读的格式迁移。这类似于在不丢失任何数据的情况下更改移动运营商或社交网络。对于谷歌、Facebook等名副其实的数据挖掘公司和较小的数据科学创业公司而言,这就像是敲响了丧钟,当用户不再使用该公司产品时,它们将会丢失大量数据。

被遗忘权:GDPR第17条强调,每个数据主体有权要求数据控制者删除个人数据,并且不能过分延长数据留存时间,控制者有义务遵循该规定。这对以cookie形式收集数据、从定向投放广告中获取收益的技术巨头而言是一项巨大损失。

算法公平性:自动决策的可解释权指出数据主体有权要求算法自动决策给出解释,有权在对算法决策不满意时选择退出。例如,贷款申请人被自动决策拒绝时,有权寻求解释。对于技术公司而言,这是对人工智能的严重限制,将大幅减缓AI技术的发展。

对于欧盟公民来说,该条例统一数据保护法规,增加技术公司在收集用户数据时的责任,从而保护了公民权利。再如,就中国而言,关于自动驾驶技术及其管理规范,交通运输部负责人曾经表示:"交通部高度重视自动驾驶技术,正在积极推动技术研究,同时,也在编制规划,起草相关技术规范。"[110]目前,交通部正在积极推动技术研究,也在编制规划,起草技术规范。与此同时,交通部还在建设测试基地,并和有关部门共同制定路上测试的相关指导文件。

总之,我们要注重制定 AI 政策。AI 政策分为短期政策和长期政策。短期 AI 政策侧重于当前社会需要解决的问题。这些问题包括无人驾驶汽车的责任问题、相对小规模的工人下岗问题、算法偏差等。[111]长期 AI 政策侧重于未来向度,即考虑智能 AI 所带来的 AI 安全风险或不稳定性。当然,短期和长期、现实和未来之间的这种区别并不是一成不变的。如果说本章思考和探讨的是现实层面的 AI 越轨行为与社会控制,那么下一章我们将注意力转向未来或长期层面的 AI 风险问题。

思 考 题

如何理解 AI 越轨?请举例说明如何对 AI 越轨进行社会控制。

第 6 章
人工智能技术与风险社会

如果说越轨行为是从短期的角度谈人工智能的社会影响,那么风险社会则是从较为长期影响的角度谈人工智能的社会影响。前面一章,我们探讨了人工智能与越轨行为,现在我们再来探讨人工智能与风险社会。对于"AI 风险",显然"最好是承认风险的存在,而非否认它"。[112]《新一代人工智能发展规划》中曾专门提到:"人工智能发展的不确定性带来新挑战。人工智能是影响面广的颠覆性技术,可能带来改变就业结构、冲击法律与社会伦理、侵犯个人隐私、挑战国际关系准则等问题,将对政府管理、经济安全和社会稳定乃至全球治理产生深远影响。在大力发展人工智能的同时,必须高度重视可能带来的安全风险挑战,加强前瞻预防与约束引导,最大限度降低风险,确保人工智能安全、可靠、可控发展"。从措辞中,我们可以看出《新一代人工智能发展规划》中用了"不确定性""可能""将""挑战""前瞻"等用语,显示出了"风险"视角与"越轨"视角的差异性。

6.1 理解"风险"与"风险社会"

6.1.1 什么是"风险"?

风险概念"最初是在两个背景下出现的:它起源于探险家们前往前所未知的地区的时候,还起源于早期重商主义资本家们的活动"。[113]由此而言,风险概念最初是指对地理空间的探索中可能遇到的危险等。随着现代社会的演进,风险概念也逐渐从最初对地理空间的探索转移到对时间的探索,这种以时间序列为依据来作出估计的风险指的是:在一定条件下某种自然现象、生理现象或社会现象是否发生,及其对人类的社会财富和生命安全是否造成损失和损失程度的客观不确定性。[114]

6.1.2 什么是"风险社会"?

德国社会学家贝克把"风险社会"定义为一系列特殊的社会、经济、政治和文化因素,这些因素具有普遍的人为不确定性,它们使现存社会结构、体制和社会关系,向着更加复杂、更加偶然和更易分裂。[115]吉登斯则认为风险社会是指由于新技术和全球化所产生的与早期工业社会不同的社会性,它是现代性的一种后果。[114]吉登斯同时分析了传统社会风险与当代社会风险的差异,他指出,"传统社会风险是一个局部性、个体性、自然性的外部风险,当代社会风险则是一种全球性、社会性、人为性的结构风险"。[116]吉登斯还区分了"外部风险"与"被制造出来的风险",认为"外部风险就是来自外部的、因为传统或者自然的不变性和固定性所带来的风险",如火山、地震、台风等;"被制造出来的风险,指的是由我们不断发展的知识对这个世界的影响所产生的风险,是指我们在没有多少历史经验的情况下所产生的风险"[117],如环境污染等。在工业社会存在的最初两百年里,占主导地位的风险可以被称为"外部风险"。[117]而在现今社会,这种由外部风险占据的主导地位逐渐被制造出来的风险取代,于是,吉登斯将这种由被制造出来的风险占主导地位的世界称为"失控的世界"。

6.2 人工智能风险的表现

结合前述吉登斯对"风险"和"风险社会"的认识,人工智能的风险是一种"被制造出来的风险",一方面,不仅仅是 AI 技术发展本身的风险负荷,另一方面,技术在落地应用中也存在着社会风险。如果将人、技术、内容、使用过程等不同因素整合在一起,那么,我们便会得到一个人工智能社会风险的模型,如图 6-1 所示。

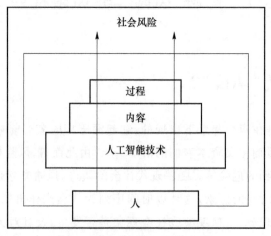

图 6-1 人工智能社会风险的表现

包含人、AI技术、数据内容、使用过程等因素的人工智能系统,本身是嵌入在社会生态之中的,无论是AI技术本身,还是其负载的数据内容,或是人们对AI技术的使用都可能给社会带来"被制造出来的"风险。下面,我们逐一对这些AI社会风险进行介绍。

6.2.1 人工智能技术发展与安全"风险"

现代风险与科学技术的发展有着密切的联系。科学技术在给人类带来巨大福祉的同时,也潜藏着对人类社会的各种威胁,成为现代社会风险的重要根源。按照社会建构论的观点,科学技术的后果与影响是内在于科技自身的东西。在这个意义上,风险性不是外在于科学技术的社会特征,而是科学技术的内在属性之一。[118]也就是说,科学技术是风险负荷的。

(1)机器人技术与社会风险。人工智能显然是"被制造出来的"。例如,2017年,波士顿动力公司发布的一款 Atlas 四足机器人震惊了世界,除行走、跳跃外,这款 Atlas 机器人还会后空翻!绝大部分人都无法完成的高难度动作竟然让一个机器人轻松实现了。为了保持其直立和稳定性,Atlas 不仅拥有立体视觉感知、距离感知及其他感知功能,还能够观测环境并在崎岖不平的地形上行走。机器人技术发展如此迅猛,对此,特斯拉公司 CEO 马斯克多次建议加强监管,他认为:"我们必须要建立人工智能的监管技术,人工智能和食品、药物、航天航空、汽车一样需要被监管。就像如果没有 FCC 美国联邦航空管理局,飞行安全一定会是个大问题。"[119]

(2)智慧物联网与社会风险。整体而言,智慧物联网的落地过程仍属于初级阶段,因此,也具有在开始阶段所具有的普遍风险倾向。随着产业进步,必须要面对和解决安全风险问题。在整个物联网落地过程当中,安全漏洞比以前互联网还要多得多,而且安全的事故所带来的影响可能比以往计算机被病毒入侵的情况要厉害得多。例如,根据一项对智能摄像头的信息安全风险监测结果显示,安全漏洞防不胜防![120]安全风险问题包含数据的隐私、流程安全运营和管理、对于密钥的鉴别以及认证等,需要系统地由多厂商平台(包括网络运营)一起来解决。

(3)无人驾驶与社会风险。在无人驾驶任务中,生成对抗网络对车辆视觉系统的攻击是一个问题。对抗样本对计算机视觉系统的攻击已经是老话题,只要很轻微的扰动,神经网络就会发生错误,将一个物体看成另一个物体,或者干脆对眼前的物体视而不见。和"计算机能够看明白东西"这一伟大历史进展相比,轻微的扰动可能是无伤大雅的小问题。但这样的缺陷放在自动驾驶领域,却是人命关天的大事情。"在无人驾驶系统的视觉模块、在能购物的智能音箱里、在过滤网络不良信息的任务中,我们需要系统非常可靠。而现在,神经网络的潜在危险很多。"[121]对此,360集团董事长兼CEO周鸿祎在第二届世界智能大会现场演讲时称,没有安全就不可能有智能汽车时代的真正到来。无论是特斯拉还是别的智能汽车都可以用手机进行控制,要和车厂的服务器保持连接,能够通过定期更新软件来改变车子的驾驶模式,既然汽车都可以联网,用手机都可以打开车门、打开空调了,那么就一定可以被劫持。[122]

上述分别从机器人、智慧物联网和无人驾驶等三个人工智能应用领域介绍了人工智能技术的安全风险表现。人工智能技术涉及数学、计算机科学、心理学、神经学等众多门类,在机器人、智能分析、识别系统等方面获得了广泛应用。但人工智能技术的发展并没有从根本上解决因技术故障导致的机器人"伤人"事件。例如,前述2016年第十八届中国国际高新成果交易会上由于工作人员的操作失误,使机器人撞向站台,划伤观众事件。因此,人工智能最为直接的现实挑战就是技术风险。例如,人工智能系统所依赖的传感器以及所使用的开源软件等,这使得其面临较多的安全漏洞。

人们谈论风险,往往不是在一个层面上,有的人谈论的是可能的技术发展中的安全风险,有的人谈论的则是技术的潜在不当使用所带来的风险。

6.2.2 人工智能技术的潜在不当使用与风险

如果说,技术本身往往是风险负荷的,那么,在不同的社会环境下,对于技术的不同使用也会带来风险。此处,我们着重带入"人"这一因素,尤其是从使用角度探讨人工智能技术的社会风险。具体而言,这种不同使用可以细分为两个层面:

(1) 对用户信息的不当或者过度采集所带来的潜在风险

首先,对用户信息的不当采集会带来潜在的风险。例如,据报道,谷歌为了提升新一代手机 Pixel 4 的面部解锁系统,向每个愿意出售面部数据的人提供5美元的礼品卡。但据称这家科技公司正在使用一些可疑的方法进行面部扫描。据参与该项目工作的几位消息人士称,一家名为 Randstad 的承包公司确实在亚特兰大以流浪汉、黑人为采集目标,通常也不说他们在为谷歌工作,也没有在说他们实际上是在录制人的面部信息。在志愿者们签署的协议中,谷歌保留了长达五年的人脸数据使用权,这个时间甚至还可能因为项目的继续而延长。此外,它还授予谷歌汇总和共享研究数据的权利,而且没有任何使用目的的限制。这或许意味着数据的使用不限于谷歌的单个业务,同时适用范围也不会仅限于美国国内。[123]

其次,对用户信息的过度采集也会带来潜在的风险。例如,据报道,有的地方如灵隐寺、天坛试点使用带有人脸识别技术的厕纸机,取纸者只有刷脸才能取得厕纸,等等。再如,2009年,印度政府启动名为 Aadhaar 的号称全球第一大生物识别数据库的新身份项目,该项目据称要收集超过10亿人口的姓名、地址、手机号以及可能更为重要的指纹、相片和虹膜扫描。在这一过程中,Aadhaar 渗透到了印度人日常生活的几乎每一个方面,包括到学校上学,到医院看病,到银行获得金融服务。它可谓打开了规模前所未见的数据收集的路径。对此,虽然印度政府认为 Aadhaar 是解决诸多社会问题的重要解决方案,但有批评者便认为这是政府在过度收集公民隐私信息。[124]身体生物的复杂性和唯一性特征使其具有高安全性,但是身体的生物信息的唯一性决定其一旦被泄露、盗用、复制和错用,会导致严重的后果。

(2) 对所收集的用户信息不当或非法使用可能会带来的风险

首先,对人工智能所收集信息的不当使用也会带来风险。例如,据报道,2018 年 5 月,美国亚马逊公司被曝出将自己下属公司旗下的人脸识别技术 Recognition 出售给警方,这种人脸识别技术能够帮助警方实时从数百万张人脸中识别出警方正在寻找的人。多家组织向亚马逊写信表达了抗议,认为该技术将不可避免地被当局滥用,并指控亚马逊提供"强大的监控系统会对社区形成巨大威胁,包括有色人种和移民。警方可能会利用其追踪抗议者或其他被警方列为嫌疑人的目标,而不仅仅是罪犯"。人们如此愤怒的原因在于,人脸识别技术在执法部门的使用权限和用途并没有明确的法律规定,即执法的警察存在滥用此项技术,从而侵犯公民隐私的风险。[125]

近观国内,其实人脸识别的应用程度远超我们的想象。而当政策法规的出台远远跟不上技术的发展时,对于技术的不当使用便会成为人工智能时代的风险。例如,少数公司正在收集海量用户的数据,访问这些数据便可以复盘我们的日常生活轨迹以及显性或隐性的兴趣,就能"知道"我们的行动历史,我们的在线搜索以及社交媒体活动、聊天、邮件等在线行为。基于此,AI 系统将能"理解"所有在线用户的兴趣、日常习惯以及将来的需求,可以对用户的购买兴趣以及用户的情绪状态等做出准确的估计和预测。但是这些"访问"是否经过了用户的许可,是否是一种未经授权的不当使用呢?显然,用户的隐私处在风险之中。[126]

其次,对人工智能所收集信息的非法使用也会带来风险。例如,国内有地方利用人脸识别技术在公共场合公开曝光所谓"闯红灯人员"的信息。再如,2017 年,浙江警方破获了一起利用人工智能犯罪、侵犯公民个人信息案。专业黑客用深度学习技术训练机器,让机器能够自主操作,批量识别验证码。"很短时间就能识别上千上万个验证码。"[127]人工智能技术始终存在着被滥用以及非法使用的风险。

如上所述,在现实中,无论美国还是中国,人脸识别技术都存在着被滥用从而导致不良社会后果的风险。对此,2018 年,来自剑桥大学等多个研究机构的研究人员发布了一份 AI 预警报告《人工智能的恶意使用:预测、预防和缓解》,预测了未来十年网络犯罪的快速增长、无人机的滥用、使用"机器人"操纵从选举到社交媒体等恶意利用人工智能的场景。例如,在政治领域,借由详细的分析、有针对性的宣传、便宜且高度可信的虚拟视频,可以操控公众舆论,而这种操控的规模在以前是无法想象的。这份报告针对 AI 的潜在恶意使用发出警告,号召政府及企业重视当前人工智能应用中的危险。

6.2.3 人工智能偏见和歧视

正如前述,人工智能依赖于海量数据,强大的算法可以分析这些数据,然后得出结论,做出相应的预测等。但是,如果人工智能所依赖的数据本身存在偏见,比如带有种族主义或性别歧视的语言,那么这会影响结果。这是一种基于人工智能数据内容本身的风险表现。我们在前面第2章中也曾经从作为身体的人工智能与社会的关系角度探讨了人工智能的偏见和社会歧视问题。这是智能社会已然存在的社会风险表现之一。例如,有偏见的人工智能在选美比赛中选择了浅色皮肤的选手,而非深色皮肤的选手。一种带有偏见的谷歌算法将黑脸归类为大猩猩。在一项研究中,一个有偏见的人工智能筛选简历,会更倾向于欧裔美国人(相对于非裔美国人)。在另一项研究中,有偏见的AI将男性的名字与职业导向、数学和科学词汇联系起来,同时将女性的名字与艺术概念联系在一起。[128]

正如偏见部分来源于人工智能所依赖的数据,解决偏见的方法之一便是从数据本身的质量入手。解决数据偏见问题的第一步是在数据收集过程中建立更大的透明度。它是从哪里来的?它是怎么收集的?是谁收集的?我们以人类语言中的性别歧视为例。人类语言中往往隐藏着性别歧视。例如,"可爱"被认为是一个女性专用词,而"辉煌"等于男性,同样还有"家庭主妇"与"计算机程序员"配对。在职业上,这种性别歧视最极端的例子是,哲学家、战斗机飞行员、上司和架构师等这些工作通常与"他"有关。而与"她"相关的职业包括家庭主妇、社交名媛、接待员和理发师。微软研究院的程序员亚当·卡莱正与波士顿大学的研究人员合作,试图从计算机中删除这种偏见。该研究小组发现,他们可以训练机器忽略单词的某些关联,同时保持了所需的关键信息。他们解释称:"我们的目标是减少单词配对的性别偏见,同时保留其有用的属性。"通过调整他们的算法,该小组能够去除单词之间的某些关联,如"前台"和"女性",同时保持合适的单词配对,如"女王"和"女性"。[129]如果我们能够恰当地解决AI偏见和AI歧视,我们完全有可能创造出比创造者更少偏见的人工智能,那么人工智能将使生活变得更美好。

6.2.4 伦理与异化风险

这是从人与智能体关系的维度去思考智能社会的风险表现。

(1) 伦理风险

机器人将逐渐融入我们的生活,但这一发展可能会带来一些值得关注的伦理风险。

首先,人们如何从心理上去接受一个人形机器人,这将使人们面临着心理的冲击。人类应该是智能机器人的主人还是朋友,这是一个值得进一步深思的问题,在实践中,从包括媒体报道中涉及人机关系的措辞,以及学生在参与调查中涉及人机关系时所使用的语言中,我们发现,不少人经常使用"主人"来称呼人机关系中人类一方,这背后其实反映了一种不对等甚至不平等的关系预期。这给我们指出了一点,即人类如何与人形的机器人相处也是未来智能社会的一个风险。

其次,人类可能会过度依赖机器人。前述章节我们曾经谈到在极端情况下,人们对机器人的过度信任会带来问题。在通常情况下,人们对智能机器人的过度依赖会带来潜在的风险,包括人机情感危机、情感依赖、失去某种自决权等。例如,我们在第3章中曾经探讨过的 AI 依赖及人机情感危机问题。

再次,人工智能的伦理问题也一直没有定论。例如,在人工智能的使用过程中,难免会做出违背人道主义的事情,谩骂、殴打和虐待可能会发生,甚至将机器人当成发泄的工具等。

此外,在特殊情形下 AI 需要及时做出优化决定,这有时会引发伦理风险。尽管大多数情况下这种优化决定是客观决定并且受到普遍接受,但也有些例子引起了道德和伦理方面的问题。比方说,知道自己就要撞上行人的无人车必须在数毫秒之内做出决定是否要通过(对乘客)危险的机动避开易受影响的行人。这些关键决策背后的逻辑必须事先定义好,得到很好的理解和接受。与此同时,在特定数据保护规则的约束下,无人车活动和决策的详细历史必须能访问到并且提供给大家进行分析。[130]

(2) 异化风险

有的人认为,人工智能在未来会超越人类智能,人类正在创造一个比自身更加强大的物种。基于此种论调,人工智能的异化与反抗风险也许便成为可能。那么,人类是否会被机器取代?什么时候才会出现通用人工智能?对此,在 2018 年 11 月 13 日举行的美国麻省理工学院中国峰会上,MIT 计算机科学与人工智能实验室主任罗斯女士表示,人工智能会给每个人的生活带来益处。"(人工智能)工具本身没有好坏之分,关键在于人们如何使用它",而根据罗斯的观点,我们离通用人工智能还非常遥远。她说,担心通用人工智能就像担心火星上人口过剩一样。与其担心机器会替代我们,还不如关注机器能如何支持我们。[131]

6.3 人工智能风险的社会治理

近年来,人工智能获得了突飞猛进的发展,已从"未来"走向了现实。它不仅让生产率得到了大幅度的提升,还可以帮助人们解决很多过去难以应对的问题,正日益成为新一轮产业革命的引擎,这给人们带来了很多美好的憧憬。但与此同时,人工智能的发展也带来了很多新的问题和风险,如前述由人工智能引发的安全风险、隐私风险、伦理风险等。我们需要在社会层面对人工智能风险进行治理。

1. 人工智能的公众风险认识

传统的风险治理机制的重点在于对客观风险和灾难的防范、预警和事后处理,对主观层面的问题较少涉及。因此,在建立现代风险治理机制时,必须充分考虑人们的主观"风险认知"因素。现代科技风险扩散到社会的各个方面,与公众的生活息息相关,公众对了解可能影响他们生命财产安全的风险有强烈的愿望。因此,风险控制和管理中公众的参与是不可或缺的。新的风险社会应该建构一种双向沟通的"新合作风险治理"[132]。这同时也表明"风险"不仅是一种事实判断,而且更是一种文化概念,在风险治理的决策过程中,必须充分考虑社会文化因素,而不是以简单的因果思维或工程思维来进行决策。[133]公众对于人工智能的风险认识,本质上应该视为是人工智能文化的表现形式,即"关于人工智能的文化",我们在后面第13章会有相关讨论。

2. 风险控制,对于科技企业来说,就是要开发安全的产品

微软CEO萨蒂亚·纳德拉曾言AI技术既会带来好的一面,也会带来坏的一面,科技企业必须认识到,它们的设计决定将会成为好与坏的推手,强调了对于人工智能技术的风险控制而言,科技企业所肩负的社会责任。科技公司应该开发可信的技术,正如纳德拉所说:"环视我们生活的环境,到处都是威胁,有一件重要的事情是我们应该做的:那就是开发更安全的产品。微软是首先响应的企业。我们必须认识到,要保证基本安全光是开发安全产品还不够,还要注重运作。如果想健康,光有健身设备还不行,还得真正锻炼。"[134]科技企业作为风险治理的相关方,应开发安全的产品。

3. 政府的立法

相对于前述公众、企业层面,这是从政府这一利益相关方的视角来谈人工智能风险的社会控制问题。例如,新加坡政府正在设立一个顾问委员会,评估人工智能和数据的伦理和法律应用,以及建议政策和治理,同时还将成立一个由法律和技术专家以及全球专家组成的小组,以支持咨询委员会。该委员会将提出可能的治理框架,包括风险评估框架,用于采用和部署人工智能和数据。这些措施将基于两个关键原则:由人工智能或与人工智能一同做出的决定应该是"可解释的、透明的、公平的";所有的人工智能系统、机器人以及基于人工智能的决策都应该是"以人为本的"。[135]

就国内而言,如今,"刷脸"已变成大众体验创新、享受便捷的日常"标配"。然而,正如前述,人脸识别技术在各领域广泛应用,给人们生活带来便利的同时也出现了一系列问题,如人脸信息收集、存储、处理等使用规范欠缺导致的信息泄露安全问题等。公众也越发关注该技术在安全性方面面临的挑战。因此,行业亟需制定一系列标准和规范。鉴于此,在2019年11月20日举办的全国信标委生物特征识别分技术委员会换届大会上,由以商汤科技担任组长的27家企业机构共同组成的人脸识别技术国家标准工作组正式成立,人脸识别国家标准制定工作全面启动。[136]

值得注意的是,国家在立法控制人工智能社会风险的同时,相关的立法不能过细过死,否则可能会扼杀新技术推动社会发展的潜能。毕竟,人工智能是一项革命性的技术。它在未来究竟会有怎样的发展,会产生怎样的影响,目前还很难给出确切的估算。例如,有学者认为,人工智能的发展会带来巨大的就业冲击,因此应当立法限制人工智能的发展,将其应用限制在一定的范围内。试想,如果这样的法律通过,那么很多领域将不能享受到人工智能带来的生产率提升。这固然可以让工人们保住饭碗,但同时也消灭了发展的可能性。当然,技术进步对就业的冲击是必须承认的,这就需要出台相关的公共政策加以应对。[137]人工智能意味着游戏规则的改变。就风险而言,我们所生活的世界面临着因滥用人工智能而导致的风险,前述我们分别从人、技术、数据内容、人与技术关系等要素梳理探讨了人工智能的社会风险。对于人工智能的社会风险治理,则需要公众、机构和政府等所有利益相关方采取切实行动,面对选择,我们必须具有行动的勇气和智慧。

思 考 题

AI风险有哪些表现?如何理解人工智能社会风险的模型?如何应对AI风险?

第 7 章
人工智能与家居社会生活

家居通常被视为私人空间场所,人工智能包括智能机器人的落地应用,给家居生活带来了新的交互主体,同时,由于隐私安全等话题的介入,原本属于私人空间的家居生活也具有了进行公共讨论的可能性。

7.1 智能家居生活:人工智能在家居生活中的应用

7.1.1 人工智能与居住环境的智能化

智能家居利用先进的计算机、人工智能技术、网络通信、自动控制等技术,将与家庭生活有关的各种应用有机地结合在一起,从而使家庭生活变得更舒适、安全、有效和节能。智能家居在具有传统的居住功能的同时,还能提供具有高度人性化的生活空间;将被动静止的家居设备转变为具有"智能"的工具,提供全方位的信息交换功能,帮助家庭与外部保持信息交流畅通,优化人们的生活方式,帮助人们有效地安排时间,增强家庭生活的安全性,并为家庭节省能源费用。[138] 总体而言,居住环境在人工智能技术的影响下变得比之前更为智能化,当下具有信息采集、处理、存储和交换功能,未来随着智能化水平的提升,家居设备将具有类似决策和行动的功能,自主灵活地实现家庭与外部信息交流。正如 TJM 所描述的:

"(家里)买了好多智能家居设备,如智能空调、智能电饭煲、智能台灯和智慧门锁,这个门锁可以使用指纹解锁。这样再也不用担心自己忘带钥匙了!而且家里也给我准备了一部手机,它也能使用小爱同学,让我可以和家里的小爱同学进行协同配合。它可以在我还没有到家的时候打开空调让我回家就感到温暖。我再也不用经历回到家辛苦学习了一天后家里冷冰冰,还需要热饭、开空调,要是某天没带钥匙还要被锁在门外的烦恼。"[139]

智能家居便捷了家居生活,让传统的设备告别孤岛式功能,形成了智能家居生态系统。例如,百度打造的智能家居生态系统 DuerOS,作为对话式 AI 操作系统,拥有 10 大类目的 250 多项技能,可以接入机器人、手机、电视、音箱、汽车等多种硬件设备,同时支持第三方开发者接入。搭载 DuerOS 的设备能够听清、听懂并满足用户。从 DuerOS 的平台属性可以看出,它与谷歌的 Google Assistant、亚马逊的 Alexa 功能相似。这类产品的最终目的都是想把自然语言交互的形式置入在各个应用以及硬件设备当中,成为新的交互和操作系统。据称,DuerOS 到 DuerOS 2.0 后,合作伙伴超过 130 家。该系统已快速在家居、车载、移动等场景中应用,覆盖手机、电视、机顶盒、投影、音箱、冰箱等众多硬件品类。数据显示,截至 2018 年 1 月,搭载 DuerOS 的智能设备激活数量突破 5 千万,月活跃设备超过 1 千万。[140]除上述百度推出的智能家居生态系统外,其他科技巨头也将目光聚焦在智能家居市场。例如,国内智能家居领域,科大讯飞也推出了自家的物联网操作系统 iFLYOS,帮助智能硬件实现人机交互无障碍,使人与机器之间可以通以语音为主的多模态交互方式。据《2019 全球智能家居市场》报告,消费者在智能家居相关硬件、服务和安装费用上的支出将达到 1 030 亿美元,消费智能家居的家庭数量将达到 2.28 亿户。[141]由此可知,智能家居市场消费空间巨大,未来人工智能技术在智能软硬件设施的应用空间是非常具有前景的。

7.1.2 人工智能产品基于深度学习助力营养食品的识别

国内外一些创业团队,借助机器学习等相关技术,开发了虚拟营养师应用。部分研究结果显示,机器学习技术支持下,虚拟营养师可能比真实营养师提供的建议效果更好。例如,人工智能医学服务提供商 Airdoc 团队基于深度学习,曾经推出智能应用"每日三次"。享用美食之前拍摄一张照片,就会自动分析呈现食物的营养结构,可以对食物进行监测、分析、评估,从而能够合理管理个人营养摄入。[142]再如,初创公司 Foodvisor 开发了一款 App,通过图像识别食物的种类甚至质量,计算卡路里并给出饮食建议。通过给食物拍照,可以得到一份营养成分清单,包括卡路里、蛋白质、碳水化合物、脂肪等。[143]人工智能技术在这里的核心价值在于通过对数据的解读,识别食物营养成分,来提供更适合的医学营养方案,从而帮助使用者合理管控个人营养摄入。

7.1.3 家政服务机器人

例如,日本发明的一款家政机器人,即便是再乱的房间,这款家政机器人也能将其收拾干净,这款机器人可以通过语音、手势等与人类进行交互,虽然动作非常缓慢,但是房间整理的效果还是不错的。[144]当然,家政服务机器人并不仅限于整理打扫房间等,其功能性已经渗入生活的各个方面,在消费人群的消费需求、技术提升等因素的综合作用下,家政服务机器人正越来越多地进入家居环境。

上述,我们分别从居住环境、饮食以及家政服务等三个方面梳理了人工智能在家居场景中的应用,本质上涉及已有设备的数字化智能化,营养健康以及"从无到有"的新的智能设备应用种类的加入。家居作为智能化应用的场景,人们所要做的恐怕便是拓展自身的想象空间。

7.2 对智能家居生活的社会观察和思考

7.2.1 真实体验缺失

(1) 真实体验缺失的表现。在智能家居生活下,由于人工智能的出现,人工智能体不断代劳人类家务劳作。例如,扫地机器人越来越多地渗入家居生活中。一方面,人们越来越失去真实的生活体验。另一方面,虚拟现实 VR、增强现实 AR 等技术的应用,人们越来越多地经历虚拟的劳动体验。例如,微软 Hololens 最近研发出了增强现实领域的全息瞬移酷炫黑科技,它能将千里之外的 3D 场景实时逼真地展现在眼前![145]VR 及 AR 技术的发展,人们可以不出门便能体验穿衣试用,人们因此失去了体验的权利或者说能力。智慧物流使得人们不用再出去采买物品,甚至连下单都是由人工智能根据人们的需求自动下单。

(2) 如何看待这种所谓的"真实体验缺失"? 首先,现实中人们对这种体验缺失的担忧并不是没有根据的。其实,如果追溯信息传播技术发展的历史,我们便会发现,当电视作为相对于广播、报纸的"新媒体"而出现的时候,其声画并茂的优势吸引了大批观众,甚至一些人自此沉迷于电视之中,一个标志性的现象便是躺在电视机前的沙发上,手里拿着零食,看着电视的经典现象,这部分人甚至被喻为"沙发马铃薯"。显然,如果从体验的角度,这部分人由于电视的吸引,主动放弃了部分社会体验,他们接收的信息多来自电视媒体,电视影响了他们的社会观,学者将这种传播效果称为"涵化效应"。

其次，在智能家居生活环境下，"泛媒化"的发展更使得我们失去了体验的必要性。所谓"泛媒化"，即万物皆媒，美国学者凯文·凯利认为"人工智能将激活惰性物体，就像100年前电力曾经做到的那样"。"泛媒化"的一个基本表现便是物体媒介化。物体的媒介化主要是靠安装在其上的传感器，或者物体本身的智能化。也有很多物体将成为信息终端来呈现信息。今天我们说到终端，总会想到电视机、计算机及手机等，而未来这样的专门化终端，将越来越少地出现在我们的生活中，以自然物体面目出现的终端，却会逐步出现并普及。例如，谷歌研发的一款智能布料，便能连接计算机打电话，而且能根据体温发热。[146]此外，随着泛媒化发展，家庭内各种电器的屏幕，当然也可以成为阅读公共信息的终端，而未来固定屏幕的概念甚至会淡化，信息可以用投影、虚拟现实或增强现实等方式飘浮在空间里，或者出现在墙壁、桌面、地板等自然物体上。人们会在更碎片的时间和更多元的场景中消费公共信息。

如前所述，智能家居的一个表现便是家居环境的智能化。它意味着家庭内各种电器或电子设备，都可以联上网，并且具有一定智能，可以为家庭内的人自动提供各种人性化的服务。因此，从媒介的角度来看，智能家居也将带来家庭内的一种全新媒介。未来的智能家居技术的一个主要目标是通过家居设施与外界的信息交换来提升服务能力。例如，烤箱可以自动下载做甜点的食谱，并按照食谱自动设置烤箱程序。冰箱可以根据存余食品数量和主人生活习惯自动下购物订单。[147]基于此，人们也越来越失去了体验的必要性。

综上所述，人们日益生活在这种由各种智能设备所提供的虚拟环境中。在 AI 与人协同的时代，我们将会被无穷尽的数字信息所包围。在媒介化传播时代，人与环境的互动关系实际上就发生了巨大变化。人们越来越借助于信息环境或拟态环境与客观环境发生关联，在 AI 传播时代，人们更是嵌入或者沉浸在这种由各种智能设备所构建的虚拟环境中。基于此，有的研究者便提出了虚拟环境的"麻醉"问题，从生活到办公，所有的事情都由机器人协助处理，人类是否会日渐沉迷于人工智能及其营造的虚拟环境？[65]

7.2.2 智能家居与家庭建设

（1）人工智能技术对家庭性别分工的影响。随着人工智能技术的发展，智能家居系统的落地应用，以及智能设备智能化水平的提升，传统由女性或男性承担的工作渐渐由各种智能设备，尤其是家政服务机器人承担，那么在这种情况下便出现了一个问题，即在这种环境下，家庭的社会分工会发生哪些变化？又如何看待这种变化呢？显然，在智能家居生态系统下，从家务劳动中解放出来的不仅仅是女性，同时也包括男性，在人工智能家居生活的影响下，家庭分工差异将渐渐变得不再重要，家庭成员将不再需要分散注意力放在家务工作的分配和承担上，更多地可能会把精力放在家庭内在生活质量的建设上。如果以后家庭还是人类社会制度的一种形式,这会真正有利于女性在家庭内取得与男性平等的地位,这种发生在家庭内的社会革命,对社会的影响必将是深远的。

(2) 智能家居与社会单身化的趋势。在未来,也许将会有更多的人选择独自生活。数据显示,在英国,独自生活的人数要比总人口的增长速度快10倍。在过去的40年里,单身家庭数量的增长已经超过了100%,在英国,相比已婚夫妇,有更多的人过着单身生活。这意味着现在的人将比前几代人多花50%的时间独处。据国家统计局和民政部数据显示,中国单身人口已达2.4亿,占总人口的17%左右。学者李银河提出了一个观点:"婚姻终将会消亡。"当然,"婚姻未必会真的彻底消失,但未来可能就只有20%~40%的人会结婚,总体呈现萎缩的状态。"[148]克里南伯格曾经探索了单身社会的崛起以及这一现象给我们的社会文化、经济、政治带来的巨大影响。与传统地看待单身现象的观点不同,他认为绝大多数单身者正热忱地投身社会与社交生活中,他们比同龄已婚人士更热衷于外出就餐、锻炼身体、参与艺术及音乐课程、公众活动、演讲以及公益活动。甚至有证据表明,比起与配偶居住的已婚人士,独自生活的人身心更健康。而他们都市公寓的生活方式,相比郊区独栋家庭住宅的生活方式,也更为绿色环保。独自生活并不是像传统观点所认为的那样会导致孤独和与世隔绝。

什么原因带来了这种变化呢?研究者理查德认为,原因如下:社会态度的变化使得人们在婚姻之外也可以寻找和获得经济安全、稳定的亲密关系;单身并非一定不快乐,独自居住与孤独和感到孤独之间有很大区别。[149]此外,我们也应认识到,智能化增强了个体能力,这是新的技术对个体的一种赋能。有了AI技术,人们能够做超越自然身体限制的一些事情。正像我们在第2章中所探讨的,人工智能技术作为身体的延伸、替代、拓展,体力机器人可以代替人的体力劳动,脑力机器人能够增强人的思维和记忆智能等,同时,智能社会机器人还能够带来情感陪伴。例如,前面我们提及的法国人Lilly爱上了一个机器人。随着像Siri这样的机器变得更加健谈,爱上并依恋一台机器的想法也不再显得不可理解。家政服务机器人既可以实现家务劳作自动化,又可以排解寂寞。

7.2.3 人工智能与家庭外社会生活:身体残障人士的社会融合

(1) 什么是"社会融合"?社会融合确保具有风险和被社会排斥的群体能够获得必要的机会和资源,通过这些资源和机会,他们能够全面参与经济、社会和文化生活以及享受正常的生活和在他们居住的社会认为应该享受的正常社会福利。社会融合不单纯是对社会排斥的反应,社会融合内含过程和目标两方面,它旨在确保所有人能够参与到社会中。因此,融合是一个积极的过程,它通过确保机会不会对每一个人错失进而推动人类发展。社会融合的一个显著特征便是人人享有广泛的机会平等和生活机会。[150]

(2) 家庭外社会生活与身体残障人士的社会融合。基于社会融合的概念,我们将目光转向身体残障人士以及他们的家庭外社会生活。前述提及家庭内智能家居设施的引入，方便了包括身体残障人士在内的人们的家庭内生活。那么，如果将目光转向家庭外，身体残障人士在某些方面往往被排斥在外。联合国制订的《残障人士权利公约》曾经专门提到，"要能够使残障人士独立生活，充分参与各方面生活，政府部门应该采取适当措施确保残障人士能够跟其他人一样有平等的权利进入物理环境，使用交通工具，使用信息和传播工具，包括信息和传播技术与系统，以及其他一切向整个社会包括城市和农村区域开放的设施和服务等。"[151]因此，在智能生态系统构建的过程中，除应关注家庭内智能生活的社会影响外，还应着重探讨家庭外智能生活的社会影响，即应该借助于人工智能技术的落地应用，在家庭外社会生活中充分考虑身体残障人士的社会需求，从而达到社会融合的目标。

例如，在2019年12月3日第27个国际残疾人日前后，北京市劳动模范曹军再次和腾讯云大数据及人工智能产品中心负责人坐在一起，交流合作，希望借助信息无障碍研究会和腾讯云的力量，参与腾讯云助力视障开发者计划，让视障者也可以参与到直播之中，利用直播创业脱贫，乃至致富。"视障产品对于云能力的需求主要集中在 AI 能力调用和云服务器两个方面。在 AI 能力调用方面，视障产品较为需要通用印刷体识别、语音识别、图像标签、图片翻译、手写体识别等功能。"[152]再如，北京邮电大学2019年第四届"雏雁计划"获选项目中，有些项目便是专注于改善盲人或老年人群体的相关能力，帮助他们更好地融入社会生活中：

  面向盲人的智能声控取物装置；
  基于模式识别的盲文阅读指套；
  盲人之眼；
  便携式盲人智能导航系统；
  盲人智慧出行小车；
  以智能冰箱为核心的独居老人家具系统；
  基于物联网的安全出行智能拐杖；
  基于大数据的社区养老服务信息整合分析；
  针对老年人的智能医疗养护系统；
  智能助力老人拐杖；
  "爱惦念"——老年人摔倒智能急救设备；
  等；

上述，我们从家庭内、家庭外的社会生活探讨了人工智能家居系统的社会影响。正如《2030年的人工智能与人类生活》一书所言，"过去十五年中，机器人已经进入了人们的家庭。但应用种类的增长慢得让人失望,与此同时,日益复杂的人工智能也被部署到了已有的应用之中。未来十五年,在典型的北美城市里,机械和人工智能技术的共同进步将有望增加家用机器人的使用和应用的安全性和可靠性。"因此,我们有必要抱着前瞻的态度去思考智能家居环境下的社会影响。

综上,我们在梳理和探讨人工智能对智能家居生活场景下的社会影响时,从三个层面进行了梳理和探讨:一是梳理了在家居场景下有哪些人工智能落地应用,表现在什么方面;二是探讨了这种 AI 技术的落地应用,包括产品的使用对家居生活带来了哪些影响,例如前述提到的"真实体验缺失"以及对家庭内性别分工和家庭成员关系的影响等;三是着重从 AI 如何推动社会发展这个角度探讨了如何在家居场景下,通过改进和应用相关的 AI 技术来促进社会融合,这是 AI4D 的层面,我们将在后面章节中专门探讨。

思 考 题

请结合自身体验探讨人工智能在家居场景中应用以及社会影响。

第 8 章
智能出行的社会影响

8.1 智能出行的发展

8.1.1 自动驾驶的发展

　　一提及智能出行,人们往往最先想到的是自动驾驶。2018 年常被视作自动驾驶商业化的前夜。在谷歌开发者大会上,Waymo 透露为保证自动驾驶的安全性,Waymo 在实验室每天模拟超过 25 000 辆汽车的驾驶数据。Waymo 还在会场上展示了其自动驾驶机器的学习能力:将检测行人的错误率降到之前的百分之一;增强了在雨雪等极端天气的辨识能力;提升了自动驾驶的感知决策能力。对于谷歌自动驾驶来说,获取更多数据是重中之重。虽然谷歌现在已经积累了庞大的数据量,但是与特斯拉相比,谷歌仍然需要获得更多有价值的数据来进行更好的算法改进。[153]就国内而言,百度的自动驾驶开发项目"阿波罗计划"于 2017 年 4 月启动,百度在掌握自动驾驶关键所在的数据积累方面先行一步。据报道,阿波龙车身长 4.3 米,宽 2 米,共 8 座,采用整体全弧玻璃,无方向盘。车上搭载的雷达收集道路和周围信息,通过高速无线通信传输,借助人工智能一边解析一边行驶。[154]

　　显然,自动驾驶的发展将会受到人工智能技术发展的影响,需要 AI 技术的迭代与发展。正如《2030 年的人工智能与人类生活》所说:"不远的未来,在用于驾驶的功能方面,感知算法将超过人类的水平。包括视觉在内的自动化感知,在处理识别和跟踪等任务时已经接近人类水平。除感知方面的进步外,随之出现的还有算法的进一步提升所带来的推理和规划能力。有报告预测,自动驾驶汽车将在 2020 年得到广泛应用。而自动驾驶功能的应用也将不局限于个人交通。我们将看到自动驾驶汽车和远程操控的运载车辆、飞行器和自动驾驶卡车。基于用户共享的交通服务也将充分利用自动驾驶汽车。此外,机器人技术的进步也将更有利于其他类型自动驾驶设备的创造和应用,包括机器人、无人机等。"[84] 上述报告不仅谈到了自动驾驶的发展,同时也谈到了我们接下来将要谈及的基于用户共享的交通服务等。但在现有人工智能技术背景下,自动驾驶的安全性问题随着一些个案的出现也广受人们关注。例如,据报道,2018 年 3 月 18 日,网约车巨头 Uber 的无人驾驶测试车在美国亚利桑那州坦佩市撞倒一名行人并致其死亡,这是涉及自动驾驶汽车的首起行人死亡事件。

8.1.2 智能即时交通

如上所述,智能出行并不仅仅指的是自动驾驶,以 Uber、Lyft、滴滴出行等为代表的即时交通也是智能出行的一部分,在国内外,从数字经济商业模式角度,人们又将其称为共享经济模式。例如,拼车是近年来中国共享风潮下所出现的新的出行方式。滴滴出行 2019 年 11 月 29 日发布的数据显示,其拼车业务上线以来,已累计有 29 亿人次使用过拼车,最近一年累计行驶 45 亿千米。其每一次实现拼友间的成功匹配,平均需要额外进行 18.6 万次匹配计算。结合每天超过 400 亿次地图路径规划请求,每日处理数据超过 4 875TB。目前滴滴利用深度学习模型,建立实时供需预测系统,致力于让多个乘客顺路同行的路线匹配度更佳。经过算法的不断优化,如今拼车的平均绕路时间已比去年减少 30%。[155] 正如《2030 年的人工智能与人类生活》中所说:

"Uber 和 Lyft 等即时交通服务已经涌现成为传感、连接和人工智能的另一项关键应用,这些技术可以使用算法根据位置和合适度(声誉模型)来匹配司机和乘客。

通过动态定价,这些服务可以通过支付意愿进行配给,动态定价还有利于估计司机数量的增长,这已经成为城市交通的一种流行的方法。随着它们的快速发展,一些政策和法律问题也随之出现,比如和已有的出租车服务竞争以及对缺乏监管和安全的担忧。按需交通服务似乎很有可能成为自动驾驶汽车的主要推动力。

拼车和驾乘共享一直以来都被视为有希望缓解交通拥堵的方法,而且还能更好地利用个人交通资源。"[84]

如上所述,智能即时交通在 AI 技术的加持下成为一种新的业态,通过使用算法根据位置和合适度等因素来匹配司机和乘客,优化价格、线路以及服务等,同时也可以有助于缓解既有的交通资源紧张的状况。

8.1.3 智慧交通管理

例如,2018年4月,华为在北京市交管局的指导下,在北京的海淀区上地三街与上地东路交叉路口,率先开展利用AI算法实现信号配时优化和时段自动划分的试点应用。第三方公司评估报告显示,上地三街车流主方向(东西方向)平均延误下降15.2%,平均车速提升15%。由于主干线路上的优化效果显著,附近2条支路上的通行效率也明显获得改善,报告显示支路的平均延误时间降低了10%～20%。而这些成果的背后,是一项人工智能技术与交通工程理论结合的解决方案——TrafficGo交通控制优化方案。华为TrafficGo方案既能保证严格遵守已有交通工程理论的约束,又能探索区域信号综合协调优化创新方案,解决了手工配时的缺陷,也很好地释放交通道路的通行潜力,最大化利用资源。[156]据统计,北京每年交通拥堵带来的直接、间接经济损失高达数千亿人民币,大概占北京GDP的5%,并且由此引发的空气质量、摩擦纠纷等问题也影响了千万市民的生活质量,已经成为一个不可忽视的社会问题。在此种背景下,基于人工智能技术的智慧交通管理,便体现出了技术的优势。

2018年10月18日,在世界智能网联汽车大会上,百度公司创始人、CEO兼董事长李彦宏,针对现代城市的交通拥堵、停车难及交通事故频发等问题,提出了AI治堵的方案,他认为:"随着人工智能技术的进步,汽车越来越智能,以及我们相应基础设施的升级和换代,拥堵的状况应该是可以得到大幅度改善的。"为此,百度已与北京市交管局合作,利用轨迹大数据设立智能信号灯。在饱受拥堵困扰的上地后厂村路段进行测试,对信号灯路口车流、路口各方向延误情况进行分析,智能调整路口绿灯放行时间,将使该路段于尖峰时刻的拥堵数值降低14%,等同于为每辆车每天上下班节省约8分钟的时间。对于一个上班族,意味着一年里多出了相当于4.5个休息日的时间。此外,交通事故是城市交通的另一个"痛点"。每年有130多万人会死于交通事故。李彦宏表示:"自动驾驶时代的到来,会大大地减少这一方面事故的发生,也包括我们对于疲劳驾驶的智能检测和对司机的提醒。"[157]随着人工智能时代的到来,AI正在帮助逐渐构建起智能的交通体系,当人、车、机构、服务形成智能闭环,城市交通的问题也有望得到逐一破解。

8.1.4 智能出行

这主要体现在智能行程管理方面。当某种出行方式过于拥挤时,个人出行管理App会为你制订新计划,包括乘坐联网和自动驾驶汽车前往目的地。汽车互联技术使交通系统、道路、基础设施和智能设备互联并及时处理大量数据,从而使车辆能够实时响应外部变化,以避免潜在的危险,如闯红灯、车辆超速和急刹车以及道路拥堵等问题。

上述，我们按照出行的逻辑顺序依次介绍了人工智能在自动驾驶、智能即时交通、智慧交通管理以及智能出行方面的应用。未来，在智能车联网发展的背景下，汽车便会成为流动化、场景化的新媒介的代表之一。

8.1.5 车联网下的汽车：流动化、场景化新媒介的代表

在人工智能技术赋能下，汽车正在成为新的媒介。在汽车领域的物联网（车联网）等技术的影响下，汽车在信息采集、传播方面具有独特的价值，汽车将是未来一种重要的媒介。作为一种新的媒介的汽车及车联网，将实现车与人、车与车、车与环境、车与公共信息系统等各个层面的信息交互。汽车不仅是流动化媒介的代表，也是场景化媒介的代表。也就是说，它是围绕"车的运动"这样一个特定场景来进行信息的采集与交互的。[147]

8.2 智能出行中的社会影响

8.2.1 智能出行、年龄差异与普惠出行

随着我国人口老龄化加剧，老年人已成为我们社会中的重要群体，也是交通运输行业重要的服务对象。基于前述人工智能在出行领域中的应用，我们首先可以思考的一个问题是：智能出行的一些设备或者设施是普惠式的吗？对此，我们恐怕难以得出一个肯定的答案。例如，滴滴发布的《老年人出行习惯调查报告》显示，50～70岁之间更容易产生出行难问题，根据数据，一半以上的老年人会乘坐公交车出行，不到20%的老人会乘坐地铁出行，但是出门打车的老年人占比还不到10%，且他们多数以扬招的方式叫车，会用软件的老年人仅3%左右。究其原因不外乎是：不会用。老年人似乎成为被智能出行排斥的对象。对此，滴滴出行已上线了"老人打车"服务，儿女可远程叫车。用户需要在滴滴出行中开启敬老版，填写老人的基本信息，包括姓名、手机号以及紧急联系人，叫车时老人只要一键点击儿女为其提前输入的一些常用地址就能呼叫车辆了，几乎没有学习成本。[158] 显然，智能社会智能出行的路上，老年人群体不能缺席，这也是我们前述的社会融合的一个重要方面。上述案例给我们显示了如何从技术角度来解决这一社会问题的可能性，当然，我们也需要意识到老年人群体在使用新技术时的群体心理。总体上而言，他们往往对于新的技术有一种恐惧心理。在这方面，除上述技术角度的解决方案外，如何化解老年群体的这种对新技术的恐惧心理也是需要我们进一步思考的。

8.2.2 网约车车内空间的社会属性

作为新生事物,智能即时交通中的网约车车内空间的社会属性成为人们争议的议题。在实际运行过程中,因为对车内空间属性的认识不同,也导致了社会纠纷的发生。例如,下述四个案例:

案例1.

拼车时,郭女士遇到了吃早餐的李先生,韭菜包子的味道很难闻,郭女士向平台投诉李先生影响拼友乘车。

拼友李先生:"我不知道她那么介意啊,早晨上班来不及,只能在车上吃。"

案例2.

罗先生打车时带着爱犬,却因爱犬拉布拉多体型过大被拒载。罗先生因此投诉车主赵师傅无故拒载。

车主赵师傅:"太大的狗容易弄坏真皮座椅,掉下的狗毛还可能引起后面乘客过敏,有纠纷说不清楚。"

案例3.

吴先生忙了一天很累,上车后脱了鞋,并把脚搭在副驾驶靠枕上想好好放松,但被车主张师傅投诉行为不当。

乘客吴先生:"我花钱打车,就想在车上好好休息一下,为什么不行呢?"

案例4.

王先生打车时发现App弹出了录音录像授权提醒。他觉得这侵犯了自己的隐私,于是致电平台投诉。

乘客王先生:"车内是私人空间,为什么要录音。"

正如上述四个案例所体现出来的,拼友之间以及司机与乘客之间争议的焦点便是对网约车车内空间社会属性的界定,即车内空间到底是公共空间还是私人空间?"滴滴公众评议会"曾对此做过一次网络调研,结果显示,支持公共环境观点的人数要高于支持私人空间的观点。多数观点认为:"网约车和公交地铁一样,司乘应举止文明,互相尊重";"饮食与携带宠物影响车内环境,但需接纳导盲犬";"录音录像有助于还原现场取证,震慑不文明行为"。

空间与社会关系紧密相关。公共空间和私人空间的划分意味着不同的社会行为及规范是随着空间的改变而改变的。较之私人空间,公共空间通常被认为更具有可接近性。[159]公共空间对"所有的社区成员开放",而私人空间则限于"以家庭和私人网络为主的初级群体中的亲密关系"。[160] 由上述界定可知,在因拼车等新型出行方式而形成的网约车车内空间更多地应该被视为是公共空间,但是,上述案例中有的拼友则通过自己的使用行为将这种社会公共空间私有化了,正如案例1中,拼友在车中旁若无人地吃气味大的韭菜包子,影响了车内其他拼友。这种对于车内空间性质的不同认识带来了冲突和矛盾。

8.2.3 网约车、流动人口的可持续性生计与数字劳动

(1) 理解"可持续性生计"

从最简单的意义而言,一种生计便意味着过生活的一种方式。就"可持续性"而言,人们常常从环境和社会两个角度进行思考:一是从环境可持续角度而言;二是从社会可持续角度而言。可持续性生计意味着能够应对各种压力和冲击,并能够将这种能力持续保存下去并能得到提升。我们在此着重从社会层面探讨智能出行中流动人口的可持续性生计问题。社会可持续性关注的往往是个体或家庭承受外部压力的内在能力,它强调个体或家庭在面对生计环境变化时构建并维持充足和体面有尊严的生计的能力。从正面而言,表现为个体或家庭主动面对生计环境状况,适应、开发和创造生计活动;从负面而言,表现为个体或家庭被动应对生计压力和冲击时的反应。

可持续生计理论是在联合国环境和发展大会上提出的。有研究者对"可持续性生计"做了明确的界定:

一种生计包含着各种可行能力、资产(存货、资源、债权和近用权)和谋取生活所要求的各种活动。这种生计应该是可持续的,这意味着能够应对各种压力和冲击,并且从这种压力和冲击下复原,维持或提升自身的各种可行能力和资产,能够为下一代提供可持续生计机会,同时能够在短期和长期水平上在当地和全球水平为其他生计活动提供净收益。[161]

无论是可行能力,还是平等、可持续性,它们既是生计的目的,同时也是生计的手段。基于上述对于可持续性生计的界定,有研究者提出了可持续性生计框架,如图8-1所示。

就图8-1而言,资产可以分为有形资产和无形资产。其中,有形资产包括各种储备物和资源。储备物包括食物、有价资产(如金饰品、珠宝、现金储蓄)等。资源包括土地、水、树木和牲畜,还包括农业设施、工具和家用器具等。无形资产包括各种社会支持网络和近用权。其中,社会支持网络包括寻求各种物质的、精神的以及其他实际的支持或近用的需求和请求。此处所指的支持可以包括多种形式,比如事物、贷款、礼物或者工作等。这种社会支持网络常常被用在有压力冲击或者其他各种紧急情况中。寻求社会支持的

对象可以是个体或者是机构,可以寻求亲戚、邻居、赞助者、社会群体、社区、各种非政府组织、政府、各种项目实施机构的支持等。使用或近用权利是指实际使用某种资源或者服务或者获得信息、物质、技术、就业、食品或者收入的权利。"服务"指的是交通、教育、健康、消费和市场。信息包括各种延展的服务,收音机、电视和报纸等。[161]正是基于这些有形和无形的资产,人们运用体力劳动、技能、知识和创造性等来构建自身的生计方式。

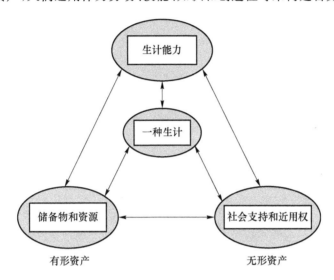

图 8-1 可持续性生计框架图

(2) 网约车政策与流动人口的可持续性生计

网约车是网络预约出租汽车的简称。如上所述,网约车政策关涉一些人能否使用网约车作为生计工具的权利。据北京市人民政府统计,2016 年,北京是有常住人口为 2 172.9 万人,其中,常住外来人口为 807.5 万人。[162]在这部分流动人口中,曾经有不少人以开网约车作为生计手段。但是,2016 年 12 月 21 日,北京市《网约预约出租车经营服务管理细则》正式对外发布。在管理政策中,北京市依旧延续了此前"京车京人"的规定,此外细则还规定网约车司机的驾驶证件需为北京市核发,接入网约车平台的个人和车辆必须经过审核,具备相关资质后方可上路参与营运。如此网约车管理政策给这部分司机的可持续生计带来了挑战。下面以司机王刚(化名)的经历为例,基于可持续性生计框架,对网约车政策以及由此给网约车司机等流动人口生计所带来的影响进行分析。

案例:网约车政策给流动人口的可持续生计带来的影响[163]

王刚(化名),河北沧州人,北京牌照,滴滴快车司机。

王刚是个挺和善的人,因为头天晚上 11 点多在朝阳大悦城楼下见到此人时,他开着一辆大众朗逸,拉着从滴滴快车订单上接到的乘客正准备离开,被我拦下来后,好脾气地听我说完了采访请求,当即留了电话,说再联系。可第二天他完全陷入亢奋的状态里,谈话中对滴滴和政府骂个不停。用他自己的话说,头天下午从高德地图推送的消息上得知非京籍司机将可能被禁止从事网约车业务时,整个人当即"蒙圈了"。他倒不认为自己愤怒,"我就是心凉了"。

王刚是河北沧州人,年纪40出头,他在北京这座城市生活了20年。曾经在南四环十八里店汽配城做过一阵子汽车配件的买卖,可生意不太景气,加上几年前媳妇生孩子,回了老家。直到今年年初,听人说北京这两年兴起了专车快车这个行当,他才想起自己前些年置办的北京小客车牌照还在别人手里,赶紧收了回来,从家里取了些钱,又借了几万元,买了辆大众朗逸,杀回北京。

倒霉的是,从今年上半年开始,滴滴平台对快车司机的补贴一降再降,王刚跑得勤快,最早一天能拿一百多元钱补贴,没多久降到八十元,后来降到四五十元钱,最终福利彻底给抹平了。

王刚可没退路,他媳妇有心脏病,常年在老家歇着,没法出去干活。小儿子上小学四年级,姑娘初中毕业,刚跟着他来北京,小孩子的饭门还没找着,大人的饭碗就快让人给端了。王刚觉得,辛苦就辛苦点吧,好歹还是在挣钱,他给自己算了笔账,每天上午不到十点开始出来拉活,天天跑完回家是半夜两点,十几个钟头能拉二三十单,每天能挣五百多元钱,刨除平台分两成,一百多元油钱,三四十元伙食费,一天能剩下二百来元钱养家。他也不考虑再开Uber之类的其他平台,"我就是小马快拉车呗,多跑几趟就是胜利。"

王刚觉得自己还是有优势的,在北京生活了20年,道路也完全熟悉,不像其他从外地刚进城的农民工快车司机,光靠导航开车,上了高架桥就下不来。前阵子出台政策,给了网约车合法化的说法,他更踏实了,琢磨着这就是个长期的事儿,开始盘算多久能还完买车的欠款。

可他今天发现,这好不容易寻回来的饭辙,人家一句话就给你端了。作为一个拥有北京牌照、汽车排量和轴距都符合意见稿的外地司机,他只对户籍歧视这一点耿耿于怀,"不就是一句话的事嘛!不让你们拉,外地人!"同行们都在各自准备退路,有人宣称早就不开滴滴了,黑车开起来一天到晚也不少挣。王刚觉得自己干不了那"违法"的事,也怕被逮住,"一次罚两万、五万你也只能干瞪眼"。

所以一旦真的丢掉网约车的生计,王刚觉得自己只能再把车卖了,他对此忧心忡忡,这买来不到半年的二手车,里程已经过了四万公里,"最少要折下来四万块钱,人家买车的傻呀?你这跑得也太狠了"。四万块钱的损失意味着王刚半年来白天黑夜跑车的付出毫无收获,并要贴进去一些钱。聊到这里顿了顿,我以为他要骂脏话。可他只狠狠地撂下一句,"此处不养爷,自有养爷处。"

如案例所述,基于前述的可持续性生计框架,我们可以对王刚的生计选择做出解释。王刚是河北沧州人,没有北京户籍,在北京谋生,属于典型的流动人口。一开始之所以重回北京做网约车司机,是因为他有开车技能,有借了点钱购入的小汽车,同时也有北京牌照等可见的资源,此外,一开始北京的网约车政策并未对户籍做出限制,所以,王刚即便是河北人,他仍然可以从事网约车生意,有进入网约车领域的权利。但是,正如上述,随着北京网约车管理细则的出台,王刚一下子失去了进入网约车领域的权利,因此,即便他有开车能力,有北京牌照的汽车等可见的资源,也难以维持他的现有生计。

远观国外,据报道,Uber公司目前在法国拥有270万用户,法国是Uber最大的市场。2019年年末,法国各地的Uber司机就改善工作条件与Uber展开谈判,试图打造对自己更公平的Uber业务,联合起来反对Uber无休止地减薪和不断降低工作条件。

为了增加利润,Uber要么增加车费,提高佣金率,创造或增加费用,要么减少司机的工资。2019年3月,当Uber将每英里工资下调至0.60美元时,司机们立刻抗议,要求结束这种"新契约奴役"。一位组织者表示:"在法国,我们有工会,我们有更多的社会保障,我们有更多的劳工权利,我们比美国人拥有更多的保护。但在这种零工经济中,你对待司机就像对待垃圾一样,这不是我们所习惯的。资本主义走得太远了。零工经济正在杀人。""我们累了",这位来自尼斯的司机说,"你每天开12、14、16个小时的车,赚了一大笔钱,交了税,付了账单,然后就什么都不剩了"。这笔总收入是在Uber 25%的佣金之前支付的,此外还有其他费用,如汽油、保险、汽车保养或增值税(一种消费税)。"我很难付得起房租,但我再也不开车了。我宁愿死在街上,也不愿为他们开车",一名曾在比利时工作的司机表示,"我是比利时最好的司机之一。公司请我去吃大餐,但他们都是伪君子。我告诉他们,他们的商业模式是虚伪的,他们把我们都变成了奴隶"。

Uber也被指利用移民劳工的不稳定条件来维持其商业模式。"法国90%的司机都是移民或来自移民家庭",一位参与过几项办公室工作的司机表示,"Uber在利用这些穷人,它说,'嘿,如果我们不在这里,你就不会有工作。所以闭嘴'"。[164]

由上述对国内和国外两个案例的分析我们可以看出,对于流动人口或移民而言,他们总是结合自身已有的能力,已有的物质、金融、社会等资本/资源构建其自身的生计活动,在人工智能技术应用的背景下,智能即时交通给他们提供了新的生计选择空间,给他们提供了基本的生计,但是这种生计活动往往具有脆弱性,容易受到政府的管理政策、平台政策等因素的干扰,这种生计的可持续性成为上述流动人口或移民的生计问题。由此可见,对于这种新的智能出行方式,思考它的社会影响,流动人口或移民的可持续生计是一个值得持续关注的视角。

(3)网约车工作与批判主义视角下的数字劳动

首先,就资本增殖而言,要么延长劳动者工作日来生产绝对剩余价值,要么缩短必要劳动时间来生产相对剩余价值。显然,数字技术包括AI技术的发展通过模糊工作和休闲时间、劳动和休闲的界限客观上延长了工作时长。上述Uber公司对于公司员工的剥削主要通过延长工作时长,但不是以明确规定加班时间的方式。从表面来看,不存在强追加班,但是公司的绩效考核、同事竞争、生计压力等潜在压力迫使员工不得不过度劳动,用生命力换取生产力。同时还有隐形工作。最终结果就是数字劳动者的平均工作时间和无偿劳动时间都趋于增加。如上述案例所示,网约车公司在获得利润的同时,网约车司机的生计却面临着可持续性问题。对此,印度计划将 Uber、Lyft 及 Ola 等叫车公司的佣金上限设定为车费的 10%。这是印度政府第一次考虑对此类公司收取的佣金进行监管,目前这类公司收取的佣金约为车费的 20%。[165]这是数字技术包括 AI 技术发展应用背景下的数字劳动现象。通过监管限制网约车平台公司的佣金比例,调解网约车平台公司利润和流动人口或移民的网约车司机的可持续性生计之间的紧张关系。

其次,数字技术的普及与成熟催发了一种现代病即"手机依赖症",症状表现为把手机视为安全感的源泉、高频率解锁手机接收最新消息、手机没电关机时会觉得焦虑心慌等,这些心理状态反映出数字技术对人精神的影响,智能手机俨然成为了"21 世纪的鸦片"。尤其是对于上述网约车司机而言,更是须臾离不开手机,手机已经成为这些网约车司机的劳动工具。移动设备作为工具理应被人控制,受人支配,但随着工具的触角遍布工作生活,人对工具的依赖性激增,人发展成被控制的对象,与工具相异化。此外,人耗费脑力和体力劳动所创造出来的劳动产品最终被资本家所占有,生产的越多失去的就越多,也就越贫困,劳动产品处在了劳动者的对立面,人与自己生产的劳动产品成为异己关系。[166]对此,上述国外网约车案例中表现得最为明显,那些移民出于生计考虑选择从事网约车司机工作,正如那位来自尼斯的司机所言:"你每天开 12、14、16 个小时的车,赚了一大笔钱,交了税,付了账单,然后就什么都不剩了。"在这种新型的数字劳动背景下,劳动产品处在了劳动者的对立面,人与自己生产的劳动产品成为了异己关系。

上述,我们基于可持续生计框架,从国内和国外两个案例分析了网约车政策对流动人口的可持续生计的影响,同时批判地指出虽然网约车是一种基于新的智能数字技术的新劳动形式,但仍会造成界限消失下的人的异化现象,值得我们警惕这种数字劳动及其社会影响。

思 考 题

基于可持续性生计框架,如何理解智能即时交通行业变化对流动人口可持续性生计的影响?请举例说明。

第 9 章

智能社会的 AI 与工作

在不同的社会发展阶段,工作对于个体的意义是不同的,但至少在现阶段,工作对于个体而言仍是一种谋生的手段,因此,当人工智能一出现,人们便担忧自身会被人工智能所取代。在本章,我们将着重从工作层面,探讨人工智能对社会的影响。正如荷兰皇家艺术与科学院院士,阿姆斯特丹大学 Maarten de Rijke 教授所言,我们要关注社会经济的改变,要考虑就业情况,使之适合于未来的工作。我们要关注,不能让任何人落后于这个时代,无论这个技术进步多快。

9.1 人工智能对工作的影响

论及人工智能对工作的影响,我们可以从如下两个方面来讨论。

9.1.1 人工智能对工作影响的表现

技术的冲击将会给社会带来剧烈的变革。目前 AI 水平还在初级阶段,但是已经在多个领域作为人工的替代或辅助的角色而存在了,并且对劳动关系也产生了影响。在人工智能技术影响下,智能社会渐趋萌生,一是工作需要有劳动力去做,因为现在社会生育率下降,社会面临着劳动力不足的困境,人工智能能够作为新的劳动力的补充来源;二是人工智能又替代了一些就业岗位,使得一些人面临着失业的风险;三是一些企业尤其是一些高科技企业,通常在员工管理上运用人工智能,因此人工智能又被称为劳动力强化工具。下面我们分别从这三个方面来探讨人工智能对工作影响的表现。

(1) 作为劳动力的人工智能

目前中国人口发展态势已经进入新的发展阶段。中国人口总量增速面临下行压力,或将处于持续的低增长状态,年均增长率甚至可能低于当前0.57%的水平。在"二胎"政策推动下,生育率也仅是出现了短暂的回升。此外,根据国家统计局公布的数据,2017年,60周岁及以上人口24 090万人,占总人口的17.3%,其中65周岁及以上人口15 831万人,占总人口的11.4%。尽管劳动力总量还在增长,但劳动力占比趋于下降,年轻劳动力紧缺可能加剧。[167]因此,中国人口发展面临着出生人口持续下降的趋势,同时,老龄化加速发展也导致了劳动力供求关系更趋紧张。

一方面是由于中国劳动力人口下降从而导致劳动力人工供给的紧张,另一方面是由于中国经济社会的发展,新一代劳动力人口对工作的要求越来越挑剔。例如,以代工Iphone生产而享誉业界的富士康公司近年来却频频遇到招工难的问题,除因为员工嫌基本工资低,每天十一二个小时的工作强度大,生活节奏单一,导致员工满足感低外,新一代劳动人吃苦精神弱化,不再愿意承担这种工作单一、劳动强度大的工作也是一个重要原因。正如一篇报道指出的,"用工成本不断上涨,年轻人逐渐厌恶枯燥的生产线工作等因素正在改变这一状况,促使许多公司在生产自动化方面投入巨资"。[168]因此,在这种背景下,富士康启动了机器人生产线,将工业机器人作为人力的一个替代品,据报道,2011年,富士康CEO郭台铭宣布"百万机器人计划",计划投入100万台机器人到生产线上,此前富士康自主研发的"Foxbot"机器人开始在山西晋城批量制造,正式成为富士康的一员。

(2) 作为替代劳动力的人工智能

如上所述,一方面,一些企业因为招工难,不得不被动地将人工智能作为劳动力;另一方面,一些企业也在主动地有步骤地将人工智能作为劳动力的替代。

作为替代劳动力的人工智能显然在提升生产效率,从事危难险重工作上具有人类劳动力不可比拟的优势。以往的一切生产工具都只是人的四肢的延长,它们只是替代和延伸了人的体力;机器人不仅是人的四肢的延长,而且是人的大脑的延长,它不仅替代了人的体力,而且在某种程度上替代了人的智力。这是以往的一切生产工具所没有的。因此,机器人在物质资料生产的领域内能够在比较完全的意义上代替人进行直接生产过程的操作。这样,机器人的出现就把人从直接生产过程中,从直接的物质资料生产中完全地解放出来了——人在物质资料的生产中获得了自由。如此,"劳动表现为不再象以前那样被包括在生产过程中,相反地,表现为人以生产过程的监督者和调节者的身份同生产过程本身发生关系"。[169]例如,据报道,大批机器人成武钢"新员工"。用机器人代替人工操作,可提升本质安全,从源头上消除安全生产事故风险。类似于这样的机器人,在武钢有限的"智慧安全生产清单"中,已入役30台,下一年度还将有107台机器人上岗。它们代替人类坚守高危岗位、从事高危工作。在智慧安全生产方面,以"机械化换人、自动化减人"为手段,以提升安全本质化水平和生产效率为目标,逐步减少、改善风险大、环境脏、重复劳动岗位、工序,成为武钢转型升级的必由之路。冷轧厂捞锌机器人项目负责人曾劲松高兴地说:"今年7月,这台'勇敢又聪明'的锌锅自动捞渣机器人上岗后,原本辛苦且充满风险的捞锌渣作业,变得轻松安全了,我们一下子从'蓝领'变成了'白领'。"[170]

据报道,英国广播公司依据被机器代替的可能性对职业进行了排序,被取代可能性最高的职业分别是电话销售员、财务客户经理、检测员、保险员等;被取代可能性最低的职业是中等教育教学人员、心理师、治疗专业人员、酒店和住宿经理等。[171]据《2017人工智能影响力报告》显示,在AI相关话题领域中,人们最为关注的还是跟自己切身利益相关的生计问题,包括自己的工作是否会被取代等。这都显示出作为替代劳动力的人工智能对工作的影响。

(3) 作为劳动力强化工具的人工智能

人工智能可以作为劳动力从事工作,还能够替代人类从事某些工作,此外,人工智能在一些企业也被用来作为劳动力强化的工具。正如我们前面章节提到的亚马逊手环的案例,人工智能被用作劳动力强化工具,此处不再赘述。

9.1.2 人工智能对工作影响的结果

前述,我们论述人工智能对工作影响的三大表现,分别是人工智能作为劳动力、人工智能作为劳动力的替代以及人工智能作为劳动力强化的工具。那么,这种影响会有什么样的结果呢?我们下面逐一从人工智能与失业、就业和创业的关系进行探讨。

(1) 人工智能与失业

其一,人工智能或智能机器人能够造成劳动力的大量失业吗?为此,我们首先得弄清楚到底什么是"失业"?失业是指具有劳动能力的人希望、但找不到劳动或工作岗位,无法实现自己拥有的劳动力的价值。[19]失业有多种类型,包括正常性失业、结构性失业、季节性失业和技术性失业。此处与人工智能最为直接相关的是技术性失业,是指由于引进节省劳动力的技术,代替了人力劳动而导致的失业被称为技术性失业,在AI时代这指的是被智能自动化替代而造成的失业,更多表现为机器对劳动力的替代。比方说,与客户关怀/呼叫中心、文档管理、内容审核相关的任务和活动将越来越依赖技术和智能系统。生产线和工厂运营和支持相关的工作也正在被能够安全在空间内走动、寻找和搬动物体(比如产品、部件或者工具等)并执行复杂装配操作的智能机器人所替代。例如,近三年来,京东对外频繁公布的其无人仓、无人卡车、无人配送站、无人机等研究成果,也向公众展示了非常多的机器人产品。机器人已成为京东物流的核心。[172]

其二,既然人工智能作为劳动力能够取代某些工作从而带来技术性失业现象,那么人工智能或智能机器人能够造成劳动力的大量失业吗?对此,两位经济学家詹姆斯·亨廷顿和卡尔·弗雷则给出了可怕的预言:AI系统将会大大减少工作岗位。浙江大学机器人研究中心副主任朱世强表示,产业转型升级、劳动力成本提高给"机器人劳动力"带来的巨大市场需求。"在衣食住行、文化、教育、娱乐、医疗、保舰旅游等领域都会有越来越多的机器人的身影,'机器换人'是大势所趋。"[173]机器人和智能设备技术越来越成熟,机器人已走进众多行业,逐渐取代人工劳动,甚至某些领域机器人完成工作的速度和质量已超越真人。

此外,我们之前有关对AI和技术性失业的讨论通常都专注于传统上被认为是低收入的岗位,如制造业、卡车运输、零售或者服务工作,但研究表明,未来各行各业都将受到影响,其中包括需要专业训练或者高学历的专业工作,如放射学或者法律。[174]霍金警告称,"工厂自动化已经让众多传统制造业工人失业,人工智能的兴起很有可能会让失业潮波及中产阶级,最后只给人类留下护理、创造和监督工作……(自动化)加速扩大全球范围内已经日益严重的经济不平等,互联网和各种平台让一小部分人通过雇用很少的人获取巨大的利润。这是不可避免的,这是一种进步,但也会对社会造成巨大破坏。"[175]在霍金看来,人工智能和日益发展的自动化将会大量取代中产阶级的工作,导致社会更加不平等,甚至还有可能引起严重的政治动荡。

由上述对"失业"概念和失业类型的介绍,我们可以看出,在造成失业的类型中有种类型是"技术性失业",也就是说由于技术的发展,机器代替人力从而造成某些工作岗位上的劳动力失业。无论是人工智能被动地填补人类劳动力缺失的空白,还是企业主动地用人工智能替代人类劳动力,人工智能作为技术,因其不断发展而带来的对人类劳动力的替换,造成人类劳动力的失业现象是客观存在的。

其三,如何看待人工智能带来的失业现象?

首先,从历史和现实的维度来看,这是一个历史现象,机器代替人已经早已有之,不是从今日始。在第一次工业革命中,随着各种机器的出现,也曾经出现过"机器吃人"的现象,因此,回顾技术和社会发展的历史,能够帮助我们冷静理性地看待人工智能对劳动力的替代现象,否则便会失之于盲目和悲观。正如下面这个故事所设想的充满悲观主义的色彩。

在21世纪30年代的某一天,一群探险者进入一座废弃的城市,这座昔日繁华的工业城市如今变成了一堆废墟。在这些废墟中,他们遇到一位老人——这座城市的唯一的幸存者。老人讲述了城市的故事,原来这里曾经是一个人工智能非常盛行的城市,于是城里唯一的工厂将工人们陆续解雇,换成机器人。结果,城里人都慢慢饿死了,而工厂也因其产品卖不出去,都破产了。于是城里的人都搬的搬,死的死,工厂的老板追悔莫及,最后自杀谢罪。城里只剩下老板的儿子还活着。也就是这一位孤独的老人,让故事中的探险者有机会听到这个故事。[176]

其次,从动态和静态的维度来看,这是一个过程,因为技术的发展也不是一蹴而就的,并不是一下子就完全替代全部的劳动力。我们曾简单介绍了人工智能发展的历史,从中可以看出,人工智能的发展并不是一帆风顺的,不是一蹴而就的,经历了起起落落,即便是在号称人工智能浪潮的当下,人工智能离理想状态还差得很远。这注定了人工智能对人类劳动力的替代只能是动态的过程,在某些人工智能强于人类智能的方面,替代部分工作。例如,我们前面所提及的流水线上的工作、重复性的单一的工作等,这些工作或者职业显然是最先受到影响的,但这只是一小部分人,从人工智能动态发展的过程来看,我们就不再只会夸大这种威胁。有些观察者往往是从静态的观点,用未来可能发生的事情来看待人工智能的影响,那么便可能会夸大了人工智能的威胁。

例如,据报道,AI的快速进步让许多人担心起自己的工作来,数百位机器学习专家甚至还给出了预测,他们认为45年后AI就能全面胜过人类。不过,苹果联合创始人沃兹尼亚克并不这么看,他认为机器人接管人类工作的过程相当漫长,至少要持续数百年。沃兹称,"那些认为机器人将抢走我们工作的想法我可不买账。怎么说呢,要想让世界上所有的机器人自由交流,必须对现有的基础设施进行翻天覆地的改革,我们生活中的每个环节都需要改变,这个过程恐怕得花数百年。"沃兹坦言,技术的发展正在"消灭"一些工作,他认为汽车工厂就是最好的例子,但在沃兹看来,这更像是一种转换。"从古至今,社会的发展都需要平衡,每个人都会有工作。因此,现有岗位的消失不代表未来不会有新工作诞生。"沃兹表示:"所以,我一直很乐观。机器和技术的进步让我们的生活不断优化,物质水平持续提高。"[177]未雨绸缪总是很好的、有必要的,但也没有必要为此杞人忧天。

再次,从局部与整体的维度来看,这并不会是一个全部替代的过程,有些职业或者说有些工作,人工智能还是无法替代的。人类劳动力仍然需要保留,因为有许多的基本人类特质是很难编程实现的。例如,游戏设计师西莉亚皮尔斯表示:"实话说,计算机并不是很聪明的,它们实际上只是巨型计算器。它们能够做的事情都需要逻辑运算,但是逻辑只是人类思维的一部分。"因为情感、创造力、辨别力和批判性思维等的存在,人类将继续担任有用的工作。[178]因此,就目前的人工智能技术发展现状而言,最初所解放的大多是人的体力劳动,思维、想象、情感表达等目前是不会被机器所取代的。当然随着技术发展,未来它可能涉及的工作领域会更抽象、更主观。

此外,从技术与社会的维度来看,在考虑人工智能对工作和经济生活的影响时,要考虑社会及其发展这个变量。有不少人工智能的研发者、观察者往往只是从技术本身的角度来看待,但是却有意或无意地忽略了技术在发展过程中,社会这个变量的作用。技术在塑造影响社会的同时,也在接受着来自不同社会文化环境的影响。

最后,从消失和创造的维度来看,这是一个扬弃的过程,随着技术的发展,某些职业或工作消失了,这是一个正常的历史现象。例如,工业革命前曾经有一份叫"敲窗人"的工作,每天负责用一根长棍子敲打客户的卧室,以准点叫醒订制这个服务的人。1847年法国发明家安东尼·勒迪发明可调节的机械闹钟后,这个职业很快永久消失了。同时,技术的不断发展也会创造出全新的工作或职业,而这为人类提供了新的机会。例如,据报道,伦敦大学学院科学技术系的研究人员 Maggie Aderin-Pocock 博士预测,房地产中介、汽车销售员、交通管理员甚至老人和儿童看护等工作都将在 50 年内被人工智能机器人所取代。在这篇报道中,Maggie Aderin-Pocock 博士虽然认为人工智能未来将替代某些工作,但是也指出了随着人工智能的发展,它也必将会创造出一些新的工作岗位。例如,她预测未来 50 年许多人会转而从事旅游业,空间旅行会得到普及和发展。[179]随着一个行业的生产力的提升,新行业也会诞生,因而会产生新的劳工需求。

又如,在人工智能领域,可能依然能够找到工作,而且薪酬不菲。就业网站 Glassdoor 发布数据显示,AI 领域当前的招聘职位,平均年薪约为 111 000 美元,是美国全职员工基本工资的两倍多,后者每年为 51 000 美元。Glassdoor 的首席经济学家安德鲁·张伯伦说:"AI 领域已经开始在销售、营销、项目管理、金融服务以及各种我们没想到的新技术岗位增长。机器肯定不是独立工作的。"由于 AI 的发展,出现了许多新的工作,而且这些工作并不都严格限制于技术领域。例如,在用户体验方面的工作通常需要有艺术或设计背景。甚至还有"聊天机器人广告文案"这样的工作。张伯伦表示,很容易看到 AI 正在"摧毁"某些工作岗位,同时这份报告显示,也有些工作正在被创造出来。[180]综上,人工智能技术在发展过程中,会消灭一些工作,打破旧的工作格局,同时也会创造新的工作岗位。

(2) 人工智能与就业

我们在分析人工智能与失业现象时,就已经部分谈及了人工智能在"消灭"一些工作岗位时,也在创造着一些新的工作岗位。根据国际机器人联合会的研究,每部署一个机器人,将创造出 3.6 个岗位。中国电子学会研究发现,每生产一个机器人至少可以带动机器人的研发、生产、配套服务、品质管理、销售等劳动岗位,相关行业的带动都是新就业方向。[181]人工智能作为新一轮产业变革的核心驱动力,将催生新的技术、产品、产业、业态、模式,随着人工智能的发展,在产业形态上,我们可以将其分为核心业态、关联业态、衍生业态。人工智能产业的核心业态主要分为智能基础设施、智能信息及数据、智能技术服务、智能产品等;关联业态主要有软件产品开发、信息技术咨询、电子信息材料、信息系统集成、互联网信息服务、集成电路设计、电子计算机、电子元器件等;衍生业态主要有智能制造、智能家居、智能教育、智能交通、智能医疗、智能物流等细分行业。[182]随着制造强国、网络强国、数字中国建设进程的加快,在制造、家居、金融、教育、交通、安防、医疗、物流等领域对人工智能技术和产品的需求将进一步释放,对相关人才的需求也会越发强劲,创造出大量新的就业岗位。

总之,我们要看到人工智能创造就业方面:一是通过新的 AI 产业的发展,创造全新的就业机会和工作岗位;二是通过传统产业和行业的数字化、智能化提升改造给具有相关 AI 技术的人才提供了广阔的就业机会。

(3) 人工智能与创业

Nanalyze 结合 Crunchbase 和 CB Insights AI Top 100 的数据,列出了世界上十大 AI 创业公司,其中今日头条(字节跳动)、商汤、优必选、旷视、云从五家公司上榜。例如,成立于 2012 年的中国初创企业今日头条从红杉资本等公司筹集了 31 亿美元的资金,成为目前全球最大的人工智能初创企业,也是估值最高的企业。今日头条是北京公司字节跳动的新闻聚合平台,专注于中国市场,使用人工智能来管理用户的新闻推送和自主撰写新闻报道。虽然在世界其他地区,Facebook 似乎是最近人们首选的新闻渠道,但在中国,这家本土公司正在为数亿寻求新闻订阅的人提供服务。总之,AI 技术的发展给那些有创业想法的人提供了新的技术和市场契机。

9.2 人工智能影响下的行动策略

9.2.1 从意识上正确认识人工智能对工作的影响

对此,我们前面已有论述,从历史和现实、动态与静态、局部与整体、技术与社会、消失与创造等五对关系的角度正确认识人工智能对工作的影响,否则便会失去对人工智能影响的客观评价。此外,人工智能并非像很多电影中描述的那样是让机器人变得越来越聪明,超越人类的能力,最终摆脱人类的掌控而接管整个世界。"我们应该做的是思考如何让 AI 更好地服务社会、改善社会。"今天大多数工厂里的机器人还在执行着简单重复性的工作。一旦使用人工智能,相当于给机器人装上"眼睛"和"耳朵",它们可以像人和动物一样感知周边环境并进行互动。[183]当然,我们并不能满足于此或仅仅止步于此,必须在认识到这种客观影响的前提下有所行动,有针对性地开展社会行动。

9.2.2 就个体而言,积极转变自身,保持学习的意愿和能力

尤其是对于那些受到影响的工作者而言,人工智能在替代一部分劳动力的同时,也在创造着新的工作岗位,这对于有着工作动机的人而言,是个契机,我们需要做的是保持学习的意愿和能力,实现自身的能力转型。当然,也许会有一部分人,限于年龄等原因已经无法再实现转型,那么,社会应将这部分人纳入社会保障的范畴。

9.2.3 就社会而言,应积极采取针对性措施

(1) 政府统筹对因技术失业人群进行职业培训。奥巴马经济顾问委员会的主席杰森·弗曼表示,低技术含量的体力劳动是最有可能被 AI 和自动化机械取而代之的。如果机器人开始和人类竞争工作,人力资源的分配也将迎来变革。正如前述,对于那些受到人工智能影响而失业的人群,除自身保持学习的意愿和能力外,政府在其学习方面应该积极给予协助。政府不仅需要关注失业率,同时也需要规划为失去工作的人提供培训和再就业的机会。

(2) 征收"机器人税"。在法国总统大选中,社会党候选人哈蒙虽然竞选失利,但是在他所提出的一些施政方案中,有一条提及,在税收方面针对自动化取代人工的现象,创设一项"机器人捐金"。就这一点而言,在企业中使用机器人取代工人,所导致的不是一名或者若干名相应职位工人的下岗,而是社会的总就业岗位和就业机会的减少。如果说企业通过采用机器人取代自然人而增加了营利,那么就社会而言则是因为总的就业机会减少而增加了社会的风险。[176]即随着人工智能时代的到来,越来越多的机器人逐渐取代了人类的工作,虽然提高了生产效率,为公司降低了成本,但也导致了成千上万人的失业,同时政府也会面临税收减少的窘境。在失业率不断增加的同时,政府将需要更多的资金用于福利项目的建设。因此向企业征收"机器人税"也有合理之处。目前还没有一个国家正式征收机器人税,各国政府、经济学家和技术专家仍在争论这种税的利弊。[184]

思 考 题

如何看待人工智能对工作的影响?

第 10 章
人工智能与智慧休闲

据报道,2018 年 10 月 20 日至 23 日,"杭州首届人工智能与智慧休闲展"作为休博会的创新品牌会展项目亮相杭州国际博览中心。该展会吸引了 16 家优秀企业和机构参展,分别为腾讯、微软＋24 小时、百度、吉印智能科技、浙江大学、哈智机器人、机器人产业联盟、Rokid、沃尔沃、寒武纪智能科技、云童智能科技、提格机器人科技等。现场汇聚了各种高科技手段,体现了人工智能和智慧休闲为休闲生活带来的便利。观众可以身临其境,体验黑科技大餐;有腾讯的刷脸签到和 QQAR 黑科技、首次来杭的百度 DuerOS 对话式人工智能系统,还有浙江 24 小时机器人记者小冰等。[185] 杭州首届人工智能与智慧休闲展展示了人工智能渗入休闲生活的现状和潜能。伴随着智慧休闲生活,我们也需要从技术和休闲的角度探讨它的社会影响。

10.1 理解"休闲"

工作和休闲往往是人类生活的两个重要组成部分。我们在第 9 章探讨了人工智能对工作的影响,这一章我们再来分析人工智能对人类休闲的影响。"休闲"是社会学研究中的一个非常重要的主题,尤其是随着人们闲暇时间的增加,休闲变得越来越重要。休闲活动自古有之,但 20 世纪 90 年代末以来,休闲才成为中国社会关注的热点之一。可以说从休闲的角度而言,我们已经进入普遍休闲的社会。

什么是"休闲"(Leisure)？关于休闲的含义,众多的学者从哲学、社会学、人类学等学科视角给出了各具特色的解释。在西方,古希腊哲学家亚里士多德被认为是最早研究休闲的学者,他把休闲誉为:"一切事物环绕的中心",并认为"休闲是科学和哲学诞生的基本条件之一,只有休闲的人才是幸福的。"[186] 马克思提出了自由时间理论,认为休闲就是"非劳动时间",他用"Free Time"来指代"休闲"。[187] 凡勃伦认为休闲的内涵是"对时间的一种非生产消费"。[188]瑞典天主教哲学家皮普尔在《休闲：文化的基础》一书中，指出休闲是人的一种思想和精神的态度，不是外部因素作用的结果，也不是空闲时间的结果，更不是游手好闲的产物。[189]杰弗瑞·戈比认为，"休闲是从文化环境和物质环境的外在压力中解脱出来的一种相对自由的生活，它使个体能以自己所喜爱的、本能地感到有价值的方式，在内心之爱的驱动下行动，并为信仰提供一个基础。"[190]从上述几种经典的关于"休闲"的界定中，我们看出休闲可以指的是时间；可以指的是思想或态度；可以指的是方式。

10.2 智慧休闲：人工智能对休闲活动的影响

根据论述需要，本书将涉及休闲的技术要素分为两大类：一类是休闲的外部技术要素；另一类是休闲的内部技术要素。休闲外部的技术要素主要是生产（工程）技术要素，这一部分可以按陈凡教授的分类，将之分为经验形态、实体形态和知识形态。[191]，陈凡教授的分类主要是针对生产领域而言。休闲内部的技术要素，本书主要是指经验形态的技术要素，也就是在休闲活动中存在的涉及具体活动开展的技能和技巧。

10.2.1 人工智能休闲活动中的内部技术要素

这主要是指休闲活动中涉及的各种技巧、技艺和经验，操作各种休闲器械时的具体流程和方式等。[192]AlphaGo是个很好的例子，通过编程，人类将围棋的知识技术植入智能机器人大脑中，通过与棋手的对弈，实现了经验形态技术要素的交流。

10.2.2 人工智能休闲活动中的外部技术要素

所谓休闲活动中的"外部技术要素"，在此主要是指休闲活动中涉及的生产和工程技术。因为这种技术要素不是在休闲活动的开展过程中自发形成的，而是由外部，也就是由生产或工程领域输入的，所以称为"外部的"。[192]在个体休闲中，作为外部技术要素的人工智能技术的主要作用如下。

（1）在休闲客体上的表现

其一，增加了新的休闲客体，丰富了休闲活动类型。例如，爱宝狗（Aibo）号称是最完美的宠物狗。它很专注、热情地与它的使用者互动，无论你走到哪里，它都会开心地跟着你。只要你要求，它会唱歌跳舞，甚至会愉快地说着"早上好"来迎接你。这是因为爱宝是一种由索尼生产的机器狗，如图10-1所示。

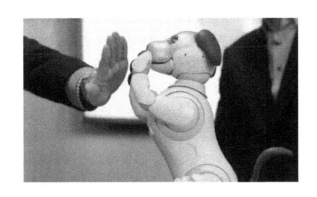

图 10-1　爱宝狗（Aibo）

不过,虽然它的身体是由金属和塑料材质组成的,而不是骨头和皮毛,这并没有改变爱宝的所有者与爱宝之间的感情。例如,2014 年,当索尼停止生产爱宝的部件时,爱宝的所有者们很苦恼,因为这意味着他们的宠物即将"死亡",有些人甚至还为爱宝举行了葬礼。[193]

其二,赋能旧的休闲客体。游戏是人们传统的休闲客体。在将人工智能技术介入围棋和国际象棋领域之后,DeepMind 又把目光投向了游戏领域。它让人工智能在视频网站上看人玩超级玛丽的通关视频,然后以此来训练人工智能挑战超级玛丽。这个相对来讲比较简单,更难的是人机对战。DeepMind 旗下的一个人工智能,在射击游戏《雷神之锤 3 竞技场》当中,以双人组队的方式击败了顶级人类玩家,胜率高达 74%。目前,DeepMind 训练人工智能去玩一款竞技游戏《星际争霸》,因为这款游戏的复杂程度和需要判断的因素太多,对人工智能来说挑战极大,DeepMind 表示,预计 2020 年,人工智能才能战胜《星际争霸》的世界冠军。[194]人工智能技术给传统休闲客体增添了新的维度,也由此丰富了人们的休闲活动。

（2）人工智能在休闲空间上的应用表现

其一,表现在对现实休闲空间、环境的改造上。例如,据报道,百度正在将海淀公园打造为世界上第一个 AI 主题的公园。公园里有自动驾驶巴士（如图 10-2 所示）,公园里面设置了不少无人车专用站点。据了解,AI 公园包括了自动驾驶巴士、智能跑道、小度智能亭、AR 太极等项目。例如,"小度智能语音亭"搭载了百度对话式人工智能操作系统 DuerOS,用户以自然语言对话的交互方式,就能实现点歌、查天气、生活服务、出行路况等服务。此外,通过踩踏可实现琴键亮起的钢琴步道、用 AR 教太极拳的太极大师、刷脸智能售货机和刷脸储物柜等智能设施也作为海淀公园改造的 AI 项目。[195]通过将人工智能技术与人们日常休闲空间进行融合改造,丰富了现实休闲空间的休闲元素,同时也提升了人们的休闲体验。

其二,表现在对虚拟休闲空间的营造上。虚拟现实是一种先进的计算机用户接口,它通过给用户同时提供视、听、触等各种直观而又自然的实时感知交互手段,因此具有多感知性、存在感、交互性、自主性等重要特征。借助于虚拟现实技术,它能够为使用者营造虚拟休闲空间。这种虚拟休闲空间模糊了虚拟与现实界限。目前,虚拟现实体验上的最大问题就是眩晕感。使用者在适应全新的感官环境时,可能会出现类似晕车的状况。因体验者自身身体状况、适应能力的影响,还是无法完全避免眩晕感的产生。此外,对于这种虚拟休闲空间而言,"沉浸体验"和"真实感"往往难以兼得。沉浸体验常被作为衡量虚拟现实好坏的一个重要指标,然而在当前的技术条件下,沉浸体验却成了另一个衡量指标——画面"真实感"(即清晰度)的"天敌"。想要画面变得更真实,就需要高清晰度来支持,如果清晰度提高了,那么画面就会离人眼更远,从而降低沉浸体验;反之亦然。[196]借助于人工智能技术,休闲空间得以拓展,延展到虚拟休闲空间。虚拟现实、增强现实以及混合现实不仅将休闲空间从传统的物理空间拓展到了虚拟空间,而且也极大丰富了人们的休闲体验。

图 10-2　海淀公园的自动驾驶巴士(田峰/摄)

(3) 人工智能优化了休闲方式

人工智能技术除前述在休闲客体和休闲空间的影响外,它还能便捷休闲活动的开展,节约休闲活动的投入。例如,2018 年 6 月 11 日,由上海荷福集团生产的全球首款羽毛球机器人亮相南博会。作为全球首款可进行人工智能体育陪伴的机器人,全球首款羽毛球机器人具有自主定位、自主移动、运动轨迹高速运转以及与人高度互动性的功能。[197]通过这种方式,人工智能技术优化了人们的休闲方式,不用再为找球友或球伴伤神。

10.3 对人工智能休闲的社会观察与思考

10.3.1 基于人工智能的休闲与"宅文化"

在信息与传播技术影响下,人类休闲方式可能会发生变化。回顾历史,ICT技术(如电视媒介)对人们休闲方式的影响。电视作为一种相对于纸质媒体的新视听媒体,其声画并茂的特征将人们吸引在了电视机面前,赋闲在家之时,坐在沙发上,拿着零食,看着电视成为一个典型的休闲情景,这便是所谓的"沙发马铃薯"现象,引起研究者对电视对于人们休闲方式的思考。随着技术的发展,人工智能技术在休闲领域中的应用,人们也日益关注人工智能技术对休闲的影响,在人工智能技术的影响下,人们有可能不再外出休闲,促生"宅文化"现象。

例如,无论是抖音还是今日头条,字节跳动的所有产品都使用人工智能和机器学习来提供用户想要的内容。该公司的智能机器使用计算机视觉和自然语言处理技术来理解和分析书面内容、图像和视频。然后,根据机器对每个用户的了解,交付给用户它认为每个用户都想要的内容。当用户通过点击、滑动、在每篇文章上花费的时间、评论等方式与内容进行交互时,机器学习和深度学习算法将继续了解用户的偏好以便改进未来为用户提供的内容。最终结果是基于每个用户的喜好和兴趣的高质量内容提要。随着系统积累的内容越多,算法对内容体验的增强效果越好。[198]虽然这种内容消费能够短暂地给用户提供信息,但是用户在虚幻的满足感中却体验到了休闲疲惫。用户想要的内容与用户需要的内容之间往往并不直接等同,用户获得的信息与用户获得的知识也并不能划等号。

再如,一项研究发现,青少年可以自由地在外面活动的时间自20世纪70年代以来已经减少了90%。20世纪70年代,超过一半的孩子经常在野外玩耍,现在只有不到10%了。同时,英国11~15岁的孩子不睡觉时,有一半时间是在屏幕前,在虚拟的世界里度过的。然而,室外的玩耍经历会让青少年变得更有创意,远离自然则会使他们缺乏创意。同时,研究表明,在树木和草地之间玩耍会降低多动症的发病率,而在室内的屏幕上打游戏,会提高发病率,会增加儿童的肥胖和患糖尿病的比例。因为,如果孩子们在屏幕前花了一半的时间,那么他们至少有一半的时间不活动。[149]近观国内,根据第44次中国互联网发展状况报告,截至2019年6月,我国网络游戏用户规模达到4.94亿,占整体网民的57.8%,较2018年年底增长972万人。手机网络游戏用户规模较去年年底明显提升,达到4.68亿,较去年年底增长877万人,占手机网民的55.2%。对这部分游戏用户群体而言,他们往往宁愿宅在家里玩游戏,也不愿意走出家门进行户外玩耍。使用者越来越沉浸在 AI 驱动的游戏内容消费中。

10.3.2 理论上增加了休闲时间,实际上模糊了工作和休闲时间的界限

(1) 理论上休闲时间在逐步增加。从历史角度来看,休闲时间的增加,都与技术的进步紧密相关。大约 1000 年以前,人类处于农耕时代,只有 10% 的时间用于休闲;在公元前至公元 1500 年期间,手工业的发展节省了大约 17% 的时间用于休闲;到 18 世纪 70 年代,动力机器包括原始的蒸汽机,使得生产力水平得到提高,休闲时间增加到 23%;进入 20 世纪 90 年代以来,电子化的动力机器使人们的工作效率更高,人们能将生活中 41% 的时间用于休闲;到 2015 年,随着知识经济和新技术的迅速发展,人们将有 50% 的时间用于休闲,每周的工作时间将会更少。1700 年左右是 72 小时周工作时间,1859 年是 69.8 小时周工作时间,20 世纪 90 年代是不到 40 小时的周工作时间,以此推算,30 小时周工作时间,甚至 24 小时周工作时间将会成为可能。[199]随着技术的发展以及在应用中对生产工具、生产手段、生产过程、管理过程等的优化、提升与重构,人-机器的关系发生了部分变化,人从直接的劳动参与逐渐变为劳动协作与监管,人的休闲时间增加了。

(2) 实际上,工作和休闲时间的界限在逐渐模糊。传统上,家庭时间应该是人们的休闲时间,但是,随着智能移动设备的普及和影响,人们越来越多地践行弹性工作时间,工作和家庭生活的界限变得并非十分鲜明,这导致了工作和休闲时间的界限在逐渐变得模糊。在家办公常常被认为是一项"特殊福利",但一份新报告显示,这会带来更大的压力等不利影响。随着科技的进步,一些人得以在家里完成工作内容,这样省下了通勤时间,听上去也非常惬意。联合国的新报告研究了远程办公的影响,发现这种有别于传统朝九晚五的雇佣关系容易引发精神高度紧张甚至导致失眠。研究人员监测了包括美国在内的 15 个国家职员的脉搏等身体特征,发现相对于 25% 的办公室职员,41% 的远程雇员自身感受到更多的压力。[200]如上所述,理论上休闲时间增加了,但是工作和休闲时间在变得模糊,这不仅给机构,同时也给工作者带来了新的影响。

10.3.3 在人工智能影响下,劳动和休闲的界限在变得模糊

如前所述,休闲是对时间的一种非生产性消费。瑞典天主教哲学家皮普尔在《休闲:文化的基础》中指出休闲是人的一种思想和精神的态度。人工智能在某些领域岗位逐渐替代人的任务,一方面致使一部分人失业,另一方面也给了我们休闲的时间。下面,本书从劳动和休闲的角度分析人工智能的影响。

(1) 物质劳动与休闲

其一,由于人工智能技术在劳动领域中的应用,人越来越从纯粹的物质劳动中解放出来。即便是在劳动时间内,也有间断性休闲的态度。由于智能时代生产过程和管理过程的二位一体、智能化,从而有可能出现如马克思所预见的那样:"劳动表现为不再像以前那样被包括在生产过程中,相反地,表现为人以生产过程的监督者和调节者的身份同生产过程本身发生关系。……这里已经不再是工人把改变了形态的自然物作为中间环节放在自己和对象之间;而是工人把……由他改变为工业过程的自然过程作为媒介放在自己和被他支配的无机自然界之间。工人不再是生产过程的主要当事者,而是站在生产过程的旁边。"[201]劳动者即便是在劳动时间内,也有间断性休闲的态度,技术尤其是 AI 技术的应用,使得这种现象成为可能。

其二,有些即便看来是休闲活动的行为,也越来越成为数字劳动的一部分。"玩工(playbour)"这一词是 Kucklich 最早提出的,用于形容沉迷于电子游戏中对游戏公司资本盈利产生贡献的改装玩家。他们以"爱好"之名成为游戏产品的创造与修复者,但只有很少人能够获得游戏公司对他们的回馈。邱林川与曹晋发展了"玩工"的概念,认为普通游戏玩家花费大量时间与精力在网络游戏的同时作为游戏"玩工"为游戏公司与平台公司创造了巨额利润,休闲时间实际为剥削过程。[202]社交媒体平台的用户以玩、休闲和娱乐的形式在强化平台的使用价值,他们上传图片、文字、视频及创建社区等,所有的浏览痕迹终以数据的形式被广告商利用,成为牟利的工具,他们所有或者绝大多数的在线时间都是剩余劳动时间,都在创造剩余价值。

(2) 精神活动与休闲

人们往往把作为一种思想或态度的休闲与精神活动混淆起来。有些精神活动属于休闲的一种;有些则不属于休闲,而是精神劳动的一种。正如弗洛姆所言,技术社会"人创造了种种新的、更好的方法征服自然,但却陷于这些方法的网罗之中,并最终失去了赋予这些方法以意义的人自己。人征服了自然,却成为自己所创造的机器的奴隶"。[203]例如,对于有些人来说,通过移动智能设备浏览资讯属于一种休闲,而对某些职业,如教师,则往往变成了一种精神劳动,因为他/她需要将所看到的信息整合进课程或其他工作内容中,从而将这种行为变为了工作劳动的一种变体,原本休闲的时间蜕变为一种生产性消费。

10.3.4 休闲消费与大数据"杀熟"

(1) 何谓"大数据杀熟"? 从描述的角度而言,"大数据杀熟"常常指的是基于大数据的人工智能算法对不同的消费者制订不同的价格,甚至向熟客推荐价格更高的高端产品或服务,或者给老顾客更高的报价等。据报道,"杀熟"为人关注起因于一名网友的休闲消费经历。网友"廖师傅"在微博上称,自己经常通过某网站订同一个出差常住的酒店,常年价格为380~400元。他用自己的账号查到酒店价格是380元,但朋友的账号查询显示价格仅为300元。之后,更多的人在网络或媒体上曝光自己被"杀熟"的经历。一位网友称,自己在某电影票订票平台上,用新注册的账号、普通会员账号和高级会员账号,同时选购一张同场次电影,票价相差5元以上。中国青年报对2 008名受访者进行的一项调查结果显示,51.3%的受访者遇到过大数据"杀熟",59.1%的受访者希望规范互联网企业歧视性定价行为。[204]大数据"杀熟",不仅仅出现在中国。2000年,亚马逊选择了68种DVD碟片,根据潜在客户的购物历史、上网行为等信息,确定不同的报价。例如,"泰特斯"的碟片对新顾客的报价为22.74美元,而对老顾客的报价为26.24美元。亚马逊通过新的定价策略,提高销售毛利率。事件曝光后,亚马逊公司总裁杰夫贝佐斯公开道歉,称这只是向不同顾客展示的"差别定价实验"。

(2) 为什么会出现大数据"杀熟"现象? 大数据对人的分析是全面的。现在很多软件后台内置位置数据功能,通过记录用户的住址、常去的消费场所等地理信息,判断其消费能力,使得"用户画像"更为精准。人工智能通过给海量数据的梳理,让现代企业具备无限提升效率和精准服务的可能。但是,现在的网络平台,却借助大数据技术,对消费者精准靶向营销,不同用户不同定价,特别是一些对价格不敏感的消费人群,溢价提供服务,从而出现了越是老用户价格越高的怪象。[205]大数据和AI技术的应用是数字社会发展的驱动力。但是,因为算法的"黑盒"属性,用户与互联网企业之间存在"信息鸿沟",消费者处于弱势。数字时代,对于相关企业而言,虽然掌握着数字权力,但要避免滥用。

10.3.5　人工智能休闲产品使用与身份认同

身份认同是对主体自身的一种认知和描述,包括很多方面,如文化认同、国家认同。身份认同更多地表现为追求自我内在一致性。例如,在TED大会上,Google先进科技与计划部门负责人Ivan Poupyrev穿着一件与牛仔品牌Levi's合作的Commuter Trucker,展示了他们最新的智能衣服。他将一块谷歌的Jacquard芯片放进了夹克衫的袖口内,通过操纵左手袖口上向外滑动就完成切换下一张PPT。而衣服由可导电且防水的特殊织物做成,通过双击袖子、向内滑动、向外滑动这三种手势就可以完成多种关联的操作。Levi's还推出了匹配的应用,用蓝牙将衣服连接到手机上,就可以对它的功能进行自定义设置,例如,通过双击袖口播放音乐。如果手机突然来电或者突然播放音乐,可以用手掌按住袖口启动快速静音。这些一块智能手表就可以做到的事情,被加到衣服上之后,衣服售价高达350美元,约合2 300元。如果要给这些智能硬件一个定义,那一定不是"刚需产品",而是帮助人们生活得更加舒适、便利。因此,它永远不可能像普通的服饰鞋袜一样成为生活中不可或缺的一部分,而是通过特殊的功能、外形、文化符号,成为一个群体或圈层的身份认同。[206]前述程序员群体对电子设备的爱好表明,这一群体通过对最新电子产品的拥有和使用体现自己的独特身份。

思 考 题

如何理解基于人工智能技术的"智慧休闲"？如何看待在人工智能技术的影响下,工作和休闲时间的界限变得模糊,劳动和休闲的界限也变得模糊的现象？

第 11 章
人工智能与新闻传播

新闻传播活动涉及内容、传播者、用户、机构等多个要素,在人工智能技术的影响下,新闻传播活动发生了一些变化,下面我们从这几个方面逐一进行分析。

11.1 人工智能对新闻传播内容的影响

11.1.1 人工智能对新闻理念的影响

就内容而言,传播活动往往包括新闻、广告、娱乐、游戏以及其他各种类型的内容。单就新闻而言,新闻被视为是新近发生事实的报道,包含新闻事实和新闻报道两个层面。人工智能对新闻理念的影响,我们也可以从这两个层面切入进行探讨。

(1) 新闻报道理念:新闻时效性的变化

其一,人工智能给新闻即时性带来的变化。新闻强调"新",当然这既是绝对意义上的新,也是相对意义上的"新"。工业化时代对于"新"的标准显然与人工智能化时代的标准不尽相同。如果将其视为一个连续统,那么从一则新闻的制作到发布需要的时间段来看,往往是智能化媒体、网络、手机最强,电视、广播次之,最后是报纸。而"机器人写稿",则使得人类记者在新闻报道"即时性"上望尘莫及。例如,在 2016 的里约奥运会上,今日头条研发的一款机器人——Xiaomingbot 通过实时撰写新闻稿件,以跟电视直播几乎同时的速度发布报道。在奥运会期间,Xiaomingbot 为今日头条撰写了 450 多篇奥运新闻稿,阅读数总计超过百万。Xiaomingbot 生产的内容涵盖了所有体育新闻的重要信息,包括比赛时间、比赛名称、体育馆名称、规则、运动员姓名、国籍和年龄等。[207] 据称这是国内第一款可以报道奥运赛事的人工智能机器人,在结合了自然语言处理、机器学习和视觉图像处理的技术之后,通过语法合成与排序学习生成新闻。其实早在 2015 年 9 月,腾讯财经就用自己的新闻写作机器人 Dream Writer 编写了一篇稿子《8 月 CPI 涨 2％创 12 个月新高》。新华社也在同年 11 月的记者节,成功发布了自己的机器人记者"快笔小新"。

就国外而言,《纽约时报》曾经开发了一款机器人软件来报道美国大选。该软件每天早晨都会给用户发送最新的大选信息及预测。用户只要订阅美国总统选举的新闻,就会在第一时间收到相关信息。此外,用户可以输入邮政编码,机器人会提供国家和当地的选举结果。除《纽约时报》外,《华盛顿邮报》、美国有线电视新闻网、美国全国广播公司等新闻机构都采用了自动化技术或机器人新闻写手,为读者用户提供及时的第一手大选新闻。

在上述新闻实践中,我们可以看出新闻报道在即时性上的变化,从新闻事实到新闻报道的时间差正在人工智能技术的影响下越来越小。新闻一直被看作是易碎品。"全时"(全天候、全过程、全方位)和"即时"(对事件零时差、零距离报道)取代"及时",使得新闻更贴近用户,更贴近新闻的本质。人工智能技术大大增强了新闻报道的即时性。

其二,"时效性"不仅包括"时",同时也包括"效"。"时"即"即时性",人工智能对新闻即时性的影响有如前述;"效"常指效果,"快"有时并不意味着有着令人满意的效果,尤其是相对于新闻用户的需求而言。美国《时代》周刊创始人 Henry Luce 认为"快新闻"是用最快速度对某时某地的某事做简略报道;"慢新闻"则是用较长时间去深入调查一条新闻事件的来龙去脉、前因后果。"慢新闻"则注入了记者的主观性阐释,是"有思想的新闻"。在媒体技术不断发展、机器人写稿一秒传千里的"快时代"的当下,"慢新闻"的理念已经得到一些专业媒体的推崇。"快"是属于技术的时间,抢时间的新闻让智能机器人去做;"慢"节奏是属于人的时间,"慢新闻"留给人类记者来做,以推出更具思想深度与人文厚度的新闻产品。"快新闻"更接近于纯粹的 message,"慢新闻"则包含着记者的思想和观点,是具有原创性、独创性的活动。人工智能大大提升了"快新闻"的生产发布效率,对于"慢新闻",人工智能则为新闻生产提供了更具深度、更加全面的背景材料和数据分析,助力记者深入报道更为复杂的新闻事件。[208]人工智能化时代,新闻时效性理念的变化,凸显了人工智能化时代人们对新闻的新的思考,将影响新闻未来的发展形式。

(2)新闻事实的理念:对新闻真实性的影响

这主要表现在人工智能技术影响下的虚假新闻现象。虚假新闻作为一种媒介越轨现象,并不是一个新的现象。虚假新闻一直是令新闻界头疼的问题。人工智能技术的渗入,人们期望人工智能技术能够帮助消灭虚假新闻现象,但是,正如前述所言,AI 技术既能用来向善,同时亦能用来作恶。随着人工智能技术的运用,虚假新闻现象仍然存在,而且又有了新的变体。

其一,人工智能作为一门采写报道技术,在报道时也可能出错。例如,洛杉矶时报机器人在报道新闻消息时曾出了错。洛杉矶地区的小地震几乎是常规的,洛杉矶时报曾在推文上称,在加州 Isla Vista 地区发生了 6.8 级地震。然而不久之后,洛杉矶时报又删除了该推文,且又发布了一则通知:"请注意,我们刚刚删除了一个自动的推文,说圣芭芭拉地区发生了 6.8 级地震。其实这场地震发生在 1925 年。"显然,这闹了一场乌龙。据悉,地震的报道消息是洛杉矶时报机器人 Quakebot 发出的。Quakebot 是洛杉矶时报的算法机器人,可以从美国地质调查局的网站上收集数据,于 2014 年开始应用,过去几年中报道了数以百计大大小小的地震事件,而这次失误是第一次。[209]虽然几率很小,但是写作机器人仍然可能会因为技术原因而出现报道错误。

其二,人工智能技术方便了新闻造假。据报道,2017 年 7 月,华盛顿大学的研究人员利用人工智能技术,制作了一段时长 1 分 55 秒的美国前总统奥巴马演讲的假视频,其图像和声音都达到以假乱真的水平。研究团队设计了一个人工智能程序,让其分析互联网上奥巴马的各种音频和视频,经过 17 个小时的"自主学习"后,人工智能就能通过奥巴马的声音,判断出对应的面部细节,从而模拟出匹配的数字图像。[210]

11.1.2 人工智能对新闻采集手段的影响

此处从新闻数据内容的采集视角切入探讨人工智能对新闻采集手段的影响。这主要表现在新闻数据获取和新闻信息整合两个维度。

(1) 人工智能技术与新闻数据获取

其一,人工智能语音识别与新闻数据获取。语音识别和自然语言理解相结合,将为人们创造更为便利有效的语音接口,从而与身边的设备实现高效率互动。早在 2014 年年底,百度首席科学家吴恩达与其团队就发布了第一代端对端的深度语音识别系统 Deep Speech,即使在嘈杂环境下也能够拥有 94% 的语音识别准确率。2018 年两会报道上,人民日报新媒体中心首次引入人工智能语音识别系统。这意味着语音识别系统进入新闻领域,在各大重大会议视频直播中,该系统能够使音频和中英文文本翻译实时进行无缝连接,极大地提高了新闻发布速度和传播效率。依赖互联网网络的庞大数据量和强大的算法,实现对语音、文字、视频等数据的全集的整合分析和提取正在成为现实。

其二,计算机视觉与新闻数据获取。在人工智能技术支持下的智能设备还可以像人眼那样记录所见,甚至有时候能够推导出一些肉眼看不见的信息,这就是所谓的"计算机视觉"。例如,美联社使用 Digital Globe 公司提供的高解像率图像来印证南亚海底存在大量非法捕捞容器,完成了揭露非法海鲜产业黑幕的报道,获得 2016 年普利策奖公共服务大奖。Digital Globe 的计算机视觉技术依靠卫星摄像机从最佳角度来拍摄必要信息,可以最大限度地根据美联社报道团队的需求来完成拍摄任务。再如:

利用计算机视觉技术从"微表情"中发现信息。计算机视觉识别报道对象的"微表情"功能也非常强大。哥伦比亚大学数据科学家阿米尔·伊曼尼认为:"就像一个孩子慢慢长大,逐渐学会看父母的脸色行事,这种行为实际上就是通过识别父母的不同面部表情来判断父母的心情。可以设想计算机视觉来做同样的事情,但是计算机首先需要三年的时间来学习一个人的面部表情传递何种情绪,之后它可以立即识别成千上万的面部表情,并迅速作出分类。"例如,2017年1月,伊曼尼就运用自己团队设计的计算机视觉系统和Quartz记者一起对美国总统特朗普的就职演讲进行了报道。这个系统可以识别"微表情",比如睫毛抬起表示惊讶的表情,并能将这些微表情和特定的情绪进行快速配对。他们利用计算机视觉对特朗普的面部表情进行识别,并推测出他发表就职演讲谈及某些敏感问题时的具体情绪。[211]

在上述案例中,无论是美联社还是Quartz记者都在技术人员的帮助下使用了计算机视觉技术帮助获取通常人力难以获取的新闻数据,AI"看到"了记者用肉眼难以发现的新闻事实。

(2) 人工智能技术与新闻信息整合

其一,人工智能与新闻语音输入。语音识别系统能够实时将语音转化为文本,也能将文本转化成语音。2018年两会上语音识别系统的引入正说明了这一点。这项技术给新闻视频的剪辑和新闻声音的录入带来巨大便利。比如它能给新闻栏目实现自动匹配字幕翻译,不管是对外文频道外文的识别还是地方频道方言的识别,都能迅速实现字幕录入,降低生产成本,减轻编辑负担。在视频直播、新闻见面会等方面省时省力,使文本信息与语音信息实现同步整合。未来的配音工作都可以使用机器自动化。

其二,人工智能技术有助于筛选信息。新闻作品的核心任务是筛选正确信息,修正内容。机器算法能够提供尽可能多的信息,获得新闻的相关性信息和多维度信息,从而横向、纵向开展新闻研究。国际调查性报道记者联盟曾组织400多名记者参与分析高达2.6MB数据的《巴拿马造纸业黑幕报道》,在人工智能技术的帮助下,记者们的各种邮件、文件等原始数据的深入分析变得快捷而清晰。

其三,人工智能技术方便新闻审核监测。在整合新闻的过程中,人工智能技术能够对某些新闻禁用词和慎用词进行审核。例如,通常新华社会根据社会环境和网络文化的不断发展来设定新闻用词的边界和禁忌。在新华社发布的《新华社新闻信息报道中的禁用词和慎用词(2016年7月修订)》中提到不使用"一带一路"战略的提法,应使用"一带一路"倡议;不使用"践行'八荣八耻'"的提法,应使用"践行社会主义荣辱观"等。新闻媒体和网站应当禁用的不文明用语有38个,如"装逼、草泥马、特么的、撕逼、玛拉戈壁、爆菊、JB、呆逼、本屌、齐B短裙、法克鱿、丢你老母"等。如果及时地给算法输入新闻禁用词和慎用词标签,并且不断跟随权威媒体的更新而实时跟进,加入到数据库,那么机器算法就能辅助新闻从业者对新闻内容进行审核,以确保不会出现原则性错误。

其四，人工智能技术有助于优化选题策略。人工智能可以发现并验证趋势，为新闻工作者提供选题方向。人工智能程序能够自动从数据中发现特征，以此帮助记者深入了解受众，为舆情监控和舆论引导提供帮助。2016年2月，美国知名新闻博客Mashable执行董事在出席活动时表示，媒体要学会用人工智能发现新闻故事。为此，Mashable启动了名为Velocity的数据分析工具平台，通过分析分享链接识别文章的传播趋势和可能存在的爆点。该平台可以帮助编辑判断某一事件的关注度，并根据实际情况选择合适的报道策略。

再如，美联社News Whip提供的社交网络分类监测系统辅助报道决策。其运用AI技术挖掘的实时数据和预测出的各种发展趋势所形成的数据驱动型策略，对于美联社的日常新闻工作大有助力，主要表现在：第一，实时监测。NewsWhip的产品和技术通过每两分钟扫描一次包含Facebook、Twitter、Youtube等全球主要社交网络上的活动，然后将这些活动行为与数以百万计的内容进行比较，来展示什么内容是当下传播速度最快的、数据表现最好的，这些内容的发展趋势、报道角度和讨论热度又如何，怎样的内容可能会更符合受众的兴趣所在……通过追踪海量实时互动数据，NewsWhip相应转化为可操作的见解，帮助媒体人形成有效的内容生产策略。第二，分析预测。除实时数据的追踪外，NewsWhip也提供基于海量数据的沉淀，来帮助新闻机构从更多元的维度来进行内容分析，了解最适合每个平台特定受众的分发方式，从而建立并优化出更为立体的报道策略。[212]各种智能算法分析工具，延伸甚至放大增强了人类记者编辑的感知，结合人类记者编辑自身的经验，极大地辅助报道决策，优化了选题策略。

11.2 人工智能对新闻传播者的影响

11.2.1 人工智能对新闻记者编辑影响的表现

在传统新闻业务链中，人是主体。记者和编辑是把关人，依靠职业新闻工作者的感知洞察、经验判断和价值偏好选择特定信息，刊登适合的新闻。在算法新闻业务链中，机器人（算法）是主体，其本质是借助算法工具和大数据环境实现新闻传播业流程再造和盈利模式重构。在生产环节运用算法工具自动生成新闻内容，再把关分发环节引入算法。本质上都体现出了算法的影响。这主要表现在两个方面。

（1）机器人记者

其一，新闻写作机器人。与以往人工智能在传媒业的应用不同，新闻写作机器人最大的特征是新闻生产的完全自动化。在媒体资源供不应求的情况下，新闻写作机器人在上届美国总统选举中扮演了举足轻重的角色。例如,《纽约时报》上月开发的机器人软件会自动更新来自时政记者康菲索里有关美国选举的相关报道。用户还可向机器人询问该报对每个州的预测以及全国的民意调查。《纽约时报》个性化服务主任菲尔普斯说,这项创新举措是为了让新闻更好地进入读者日常生活中不可或缺的手机,"让读者与新闻、与记者的距离更近"。菲尔普斯透露,通过机器人软件获取新闻的用户数量可以达到 6 位数,用户以年轻人居多。[213]此外,除北美外,欧洲新闻业也在互联网科技公司的支持下开展机器人记者项目。例如,谷歌决定资助英国新闻报业协会 70.6 万欧元,用于开展机器人记者项目,确保这些机器人每个月为当地媒体报道 3 万篇新闻。这笔资金来自谷歌的数字新闻项目基金,该基金计划在 3 年时间内,投资 1.5 亿欧元,推动、支持欧洲新闻行业的数字化创新。英国新闻报业协会的机器人记者项目也被称为"记者、数据和机器人",该项目将和一家新成立的创企 Urbs Media 进行合作。英国新闻报业协会表示,机器人记者会利用互联网上的开源数据集和自然语言生成软件来编辑新闻。[214]

写作机器人,实际上就是直接利用算法程序来撰写新闻报道,相对于人类记者,它的一个突出特点便是写稿速度快,写作效率很高,如美联社使用机器人每季度可写出 3 000~5 000 篇报道,人工编写只能达到 200 篇,前者的效率是人工记者的 15 倍。例如,2015 年 5 月,美国国家公共电台公认的写作好手,驻白宫记者、商业记者 Scott Horsley 曾与美联社机器人记者"WordSmith"上演了一场人机报道对战。虽然 Scott Horsley 的稿子因更能为读者提供想象空间、更有温度而赢得了 9 000 余名读者的认可,近乎为支持 WordSmith 读者数量的 10 倍,但后者仅用 2 分钟就完成了写作。[215]显然,利用人工智能技术,新闻界能够增加新闻报道的数量,这是人工无法迅速做到的。但与人类作者相比,新闻写作机器人还存在一些不足。第一,在对信息的联想思维及观点评论等方面,机器人难以达到人类所具有的主观判断和分析能力,难以理解和完成解释性报道等深度报道。因此,新闻写作机器人通常应用于模式化或者简单化的报道写作,如前述体育赛事等报道。第二,限于数据的公开程度,在一些数据相对不够完整,结构性不强的领域,新闻写作机器人还难以充分发挥价值。

其二,机器人记者担当人类记者的助手。机器人不仅可以在某些报道领域承担写稿的任务,同时,它们也可以担任人类记者的助手。例如,2017 年 3 月 1 日,机器人"小融"进驻位于人民日报社新媒体大厦的"中央厨房"全媒体大厅,担任小助手。基于全媒体大厅的日常应用场景,在东、南、西、北四个大厅里的机器人"小融",成为导览、互动小助手,还可以进行 Wi-Fi 登录审核、互动聊天、会议提醒等。[216]

再如,全国两会期间,新华社派出了一位机器人记者——爱思(Inspire),"爱思"不仅可以与用户实时互动,提供两会代表委员查询等服务,还可以帮助采访两会代表,在直播间担任新闻访谈节目的特别嘉宾等。又如,在新闻采访中,常常有一些现场对于记者而言是有一定的危险性的,在这种情况下,人工智能技术便能更好地发挥作用。无人机拍摄就是一个比较典型的例子。

图 11-1　机器人"小融"

（2）智能推荐算法系统的价值观念

算法是为了解决问题而输入机器的一系列指令。从广义上讲，算法是一种编码程序，通过特定的运算把输入数据转化为输出结果。迈克尔·德维托考察了 Facebook 的算法运作机制，概括出九大算法价值要素：朋友关系、用户公开表达的兴趣、用户先前的参与、用户含蓄表达的偏好、发布时间、平台优先级、页面关系、用户的负面表达、内容本身的质量。据研究，今日头条算法价值观念包括四要素：场景、内容、用户偏好和平台优先级。[217]

其一，场景。移动传播的本质是基于场景的服务，即对场景（情境）的感知及信息（服务）适配。

其二，内容。尽管今日头条声称其没有价值观，然而研究发现，具有重要性、冲突性以及流行度的内容更容易通过算法筛选过程并进入用户视野。

其三，用户偏好。用户偏好分为两种类型：第一种是用户主动表达的偏好，包括点赞、评论、收藏、关注、转发、搜索、屏蔽。第二种是指用户含蓄表现出的偏好，主要是指媒介组织通过搜集和分析用户数据而推导出的偏好。这些数据包括用户的注册信息、社交账号、GPS 定位、IP 地址、使用的手机型号等。2018 年 1 月，今日头条资深算法架构师首次公开今日头条的算法原理，关于用户特征，主要有四类最重要的用户特征将会输入给算法，影响到推荐算法的工作。第一类是相关性特征，就是评估内容的属性和维度与用户是否匹配；第二类是环境特征，包括地理位置、时间；第三类是热度特征，包括全局热度、分类热度、主题热度以及关键词热度等；第四类是协同特征，它可以在一定程度上帮助解决所谓算法越推越窄的问题。[218] 下面这个例子形象地讲述了智能算法是如何误读用户的偏好从而不断"执着"地向用户推荐内容的。

案例:《英国＜卫报＞讲述了一个人是如何受到智能算法推荐影响的》[219]

洛根·保罗是 Youtube 上的一个大 V,在日本以自杀闻名的森林中偶然发现了一个挂在树上的死人。一开始 22 岁的他显然被吓着了,不过,随后保罗将这个场景拍了下来,传到了 YouTube 上。他的 YouTube 频道有 1 600 万名青少年用户订阅,24 小时后,他在激烈的反对声中将视频删除。在这段时间内,视频获得了 600 万的点击量,并且在 YouTube 上令人垂涎的热门视频排行榜上占据了一席之地。第二天,笔者在 YouTube 上看了这个视频的"复制"版。然后点击视频播放器右侧展示的推荐视频缩略图。默认情况下它是自动播放的方式,是为了引诱网络用户在 Google 的视频广播平台上花更多的时间。笔者很好奇他们会把自己引向何方。答案是一系列关于男人嘲笑洛根·保罗青少年粉丝的视频,接着是闭路电视监控系统里孩子们偷东西的镜头,几段视频之后,是孩子们用奇怪的自制的小玩意儿拔掉牙齿的视频。笔者清除了自己的历史记录,并删除了自己的 cookie,打开了一个私人浏览器,以确保 YouTube 不会针对自己进行个性化推荐。然后,它们的算法就带笔者走上了它的意志之旅。最后的一个视频是两个男孩,大约五六岁,互相拳打脚踢。

其四,平台优先级。德维托分析指出,平台优先级是影响 Facebook 信息流呈现的因素之一。例如,Facebook 会在用户信息流中优先呈现自己平台上的视频而非 YouTube 上的视频。平台优先级也是今日头条算法价值观念的要素之一。总体而言,推荐算法的价值观念一般包括场景、内容、用户偏好和平台优先级。

11.2.2 人工智能对新闻记者影响的结果

(1) 替代:机器替代记者编辑吗?这一过程目前已经部分开始了,新闻写作机器人的出现,替代了部分记者的写作功能;而智能推荐算法等介入,使得部分编辑的权力受到了影响。正如我们之前章节中所探讨的,对于这一问题,我们得从历史与现实、静态与动态、局部与整体、技术与社会、消失与创造等维度进行分析方能得出客观、辩证的看法,此处不再赘述。

(2) 影响:智能算法的权力及影响。算法对把关权力的影响。传统新闻生产者是依据新闻的要素、自身新闻价值观,如对新闻重要性、新鲜性等要素的把握,以及自我认同的职业伦理来对新闻事实进行写作和编辑。而面对互联网的便捷性、共享性、碎片化等新的要求,过去作为信息源头的"把关者"不得不让位于数据与算法。例如,2015 年 7 月,一款可以帮助编辑收集内容的机器人被《纽约时报》R&D实验室开发出来。这款机器人可以对文章内容进行识别、甄选、标记,在编辑写稿时,机器人会自动弹出文章可以采用的标签和关键词。因此,传统媒体所具备的把关能力与议程设置的功能,即根据权力主体的意志与价值取向来选择、编辑、强化或淡化相关新闻,会逐渐交由算法来操纵和实现。[220]叶夫根尼·莫罗佐夫指出了这种"方案"的不足:"这些新过滤器可能会更快、更廉价和更有效率,但速度、成本和效率,与这些过滤器和算法在我们生活中扮演的公民角色只有浅表的联系。不对其进行应有的严密伦理审查,我们就有可能犯解决方案主义的错误,为不太重要的问题的改进欢呼雀跃,而对更重要问题的严重恶化却完全忽视。"[217]跟记者相比,一个问题便是人文价值的缺失。当然这并不是一定的,关键在于是否意识到这一点。即便是记者编辑,如果没有意识到这一点,也仍然会出现人文价值的缺失等。

(3) 合作:人机协同。人机协同被认为是算法新闻时代的记者的使命与价值。其一,新闻记者与机器人的协同。正如前述,虽然算法替代记者编辑至少在目前看来是部分的,但有一定是确定的,即智能算法对把关权力的影响。因此,在现阶段,我们似乎应强调新闻记者与机器人的协同,机器人作为一种劳动力,以及作为一种劳动力的强化,在与记者的协同中,能够更好地处理新闻实践需求,满足新闻用户的需要。正如喻国明教授所言,机器新闻写作能够实现资料的实时、迅速的抓取,使新闻工作者从重复、烦琐、低技术含量的数据采集与烦琐的加工整理中解放出来,使人有更多的时间去思考和从事更具想象力和创造力的工作。调查新闻、解释新闻等高品质新闻将是未来新闻工作者的主攻方向。重大而敏感的议题的把关同样离不开人,因为重大敏感新闻哪怕表达有一丝一毫的不稳妥,都会引起社会重大的影响甚至损害。[221]其二,新闻记者与算法技术人员的协作。新闻记者有目的地使用算法,并决定如何编程和利用算法,这样就将技术与现有职业逻辑紧紧结合在一起。

11.3 人工智能对新闻媒介的影响

我们可以从下面四个层面理解媒介:作为符号系统的媒介;作为技术的媒介;作为终端的媒介;媒介的泛媒化发展趋势。

11.3.1 人工智能对作为符号系统的媒介的影响

人与机器人之间的沟通、交流,让机器人理解人类行为,并以适当的方式进行回应,即让机器人能够以人类听得懂看得懂的方式进行回应,这便涉及大量前沿技术,尤其是人工智能相关技术。比如,使机器人能听懂、理解人类的语言,就涉及语音识别技术等。

(1) 人工智能对语音的影响。语音是人与人交流沟通互动的重要媒介。语音识别是自然语言处理的一项比较基础的分支范畴。自然语言处理主要研究如何理解和产生人类自然语言,包括语音和文字两种形式,而文字又包括词语形态、语法、语义、语用和篇章五个层次,相当于提高计算机的语言智能。具体方法需要借助语言学、心理学、社会学等多个学科的研究成果;也要借助机器学习的研究成果,而基于大量语料借助深度学习等算法进行数据挖掘的自然语言处理技术,则在近几年成效显著。例如,新华社通过自然语言处理技术,制作了中文"AI合成主播",它模仿的是著名新华社主持人邱浩,不管是邱浩的外形、声音、眼神还是脸部动作、嘴唇动作,首次上岗的"合成主播"与真人邱浩的相似度都高达99%,最令人惊叹的是它可以随意模仿99%的主持人,随意切换,不仅模仿他们的声音,还能克隆他们的相貌。[222]

(2) 人工智能对手势等体语的影响。以手势为代表的体语是人与人之间交互的作为符号系统的重要媒介。正如第3章所述,人与智能设备之间如今也能通过手势等体语进行交互,这反映出了人工智能对作为符号系统的媒介的影响。例如,一个广受关注的体感设备是Leap Motion,它通过两个摄像头捕捉经红外线LED照亮的手部影像,经三角测量算出在空间中的相对位置。如前所述,这种人与机器之间的交流方式,随着AI技术的发展,越来越趋向于本能性的交互。人类通过脑电波等方式直接与智能设备互动。

(3) 人工智能对图片、视频媒介的影响。当然,作为符号系统的媒介并不仅仅是指语言(包括口头语言和书面语言),同时还应包括图片、视频(尤其是短视频)等形式。那么,人工智能对图片、视频媒介的影响是什么呢?牛津大学的科研人员发明了这样一个AI系统,可以把静态的图片变成动态的视频,甚至可以让照片里的人开口说话,建立音频轨道。科学家表示,希望这个AI系统能将新闻自动翻译成不同语言的版本,并且口型也能对应上。这可大大提高一些国际化的新闻平台新闻输出的效率,并且减少翻译成本。不止牛津在研究这项技术,位于美国的华盛顿大学也开发出了类似的AI系统。相比牛津大学的"照片变视频",他们开发的人工智能系统能够将嘴型及其纹理移植到现有视频的人脸上。[223]如前所述,2017年7月,华盛顿大学的研究人员利用人工智能技术,经过17个小时的"自主学习"后,通过奥巴马的声音,判断出对应的面部细节,从而模拟出匹配的数字图像,由此制作了一段时长1分55秒的美国前总统奥巴马演讲的假视频,其图像和声音都达到以假乱真的水平。

11.3.2 人工智能对作为技术的媒介的影响

这主要表现在人工智能对传统媒介的赋能。例如,科大讯飞将推出首张智能化有声报纸:让光明日报能听会说。通过这种方式,使得传统报纸出现了新的变化。[224]再如,人工智能电视是人工智能与智能电视技术的结合,它能够通过感知系统来识别和分析用户的意图,结合大数据的技术,分析用户习惯、偏好和行为逻辑,从而为每个用户提供个性化的场景交互和服务。

11.3.3 人工智能对作为终端的媒介的影响

(1) 人工智能技术使手机等移动终端变得更加智能化。人工智能技术提升了手机的智能化水平,使手机设备更加人性化,能够更好地理解人的需求,用户体验显著提升。例如,苹果手机自带的语音交互系统 Siri,只需对 Siri 说出你的需求,问天气、查路线、打开某个软件等,它就能够帮你完成。

(2) 人工智能技术扩展可穿戴移动终端的功能。例如,谷歌公司发布的谷歌眼镜,摄头可以提供与人眼观察相似的拍摄视角,这种拍摄视角也被称为"第一人称拍摄",可以形成一个虚拟的屏幕,它所带来的是一个类似于笔记本计算机屏幕的视觉体验,这使得谷歌眼镜有了"增强现实"的功能,也就是在当前的现实环境中附加相关虚拟信息,虚拟信息与真实世界实时叠加,创造了一种全新的体验,而且谷歌眼镜还可以上网。

(3) 人工智能作为媒介终端(如无人机、智能机器人等)。例如,利用无人机采集新闻数据。2015年6月的"东方之星"翻沉事件和8月的天津滨海新区爆炸等事件的报道中,无人机大显身手。相对而言,无人机新闻具有采集成本较低、携带方便、操作简单、保障采访安全等优势。智能机器人主要研究如何让机器硬件能够像人类或者动物那样行动,相当于提高机器的行为能力和感知能力等。例如,前述章节中提及的社交聊天机器人便是作为一种新型媒介终端,能够给陪伴对象提供天气、新闻等信息。

(4) 作为终端的媒介的泛媒化发展趋势。对于"泛媒化",我们之前已经谈及,此处主要是从人工智能对作为终端的媒介的影响角度,通过人工智能技术,使得物体变得智能化和媒介化,成为多样化的媒介终端。当然,除物体终端化外,还有所谓的人体终端化,虽然从字面上看,物联网是物体的联网,但这里的物体,实际也包含人本身。当可穿戴设备等传感装置可以直接发送人体的相关数据时,人体本身也将成为一种完全意义上的终端——人肉终端。这使得人的数据化变得更为常态、深层。人体终端化,不仅意味着人体向外界发送数据的丰富,也意味着人对信息的获取与处理能力的增强。人体上的智能物体可以拓展人的感知、认识能力,以及人与物的信息交互能力。[147]

综上所述,我们分别谈到人工智能对作为符号系统的媒介、作为技术的媒介、作为终端的媒介的影响,尤其提到了所谓"泛媒化"的发展趋势,在此,我们应该提及的是,信息的载体已经改变,但是,人们对信息的需求并没有改变。如图11-2所示。换一个说法就是，纸正在变，报将永存。纸，就是载体；报，就是内容、信息。

图 11-2　不同年代的人们对信息的需求

11.4　人工智能对新闻机构的影响

这主要表现在人工智能影响下新闻媒体组织机构的变化上。

11.4.1　原有新闻媒体组织机构的变化

（1）改革旧的组织机构。例如，建设智能化编辑部。新华社正在加快推进人工智能在采编业务中的应用，建设以智能技术为基础、以人机协作为特征、以大幅提高生产传播效率为重点的智能化编辑部。通过升级"现场云"资源聚合平台，利用"媒体大脑"平台的智能采集、用户分析、图像识别、语音合成等功能，推进策划、采集、编辑、加工、分发、反馈等环节的全流程应用，探索智能化编辑部的标准和范式。[225]

（2）增添新的组织机构。例如，芝加哥论坛报正在实施把数据团队加入新闻编辑部的改革，双方就明确的新闻报道任务实时进行直接交流，协助记者调查和报道故事，在线描绘故事，并为芝加哥当地的特定群体建立永久的网络资源。澳大利亚全国广播公司则组建了包括网页开发及设计人员、数据采集分析人员、数据挖掘、图形可视化的技术人员等七类人在内的数据新闻团队，来完成从传统新闻编辑团队向数据新闻编辑团队的转变。

（3）开展跨界合作。在 2016 年，《纽约时报》宣布与技术公司 Jigsaw 合作，利用该公司的人工智能技术改善其评论板块。通过利用 Jigsaw 软件,《纽约时报》的网络社区服务平台提升了管理社区评论的速度。在合作之前,《纽约时报》由 14 位记者组成的评论版团队,每天手工审查大约 11 000 条评论。[226]数据的来源、加工和挖掘都需要专门的技术人才和设备等,跨界合作,也许是比自己事必躬亲更适合的方式,不仅可以降低成本,而且可以通过合作碰撞出新的火花。

11.4.2 新兴新闻资讯科技公司的出现

例如,今日头条、微博、YouTube、Facebook、Twitter 等新兴新闻资讯科技公司的出现。Twitter、Facebook 是新闻媒体机构吗?据路透社报道,Twitter 首席执行官杰克·多西表示,公司的使命之一是成为"大众新闻网络"。他表示:"Twitter 是告诉人们正在发生的事情,人们正在谈论的事情(确实如此!),Twitter 是大众新闻网络。"最近 Twitter 与一些媒体公司和体育组织签署协议,直播总统选举辩论和周四晚上的 NFL 比赛等重大活动。Facebook 的扎克伯格声称:"我们考虑 Facebook 在给人们带来发声权上的所做所为,在未来我们需要确保这些工具被用来给世界各地的人创造最大的利益。Facebook 是一个新型平台,既不是一个传统的技术公司,也不是一家传统的媒体公司。我们打造技术,并对它的使用负责。虽然我们本身并非网络新闻的撰写者,但同时我们也清楚自己并不仅仅分发新闻,也是公共话语的重要组成部分。"这意味着扎克伯格实际上将 Facebook 看作某种媒体公司,但并非传统上以创造内容为主的那类公司。从前面的声明不难看出,扎克伯格愿意让 Facebook 承担某些责任,同时避免被戴上"媒体公司"的帽子而必须承担更多责任。[227]总之,人工智能对新闻机构的影响,不仅表现在原有新闻媒体组织机构的变化上,更表现在人工智能技术的催动下,新兴新闻资讯科技公司的出现上。

11.5 人工智能对新闻用户的影响

11.5.1 在人工智能的影响下,新闻用户所处的媒介生态环境发生了变化

媒介生态环境是在变化之中的。传统大众传播媒体和新媒体构成了当下的媒介生态,当然,"新"是个相对的概念,而且传统媒体也正在变得数字化。如前所述,在人工智能的影响下,物体智能化的趋势加速发展,"泛媒化"逐渐成为现实,当下新闻用户的媒介生态环境正在发生着变化。新闻用户正越来越被智能媒介所环绕。

11.5.2 新闻用户主观层面新闻需要的变化

无论技术如何变化,用户对新闻信息的需求是一直都存在的。根据调查研究,人们对新闻的需求主要有认知的需要、情感的需要、个人整合的需要、社会整合的需要以及纾解压力的需要等。但是,对新闻的需要确实在发生着变化。其一,除对新闻的时效性要求越来越高外,对新闻的质量包括真实性等也有着更高的要求。如前所述,在人工智能技术的推动下,写稿机器人的写作效率和速度很高,而且几乎能以直播的速度跟进报道新闻事实发展。但是,AI 技术也使得图片和视频造假变得更加真假难辨,因此,新闻用户在这种新的媒介生态环境下,对新闻的质量提出了更高的要求。其二,在智能推荐背景下,人们越来越不满足于对即时新闻的消费,越来越倾向于对解释性报道等深度报道的消费。智能推荐满足了人们对自身兴趣的需求,同时又使得人们对新闻的消费区块化、碎片化,不成系统,另外,由于目前的新闻无论是文字的还是视频的,都以短平快为主,因此用户越来越需要解释性的报道。当然,技术只是作为一种背景,还有其他一些因素在这个变化过程中起到作用。

11.5.3 在人工智能影响下,新闻用户的新闻消费习惯发生了变化

这是从新闻用户的消费行为层面探讨人工智能对新闻用户的影响。伴随互联网技术与数字媒体技术的发展与普及,新闻用户接受与阅读信息的习惯在发生改变,由传统媒体时代文字阅读的"逻辑思考"到新媒体时代视听阅读的"沉浸体验",受众对信息可感知性的需求增加,这是一种新闻消费习惯的改变。

(1) 看自己想看的。为此,人工智能技术提供了便利性。因为在智能搜索引擎的帮助下,新闻用户可以直接搜索自己所感兴趣的资讯,而不是泛泛浏览,除非是想消磨时间。当然,用户的口味还是会受到社会、文化的影响,这一点似乎没有变,变化地是用户可以借助人工智能寻找自己感兴趣的内容。这是一种从"推送"到"拉"的变化。

(2) 转向互动对话式消费新闻资讯。其一,语音识别技术、自然语言处理技术等的发展,使得语言文字之间的转换更趋即时。例如,Siri、Google Assistant 等能通过使用与人交流的正常语言帮助用户打开新闻 App、打开新闻网页、查询特定新闻、播放新闻视频内容,还可以帮助用户随时随地分享新闻到社交媒体。比 Siri 朗读新闻更有趣和智能的是 Wibbitze,Wibbitze 是一家以文本新闻为基础,利用人工智能技术来将枯燥的文本新闻转换成趣味短视频的科技创新企业。Wibbitze 不希望读者看新闻,而是通过人工智能技术用图像视频和动画信息图表的形式来叙述 1~2 分钟的视频摘要,这样绕过阅读的局限

性以尽力传递信息。Wibbitze还采用一些巧妙的设计,比如点击进入头条新闻或商业新闻后,它会自动开始循环播放从路透社RSS订阅的语音头条。如果你有兴趣继续读摘要,你可以拖动进入移动画面体验。第二次拖动为你带来的原创文章的全文播放。

其二,更注重对话式的新闻互动方式。机器人尤其是聊天机器人的出现,使得这种对话式互动成为可能。CNN推出了专注个性分发的聊天机器人,每天向用户推送头条新闻。在每日推送的下方,有三个选项:Read Story、Get summary和Ask CNN。依次点击三个选项,用户可以阅读故事内容或者了解故事梗概,还可以向CNN聊天机器人提问,创造一对一交流互动的体验。[228]从传统新闻报道"我写你看"的单向传播模式,到人工智能时代新闻的阅读中交互式体验不断增强,新闻报道对于读者而言不再仅仅是内容的呈现,还是体验的过程。例如,2016年百度新闻上线最新版的"聊新闻"App,即是人工智能与用户在聊天场景下传播新闻的模式:只要点击"聊新闻"的功能按钮就可以向机器进行提问,查询所需新闻信息,进行新闻深度阅读。这种"聊新闻"的人机交互模式通过人机"问、答"的互动来实现,人工智能甚至会在互动过程中不断收集用户感兴趣的内容信息,再根据其兴趣点进行更为精准、个性化的新闻分发与推送。[229]同样,以"沉浸"和"在场"为核心概念的虚拟现实、增强现实等可视化技术的发展与应用,更是给读者带来了全新的沉浸式新闻事件体验。

(3)转向沉浸式体验式消费新闻资讯。智能产品包括VR/AR设备,借助这些智能设备,人们可以在虚拟和增强的现实体验下体验新闻,带来不一样的新闻感受。新闻消费的方式在发生变化。沉浸式新闻这种展现方式能将用户自然地带入新闻场景中,给予更真实、更富冲击力的体验,拓宽了用户接受新闻的渠道多样性,用户的新闻获取渠道不再是传统文字、图片、视频的方式和渠道。用户的新闻获取渠道从收音机、电视的单向传播到社交媒体的人机交互,今天的人工智能时代又进入人机交融的沉浸式状态。

AR(增强现实)新闻则带来现实和虚拟的融合,帮助用户认识很难接触实物的新闻对象。例如,新闻客户端Quartz在关于卡西尼号探测器的报道中使用了AR技术进行呈现,受众可以在手机屏幕上观看到现实背景下的卡西尼号探测器的3D渲染形象。具体地,用户可以选择AR浏览模式,直接将卡西尼号投放在面前的空地上。除能够改变卡西尼探测器的大小外,用户还可以尝试旋转图像,从不同角度观察这颗已经二十岁的"高龄"土星探测器。[230]再如,2019年,中国青年报社创意策划、制作完成了4个沉浸式体验新闻——《VR看军械能手火箭炮》《青春扶贫在路上背后的故事》《120秒幕后见》和《红军桥的故事》。《红军桥的故事》是当时最"沉浸"的一个,它打破了传统的阅读方式,第一次做到了将VR视频、音频和图文融合成一篇观看体验性极强的融媒精品。而那座摇摇欲坠又承载着红色历史的"红军桥"经过中青报·中青网记者的报道,获得了公益捐助。当地用捐助款项建起了新桥,发挥了新闻推动社会进步的作用,VR视频也让观众沉浸在新闻现场变化与发展的喜悦之中。

(4) 泛媒化的发展,带来的是新闻用户场景化新闻信息消费的变化。人们不再只是在起居室、不再只是在公共交通工具上进行新闻消费,而是借助于物体的智能化,随时随地消费新闻,了解外部信息。

11.5.4 用户新闻素养的变化

在智能技术的加持下,用户对新媒体技术的熟练度提升,因此也能够据此去判断虚假新闻,提升新闻素养。随着自己生产新闻,用户越来越对什么是新闻有着一些朴素的把握,展现了新闻生产的大众化发展趋势。如果说,前述环境、身体、需求、行为、素养等层面大体上是围绕着新闻用户作为被动的个体或群体而存在的,那么我们还可以从主动这个视角去思考在人工智能影响下新闻用户的变化。

11.5.5 新闻用户不再满足于被动地接受新闻,开始自己生产新闻,推动了自媒体新闻的发展

当然,这并非是在 AI 的影响下才发生的。但是 AI 的发展有助于自媒体新闻的发展。从消费者向生产-消费者双重角色的变化。例如,智能手机拍摄、智能剪辑工具的应用都大大方便了用户自己生产新闻信息。如果说前述六个层面是从固定的视角去思考人工智能对新闻用户的影响,那么我们还可以从流动的视角去思考人工智能技术对新闻用户的影响。

11.5.6 用户新闻消费的场景化、流动化

前述媒介的泛媒化发展,使得新闻的消费不再局限于单一场景。随着车联网的发展,汽车等交通工具成为新的媒介,所以,用户的新闻消费也变得流动化。如果说前述方面都从新闻用户自身的角度来谈 AI 影响下新闻用户的变化,那么,我们还可以从传播者的角度去思考人工智能对新闻用户的影响。

11.5.7 从模糊的用户画像到精准的定位

原先只是笼统地说明受众是什么年龄段的,在人工智能技术的影响之下,能够比较精准地了解到用户的特征,从而有针对性地提供新闻信息服务。人工智能技术可以"镜像"新闻用户的喜好。人工智能的相关技术就像是一面镜子,对于海量消费者的喜好、反馈等信息进行汇总、统计,然后进行画像。大数据的技术能够让厂商通过分析用户群体、

个人喜好、消费习惯等数据,更高效地进行个性化的营销、研发、生产等。和一般的大数据分析不同的是,人工智能具备一定的学习能力和思考能力,其分析出的结果往往更接近消费者的真实想法。因此,无论是新闻产品的改进,还是服务的优化,都变得有迹可循了。

综上所述,我们围绕着媒介生态环境、身体、新闻需求、新闻消费行为、用户新闻素养等层面,从主观与客观、被动与主动、固定与流动、传播者与用户等不同的视角对新闻用户在人工智能影响下的变化进行了梳理。

思 考 题

请结合新闻媒体发展实践,思考人工智能对新闻传播带来了哪些影响?如何看待智能新闻的发展趋势?

第 12 章
人工智能技术创新与可持续发展

这是从动态的角度来探讨人工智能的社会影响。AI4D(Artificial Intelligence for Development)已经成为前沿的研究方向。基于此,我们首先简要梳理一下发展和可持续发展的概念。

12.1 理解"可持续发展"

12.1.1 "发展"的含义

人们往往将"发展"等同于社会变化。就发展研究而言,"发展"一词特有所指。例如,有研究者指出,"发展"最初有"自然演化"的含义,后来,第二次世界大战以后,"发展"用来专指第三世界国家有计划地学习和借鉴西方现代化的经验,以便提高人民生活和科技水平。因此,"发展"由"自然演化"变为"有计划的社会变迁"(简称"导向变迁")了。进而"发展"不仅指发展中国家的导向变迁,也扩大到包括先进工业国家的导向变迁了。但要注意,"发展"一词不应带有任何评价性质,也就是说,不能把导向变迁视为一个象征进步的过程和现象。[231]

在了解发展概念的内涵时,需要注意几点[68]:第一,发展是变化,而且是中性的变化,不仅包括由简单到复杂、由低级到高级的变化,也包含由完善到恶化、由稳定到动荡的变化;第二,发展是过程,强调客观发生的变化过程,也强调根据变化不断地调整这一过程,而不是指向一个明确的目的;第三,发展是互动,西方文化在各国文化交流中虽然有压倒性优势,但文明的传播也不是单向的,一个社会有自己的文化结构和历史传统,社会变迁与结构是不断互动的;第四,发展的核心动力来源于发展的主体,而不是外界的干预;第五,发展的关键点是赋权。第六,"发展"不是泛指任何时间、任何地方的任何变化,而主要是指亚非拉发展中国家的政治、经济和文化等方面如何达到发达的状态;第七,"发展"并不是落后国家自然而然的变化状态,而是指改变自然而然的变化秩序,这是有组织、有目标的社会性努力,是社会动员起来的紧张状态。

当然,不同的研究者根据研究需要会对"发展"概念有不同的界定。例如,将"发展"限定于发展中地区的发展,而不包括发达地区的发展,即将"发展"限定为特定区域的发展、特定群体或机构的发展等。因此,我们在此将 AI4D 界定为使用人工智能技术促进发展中国家地区实现国际发展目标的行为。

12.1.2 可持续发展观

发展观存在着差异。在早期,发展的核心含义是经济增长。但后来人们发现单纯强调经济增长是有问题的,因为经济增长并不等同于经济发展,单纯的经济增长并没有发展价值,而且从资源消耗角度而言,经济增长在资源有限的背景之下是无法永远持续下去的。正如托达罗所指出的:

"发展必须被视为一个多维的进程。这一进程涉及社会结构、公众态度和国家制度等方面的转型,经济增长的积累、不平等的减少和绝对贫困的消除。从本质上讲,发展必须意味着全面的变化,适应个人和全社会各个群体的多种多样的基本需求和愿望,整个社会从普遍不满的生活条件向物质和精神条件更好的方向转变。"[232]

后来相继出现了现代化发展观、依附理论发展观、以人为中心的发展观、后发展、可持续发展等发展理念。后一种往往是对前一种的批判和修正,但并不代表着前者的消失。2015 年,联合国提出了可持续发展目标,这成为可持续发展观的基础。可持续发展指在不损害后代人满足其自身需要的能力的前提下满足当代人的需要的发展。可持续发展要求为人类和地球建设一个具有包容性、可持续性和韧性的未来而共同努力。要实现可持续发展,必须协调三大核心要素:经济增长、社会包容和环境保护。这些因素是相互关联的,且对个人和社会的福祉都至关重要。对"发展"的理解如表 12-1 所示。

表 12-1 对"发展"的理解

	对发展的理解		AI 推动发展(AI4D)
发展	1. 一切积极变化		
	2. 发展中国家/地区的积极变化		
	3. 发展中国家/地区的有关特定议题的积极变化	如:贫困、社会排斥与融合、性别平等、教育、医疗、网络治理、社区发展等	

续表

	对发展的理解		AI推动发展（AI4D）
发展	1. 变化	发展是中性的	
	2. 导向的变迁		
发展观的变化	1. 现代化	从经济增长到全面发展再到可持续发展	
	2. 依附理论		
	3. 新自由主义		
	4. 人类发展		
	5. 可持续发展		

总体而言，发展观和发展思想演变的基本趋势表现为三个重心的转移：一是从经济增长转移到人的价值观念、基本需求，接着又转向人的全面发展；二是从国内发展转向国际发展，也就是说仅仅从内部寻找一国的发展根源转向从国际关系上探讨一国的发展；三是从经济转向社会，再转向人，最后转向经济、社会、自然和人四者的相互关系上。与此相适应，对社会发展理论的研究也从单一学科（经济学、政治学或社会学）走向跨学科、多学科的综合探讨。[68]

12.1.3 可持续发展目标

如前所述，联合国2015年制订了可持续发展目标，具体内容如表12-2所示。

表12-2 联合国可持续发展目标[233]

目标 1-6	目标 7-12	目标 12-17
无贫穷	经济适用的清洁能源	气候行动
零饥饿	体面工作和经济增长	水下生物
良好健康与福祉	产业、创新和基础设施	陆地生物
优质教育	减少不平等	和平、正义与强大机构
性别平等	可持续城市和社区	促进目标实现的伙伴关系
清洁饮水和卫生设施	负责任消费和生产	

针对可持续发展目标，人工智能技术能够推动实现上述目标。下面，我们将从环境可持续发展和社会可持续发展两个层面做进一步梳理和探讨。

12.2 人工智能技术与环境可持续性发展

我们可以通过一个整体的框架来理解人工智能技术在促进环境可持续性发展方面的作用。由于环境可持续发展问题涉及多个方面，我们在此可以将目光聚焦在人工智能技术和气候变化的关系上。

12.2.1 人工智能、减少污染与环境可持续性发展

(1) 绿色 AI

其一，AI 本身带来碳排放污染，减少 AI 本身所带来的二氧化碳排放，有助于促进环境的可持续性发展。根据最新的论文成果，训练一个 AI 模型产生的能耗多达 5 辆汽车一生排放的碳总量。马萨诸塞大学阿默斯特校区的研究人员以常见的几种大型 AI 模型的训练周期为例，发现该过程可排放超过 626 000 磅二氧化碳，几乎是普通汽车寿命周期排放量的 5 倍（其中包括汽车本身的制造过程）。这一结果也是很多 AI 研究人员没有想到的。西班牙拉科鲁尼亚大学的一位计算机科学家表示："虽然我们中的很多人对此（能耗）有一个抽象的、模糊的概念，但这些数字表明，事实比我们想象的要严重。我或者是其他 AI 研究人员可能都没想过这对环境的影响如此之大。"此外，研究人员指出，这些数字仅仅是基础，因为培训单一模型所需要的工作还是比较少的，大部分研究人员实践中会从头开发新模型或者为现有模型更改数据集，这都需要更多时间培训和调整，换言之，这会产生更高的能耗。根据测算，构建和测试最终具有价值的模型至少需要在 6 个月的时间内训练 4 789 个模型，换算成碳排放量，超过 78 000 磅。随着 AI 算力的提升，这一问题会更加严重。[234]因此，AI 在促进环境可持续性发展的一个首要层面便是倡导绿色 AI，减少自身的二氧化碳排放量。

其二，绿色 AI 还涉及人工智能废弃品的回收问题。就目前而言，包括 AI 垃圾在内的电子垃圾的绝对数量虽然不如其他垃圾，但毒性和污染能力却名列前茅。电子垃圾数量太多，回收率太低。现在我们买的电子产品越来越多，换得也越来越勤。一年换一次手机、一年换一次计算机都大有人在。世界电子垃圾年产量大约在 5 000 万吨，其中只有 20% 左右的电子垃圾被回收。根据许多机构统计的资料，现在即使在美国这样的发达国家，电子垃圾的回收率也仅有 30% 左右。其余的被焚烧、掩埋或运到第三世界国家被当地的非正规小作坊"回收"，这些行为对环境和人的身体健康带来极大的危害。如果经过合理回收，电子垃圾的经济价值还是很高的。电子垃圾里面的金、铜、银、钛、铂各种金属都有极高的回收价值。塑料、橡胶等材料也能被回收再利用。电子垃圾含有的金总量达

到了当年世界总金矿挖金量的10%。2016年,仅在美国,废旧手机中价值6 000万美元的金和银都被废弃。无论在哪个地方,都没有贯彻强制性的规范化电子垃圾回收政策,包括美国和欧洲在内。消费者的电子垃圾回收意识也非常薄弱。所以提高回收率不仅能降低环境污染,还能让大家更挣钱。[235]

例如,在回答"如何处理自己的废旧手机"的问题时,WYZ谈到自己在"闲鱼"等二手交易平台交易废旧手机的体验:

"我的上一个手机就是卖在了二手交易平台上。使用体验的话,我觉得还是比较不错的,各取所需,我不需要的卖给别人,别人再加以利用,我获得相应的金钱回报,这很好,可以在一定程度上减少浪费。"[236]

如上所述,将功能较为落后的智能手机给那些不是很注重手机功能的人群,无论是给长辈还是在二手平台上出售,都属于对手机的再次利用,都好于直接扔掉废旧手机。废旧手机和电池如果被填埋处理,里面的金、水银、铅等贵金属成分就会直接进入土壤及地下水,而如果简单地焚烧处理,其产生的气体会污染空气,破坏环境。

(2)智能应用

我们在前文分门别类地探讨了人工智能在各个领域和场景中的应用。例如,通过在出行领域的应用(如智能即时交通、智能交通管理等)大大地改善了交通拥堵的情况,减少了尾气排放,直接有利于环境保护。当然,除此之外,智能家居、智能工业、智慧农业等都有利于减少环境污染,减少二氧化碳排放,促进环境可持续发展。

此外,我们还应注意到一点,即在智能社会建设中,智能产品和服务的使用意味着减少了那些高能耗、高污染产品和服务的使用,这同样有利于环境的可持续发展。

12.2.2 人工智能与环境监测

人工智能技术能够被用来提升环境监测水平。例如,在人工智能的帮助下,越来越多的科学家表示,改变他们分析大量地震数据的方式可以帮助他们更好地理解地震,预测地震行为,并提供更快更准确的预警。[237]再如,据报道,平江利用无人机进行林业有害生物监测。平江山高林密,单纯依靠人力很难监测到位,该小型无人机最高可飞120 m,一次可完成4 km的飞行任务,无人机的监测运用在一定程度上减少了人力资源的投入,降低了监测成本,同时提高了监测效率,对科学防控林业有害生物起到了积极作用。[238]

12.3 人工智能与社会可持续性发展

关于"社会可持续性发展"应该包括哪些方面,对此不同的研究者有着不同的观点。一个可能的视角是从可持续性生计资本视角来思考。可持续性生计资本一般包括自然资本、物质资本、社会资本、金融资本和人力资本。鉴于前述 AI 促进环境可持续性发展有利于自然资本,同时,我们在前面第 3 章谈到了 AI 与社会资本,因此,在此我们着重从AI 促进金融资本和人力资本探讨人工智能与社会可持续性发展问题。

12.3.1 人工智能促进金融资本提升

在第 9 章中我们谈到了人工智能对工作的影响,其中提到人工智能促进就业和创业,通过这种方式促进个体和家庭金融资本的提升。因此,我们在此仅从人工智能减少或缓解贫困问题的角度来探讨人工智能促进社会可持续性发展。

(1) 理解"贫困"

贫困是一种伴随着人类社会发生、发展的社会经济现象;是人由于不能合法地获得基本的物质生活条件和参与基本的社会活动的机会,以至于不能维持一种个人生理和社会文化可以接受的生活水准的状态。贫困不仅表现为收入低下,而且表现为缺少发展的机会,缺少应对变化的能力;甚至是指对人类基本能力和权利的剥夺,从而使之无法获取社会公认的、一般社会成员都能够享受到的饮食、舒适的生活环境和参加某些活动的机会。贫困是指没有权利(包括没有发言权)、脆弱和恐惧而导致的较低的福祉或者生活水平。[68]贫困有绝对贫困和相对贫困。绝对贫困是指无法达到最低生活水平的一种状态。例如,2017 年 2 月 28 日,国家统计局发布的《2016 年国民经济和社会发展统计公报》公布:"按照每人每年 2 300 元(2010 年不变价)的农村贫困标准计算,2016 年农村贫困人口 4 335 万人,比上年减少 1 240 万人。"相对贫困是一种浮动的贫困标准,即相对于整个国家而言,处于社会底层的人们(不管他们的生活方式如何)被认为处于低下水平。例如,那些拥有充足的食物、衣服以及住所的人,如果生活在像美国这样的富裕国家,很可能被认为是贫穷的,因为他们不能购买到被美国文化确认为重要的但并非生存必需的东西。同样的,根据美国标准被定义为贫穷的人,根据全球的标准可能被认为是富裕的人,毕竟,饥饿和饥荒仍然是世界许多地方面临的现实问题。[239]

(2) 人工智能会导致贫困群体增加吗

对此,美国前总统奥巴马表达了这种担忧。"尽管高技术人群的工作仍能够受益于人工智能系统,他们能够发挥才能,与机器交互,更好地扩展他们的能力,提高产品和服务的质量和销量",奥巴马说,"但我担心低收入-低技能的个体将会受到更多的失业压力,即使他们的工作不会被替换,但收入会降低。"[240]奥巴马的话语反映了他对人工智能的担忧,尤其是担忧人工智能技术对那些原本生计就比较脆弱的人群所带来的生计安全问题。

一些人认为人工智能会导致贫困,而另一些人则认为人工智能能够帮助解决人类的贫困问题。由此,呈现出两种不同的声音。

(3) 人工智能帮助消除贫困

其一,目前,更多的人将人工智能视为精准定位贫困人群的工具。例如,据报道,美国斯坦福大学的研究人员发现人工智能的最新用途,通过读取和分析卫星图片,他们的人工智能可确定哪个地方最需要帮助,从而帮助消除全球贫困。研究人员称,致力于消除全球贫困的政府和慈善机构经常缺少精确可靠的信息,比如贫困人群所处位置,他们最需要哪些帮助等。而他们的技术恰好可提供此类帮助。斯坦福大学地球系统科学部助理教授马绍尔·博克表示,由计算机科学家和卫星专家组成的团队创造出可自我更新的世界地图。它可利用计算机算法识别贫困信号。这个过程需要利用机器学习技术,它属于人工智能范畴。博克说,该系统可在计算机上显示图片,计算机的工作就是分辨图片里有什么。这套系统最初是根据乌干达、坦桑尼亚、尼日利亚、马拉维以及卢旺达5个非洲国家的家庭调查数据创作的,同时结合了这些国家的夜间卫星图像。夜间图像是预测贫困的基本工具,因为夜间照明强度通常与某个地区的发达程度有关。计算机被要求使用数据在高分辨率的白天卫星图片中发现贫困迹象,这些图片中包括贫困地区的信息,因为它们在夜间图片中显得更为暗淡。博克说:"可以用计算机学习发现许多东西,这些东西往往在我们看来与贫困无关,比如公路、城区、农田以及水路等。"博克表示,他的研究团队计划绘制世界级贫困图,然后将其发布在网上。他说:"我们希望这些数据能够被全世界的政府机构直接采用,以便帮助他们提高扶贫计划的效率。"[241]

再如,在精准扶贫上,国内科大讯飞通过人工智能技术可以让扶贫和被扶贫对象进行更好的匹配。人工智能之所以被称为"聪明",其实就是将学习的经验通过人工智能技术变成一种模型或者模式,然后应用到更多地方。2018年上半年,科大讯飞和安徽省扶贫办启动了基于人工智能大数据精准扶贫的平台项目,通过这个平台可以了解到最需要扶贫的对象,针对这些对象匹配帮扶者,并且利用平台在安徽乃至全国范围内找到最合适的项目,最后来推动扶贫工作。[242]通过基于大数据的人工智能技术,将项目和形式与需要帮扶的潜在贫困对象进行匹配,至少在技术上提升扶贫的精准度,从大水漫灌到精准滴灌,在更好地满足扶贫对象需求的基础上实现脱贫扶困的目标。

又如,坐落在六盘山集中连片特困地区的静宁县,是甘肃省23个特困县之一。同时,静宁县也是甘肃苹果栽培第一大县,是中国著名优质苹果基地和苹果出口重要基地。静宁县海拔高、光照充足、昼夜温差大、环境无污染,适合种植苹果。但是因为种种历史原因,虽然静宁苹果在水果商家群体里无人不知,但在消费者群体中却没有树立起全国性的知名度。2018年11月29日,由今日头条与甘肃省委网信办联合开展的"山货上头条·我为甘肃农产品代言"活动,走进国家级贫困县甘肃省静宁县。当天,头条号创作者和静宁县当地干部一起,利用今日头条的直播技术传播静宁苹果品牌,吸引全国网民参与地方扶贫。今日头条作为国内最大的短视频内容分发平台,同时拥有丰富的大数据和人工智能推荐技术,能够帮信息找到需要它的用户。一端是日益上升的需求方,另一端是急需精准流量宣传的贫困地区,今日头条用"山货上头条"把二者连接了起来,并获得了成功。[243]这个案例体现出了借助于AI技术,尤其是智能推荐技术,将优质产品与需求进行匹配对接,帮助边远地区寻找产品销路。

不过,对于上述几个扶贫案例,我们需要认识到,技术包括AI技术促进边远地区和人群发展的局限性,影响发展的因素有很多,就像我们在第1章中所提到的,有关技术促进发展的失败项目有很多,主要的原因是过高估计和期待技术在发展中的作用。

其二,人工智能帮助贫困人口就业,提升其收入水平。例如:

案例:《人工智能培育师:贫困户的新职业》[244]

"人工智能培育师"张金红所在的公司还没开工,但她心里有些着急,想尽快回到公司。

张金红是建档立卡贫困户,一家人过去居住在贵州省铜仁市思南县文家店镇五星村。2019年3月,全家跨区域搬迁到铜仁市万山区易地扶贫搬迁安置点旺家花园社区。

点击鼠标,用一个矩形框选中图片中需要的部分,并做好关键信息标注,从而让复杂环境中的图片细节更加智能地被识别出来,这就是张金红目前所做的"AI标注"工作。

何为"人工智能培育师"? 简单地说,就是人工智能"理解"人类世界,也需要像幼儿一般经历完整的学习和认知过程。而机器"消化"海量图片信息,需要"老师"分类、标记,手把手进行培育、训练。"AI标注"作为人工智能产业链上最基础的工作,催生了像张金红一样的"人工智能培育师"。

从思南县农村搬进城后,有两件事让她很高兴:一是家门口就可以上班,二是有更多时间陪伴孩子。"出门打工最大的苦不是工作累,而是放心不下孩子",张金红说。

高中毕业后张金红就外出务工,到过江苏、福建等地,进过电子厂、服装厂。她说,因为没文化吃了很多苦,现在条件好了,要陪在孩子身边,让孩子好好上学成长、成才。她接触计算机多了,眼界也逐渐开阔,对孩子的教育也更有效果。

回忆过去的一年,张金红说,既可以照顾家里又有独立的经济来源,苦点累点值得。2019年8月开始上班,到年底工资收入大约两万元。由于是计件式工资,她最近在家里有些闲不住。新的一年,她期待把工作做得更顺手,工资可以更高。

"从农村来的人,很难想到会从事与人工智能有关的工作",王红梅是张金红的同事,也是易地扶贫搬迁户。在她看来,"人工智能培育师"完全是"新职业、新体验"。

王红梅家是建档立卡贫困户,一家六口人过去居住在贵州省铜仁市思南县长坝镇太平村。2018年9月,全家跨区域搬迁到旺家花园社区。

"社区给我们提供了工作机会,刚开始接触的时候有一些挑战,但坚持下来就没问题。"王红梅是第一批参与培训的学员,经过十天左右学习,她顺利通过了"AI标注"考评测试,成为一名"人工智能培育师"。

王红梅对这份工作充满好奇,觉得每天都能接触新鲜事物。工作上手以后,月收入有3 000元左右。而且,上班离家近,走路几分钟就能到,照顾家人特别方便。

旺家花园社区党支部书记罗焕楠介绍,2019年7月,支付宝公益基金会、阿里人工智能实验室联合中国妇女发展基金会,挖掘人工智能产业释放的就业机会,免费提供"AI标注"技能培训,并将首个试点落户万山区。他说,搬迁进城的老乡又多了一条就业门路,女性在家门口就业,工作家庭都能兼顾。

从上述这个案例我们可以看出,对于贫困人口而言,人工智能行业给他们提供了一个职业机会,通过做数据标注服务获得相应的报酬,解决基本的生计问题。

(4) 数字贫困与AI贫困

贫困并不仅仅表现为传统的经济资源贫困、文化资源贫困、社会资源贫困以及能力贫困等。在信息传播技术的背景下,还应包括数字贫困,而在人工智能发展的背景下,又有了新的延伸即AI贫困。数字贫困与AI贫困表现为:

① 主体在各种数字设备或智能设备接入方面的困难。例如,有的地方没有移动网络信号等,导致无法使用智能设备。

② 主体因为各种原因(包括文化、经济等原因)无法接近进而使用数字或智能设备。例如:

案例:印度村庄禁止女性使用手机[245]

在印度北方邦一个村庄拉尔布尔,村领导最近下令没收所有18岁以下女性的手机,原因是当地一名使用智能手机的男老师骚扰了一个学生,最近遭到了逮捕。"手机对女性来说真的是很危险",该村村长 Ram Sanhaiya 说,"女孩子更容易背负上耻辱的名声"。《华尔街日报》日前撰文指出,很多印度女性都无法拥有手机,原因不是买不起,而是父亲和丈夫不允许她们使用。大量印度女性遭到了"数字歧视",这对她们和整个国家都有弊无利。

③ 主体因为难以负担数字成本或者缺乏使用动机等而没有使用智能设备。

④ 主体虽然购入或者得到了智能设备,但是没有用智能设备来提升自身的生计资本。此外,虽然能够利用数字或智能设备获取外界生计信息,但是缺乏相应的利用这些信息提升自身生计资本存量的行动资源。

如上所述,虽然我们用"数字"或"AI"来冠名贫困,指称一种新的贫困形式,但是应避免陷入技术决定论的窠臼,应该意识到贫困发生的原因的多元性,从技术-社会的视角去探讨原因。

12.3.2 人工智能促进人力资本提升

人力资本往往指的是体现在劳动者身体的资本,如知识技能与身体健康状况等。而教育和医疗通常被认为是改善和提升个体知识技能和身体健康状况的途径。因此,我们此处从人工智能促进教育和医疗(即 AI 教育和 AI 医疗)尤其是边缘群体或地区的教育和医疗两个层面来梳理和探讨人工智能促进人力资本的提升。

(1) AI 教育:人工智能促进教育发展

其一,AI 教育的形式。人工智能与教育具有相似性:教育是提高人类自然智能的系统和过程;人工智能是用人工的方法在机器上实现的智能,或者说就是人们使用机器模拟人类和其他生物的自然智能,包括感知能力、记忆和思维能力、行为能力、语言能力等。例如,智能机器人主要研究如何让机器硬件能够像人类或者动物那样行动(例如,按照一定规则前进、后退、躲避障碍物等),相当于提高机器的行为能力和感知能力。[246] 人工智能在学习和教育领域中的运用,目前主要有"自适应学习+教育"、机器人教育以及基于虚拟现实/增强现实的场景式教育等。例如,就机器人教育而言,一些新兴的创新公司正在开发可以成为孩子的老师和朋友的机器人。位于纽约的 CogniToys 在 2015 年推出了一款叫 Dino 的机器人,可以直接和孩子对话。这个机器人在听到孩子的问题后,可以自动连接网络寻找答案,并且通过和孩子的交流逐渐学习和了解孩子的情绪和个性。[247] 再如,就基于虚拟现实/增强现实的场景式教育而言,将虚拟现实和增强现实运用在教育中,想象空间是不可估量的,益处也是显而易见的。课堂不再局限于小小的教室、白板和 PPT。例如,位于爱尔兰的 Immersive VR Education 就是一家专注于开发 VR/AR 教学内容的公司。他们的旗舰产品之一是阿波罗 11 号 VR,用户只要戴上 VR 眼镜,就可以"亲身"体验阿波罗 11 号登月的整个过程。又如,另一家叫 Alchemy VR 的公司为了将 VR 场景做得尽可能逼真,选择和三星、谷歌、索尼、BBC、英国国家自然博物馆、澳大利亚悉尼博物馆等多家机构合作制作 VR 教育内容。这家公司制作的"大堡礁之旅"就是和

BBC纪录片团队合作的产物,让全世界各地的学生都有机会潜入澳洲湛蓝的海水学习珊瑚礁的生态环境。[248]

其二,智能教育推动教育扶贫。这主要表现在如下几个方面:

首先,人工智能通过提升改造边远地区的教育系统教育设施,使得教育环境变得智能化。例如,学生 ZT 描绘了自己高中母校的教育环境变化:

"教室中的黑板变成了计算机和白板这些高级设备,教室中飘扬着的粉尘减少了,取而代之的是轻巧灵便的遥控笔和激光灯。我更是亲眼见识了人工智能对教学方式带来的便利——高中的学校建了新校区,每间教室都安装有触屏的白板,老师们动动手指就能调试出自己想要的功能,可以自由切换PPT,也可以直接用手将公式写在白板上。"[249]

教育环境的智能化升级给教育工作者和学生提供了智能化教学条件。

其次,人工智能使得教育资源变得更加结构化和模式化。通过利用人工智能技术将原先的录播课视频切成片段,每一段对应着文字检索,有利于学生课后根据自身需求进行有针对性地检索。现在人工智能技术已经可以批阅越来越多的中英文作文题,通过将优秀的作文模式化,以后还可以批阅更多领域的题目。

再次,人工智能使得教育中学习过程的效率变得更为高效。例如,学生可以通过某些教育 App 背英语单词,这些教育 App 可以通过大数据分析给使用者推荐经常在英语考试中出现的单词,从而提升了背单词的学习效率。

最后,人工智能能让教育效果变得更加精准。例如,据报道,在贵州省清镇市第一中学高二年级的教室里,数学老师柏春丽正在给学生们讲解概率的知识。然而,她手里的教具不再是常见的粉笔,而是一个类似于平板电脑的智能化设备,包括教学展示、学生提问、随堂测验等一系列教学活动都能在荧屏上完成,整个教学活动显得高效而活泼。学生们人手一台类似的平板电脑,提问环节,当柏春丽用手中平板电脑发出指令时,学生们的平板电脑瞬间就"变成"了抢答器,孩子们迅速点击屏幕上的"抢答键",课堂氛围异常活跃。作答完毕,学生们手上的平板电脑又立马给出了"评判"结果。与此同时,这样的结果也同步显示在柏春丽手中的平板电脑上,并生成了一份详细的分析报告,学生们知识点掌握的情况一目了然。[250]在人工智能技术下,教学活动变得高效,教学评价更加个性化,教育也将变得更有成效。

总之,在教学应用中人工智能技术通过对教学环境的智能化改造,实现了教学效率的提升、教育资源的结构化模式化重组以及教育效果的改进,有利地促进了边远地区人群人力资本的提升,促进了可持续发展。当然,正如前述,对于 AI 教育扶贫和 AI 促进边远人群人力资本的提升,我们得辩证地看待,不能过于乐观、过高估计 AI 技术的影响,要认识到技术的应用必然得与其他生计资本和生计环境协同才能取得更好的效果。

(2) AI 医疗:人工智能促进医疗发展

其一,AI 医疗的具体表现。首先,医疗检测是人工智能在医疗行业中的一个重要应用场景。2017 年 8 月 3 日,腾讯推出了自己的 AI 医学影像产品"腾讯觅影",利用人工智能医学影像技术辅助医生发现早期食道癌。除食道癌的早期筛查外,未来"腾讯觅影"还会用于早期肺癌、糖尿病性视网膜病变、乳腺癌等其他病种。"腾讯觅影"整合了腾讯内部多个顶尖 AI 团队,从腾讯的 AILab 到腾讯优图实验室,汇集了腾讯最为精锐的人工智能技术团队。[251]其次,医疗虚拟助理是基于医疗领域的知识系统,通过人工智能技术实现人机交互,从而在就医过程中,承担诊前问询、诊中记录等工作,成为医务人员的合作伙伴,使医生有更多时间可以与患者互动。医疗虚拟助理根据参与就医过程的功能不同,主要有智能导诊分诊、智能问诊、用药咨询和语音电子病历等方向。[252]再次,机器人医生。机器人医生从问世到现在,仅 20 多年的时间,机器人手术比普通外科医生更加精准、更稳定,手术过程中导致患者感染率也更低一些。它们也极大地减轻了医生的工作。

因此,AI 医疗主要包括智能诊疗、智能影像识别、医疗机器人、智能药物研发和智能健康管理等。

其二,AI 医疗促进边远人群健康状况,提升边缘地区医疗发展水平。对此,我们可以从边远人群的健康水平和边远地区医疗水平两个方面进行分析。

首先,AI 医疗可以促进边远人群或弱势人群的身体健康状况的改善,从而提升其人力资本。例如,腿脚不便的老年人及残障人士,穿戴了外骨骼机器人后,可以辅助恢复其腿部的行走能力,甚至帮助瘫痪在床的残障人士重新站立行走。EksoEkso Bionics 的产品 Ekso,该产品的目标是帮助截瘫者和其他活动不便者站立和行走。Ekso 重 20 kg,由液压驱动,最高速度能达到 3.2 km/h,电池可持续 6 个小时。[253]其次,AI 医疗可以通过医疗资源共享,提升边远地区医疗发展水平。例如,据报道,2017 年以前,深圳市南山区人民医院消化内科主任医师程医生每天要在超过 1 000 张的胃镜图片中筛查患者的食管癌可疑病灶,而一套名为"腾讯觅影"的 AI 辅助医疗设备引入,让他的工作效率大大提高。"这套设备对每一份胃镜报告都会给出一个 AI 诊断,并把高度可疑的筛选出来,这样就可以把筛查重点放到这些高度可疑的案例上来。"在早期食管癌的诊断中,医生的经验起很大的作用。程医生表示,这种新科技有助于减少漏诊。AI 辅助医疗的发展有助于改善国内医疗资源不足和分配失衡的问题,能让边远地区的老百姓也享受到一线城市优质的医疗资源服务。[250]

总之,医疗领域是 AI 应用中一个非常有潜力和前景的场景。医疗健康水平显然是人力资本的一个重要指标，AI技术通过促进边远地区医疗水平提升以及促进弱势人群的健康水平，直接促进了人力资本的提升。但是，正如AI4ED（人工智能促进教育发展）中所强调的，对于AI通过医疗促进边远地区和群体人力资本发展的效果得需要结合技术落地时的社会条件、文化因素、技术使用对象的动机需求等因素综合判断。

思 考 题

什么是可持续性发展？请结合案例思考人工智能如何促进可持续性发展？

第 13 章
人工智能文化及变迁

13.1 理解"AI 文化"

13.1.1 "文化"的概念

文化是十分复杂的现象,这一概念来源于拉丁文 cultura,而后者的意思是"耕种出来的东西",以与自然存在的东西相对应。15 世纪以后,这一概念被引申使用,把对人的品德和能力的培养也称为文化。对文化一词在学术上的明确定义首先是由英国著名文化人类学家泰勒做出的。他在 1871 年出版的《原始文化》中指出,文化或文明是一个复杂的整体,它包括知识、信仰、艺术、伦理道德、法律、风俗和作为一个社会成员的人通过学习而获得的任何其他能力和习惯。他认为文化是指那一群传统的器物、货品、技术、思想、习惯及价值而言的,他还把文化分为物质文化和精神文化。美国文化人类学家克罗伯等在分析考察了一百多种文化定义后做出了他们的综合定义:文化存在于各种内隐的和外显的模式之中,借助符号的运用得以学习与传播,并构成人类群体的特殊成就,这些成就包括他们制造物品的各种具体式样。文化的基本要素是传统的思想观念和价值观,其中尤以价值观最为重要。[19]社会学家威廉姆·奥格本于 1922 年提出了经典的文化二分模型。他将文化分为物质文化和非物质文化。物质文化指日常生活的物质或技术方面,包括事物、房屋、工厂和原料等。非物质文化指使用实物的方式以及习俗、观念、词句、信仰、知识、哲学、政体和交流方式等。但这里的非物质文化过于笼统。[239]美国社会学者卡尔认为,文化包括物质文化和非物质文化。物质文化是文化的一个大类,即一个社会中能品尝、触摸和感觉到的东西。珠宝、艺术品、音乐、衣服、建筑和社会创造的工艺品都属于物质文化。而非物质文化是指社会中的非物质产品,包括我们的象征符号、价值观、规则和法规等。[69]

艾伦·普雷德认为文化:

文化不是孤立的、不变的和缺乏竞争的。
它既不固于传统,也不限于传统;它既不是完全稳定的,也不是同质的统一整体。
它不是自治体,存在于自身区域,超离于物质和社会现实。
文化是具体的、有生命的,
通过所有的社会实践,
通过所有现实的和日常的事物,
通过所有包含于力量关系和其相关叙述、相关表达和语言……
积极地创造和表达出来。[254]

由上可知,文化并不是虚无缥缈的东西,而是实实在在的,就围绕在我们的身边,所以我们也用文化生态这个概念来说明这一点。例如,我们身边的科技装备:智能手机、机器人等,从物质文化这个角度,它们就是文化产品;从精神文化这个角度,机器人体现了我们人类主要是设计者的思维、生产工艺等;从行为文化这个角度,它限定了我们的使用方式等。在此,我们对"文化"的理解是广义层面的,即包括物质文化和非物质文化。具体而言,非物质文化又包括行为文化、制度文化和精神文化。如此,我们认为文化包括物质文化、行为文化、制度文化和精神文化四个方面。

13.1.2 人工智能文化的分类

本章从文化视角探讨人工智能现象。我们可以从文化的不同层面将人工智能文化分为:人工智能物质文化、行为文化、制度文化和精神文化。我们也可以从文化的其他不同要素划分。由于人工智能文化本质上是以人工智能技术为核心的,因此,我们也可以以人工智能技术为基点,将人工智能文化划分为:立于人工智能技术的文化、关于人工智能技术的文化和基于人工智能技术的文化,如表13-1所示。

表 13-1 人工智能文化的类别

人工智能文化分类	主要内容	人工智能文化分类	主体、客体	人工智能文化分类
人工智能的物质文化	人工智能技术的成果及应用；人工智能文化企业及产业等；人工智能的文化作品	立于人工智能的文化	人工智能作为客体和主体	人工智能技术、人工智能体、人工智能企业、人工智能产业、人工智能中的人
人工智能的精神文化	人工智能的理念；社会对人工智能技术的认知；人工智能话语的社会扩散等	关于人工智能的文化	人工智能作为客体	
人工智能的制度文化	相关人工智能的制度政策规范；因人工智能技术使用而带来的礼仪规则等	关于人工智能的文化		
人工智能的行为文化	人工智能的行为表现；人工智能的越轨行为与风险控制等；人机互动等	基于人工智能的文化	人工智能作为主体和客体	

（1）立于人工智能的文化。英伟达视觉计算与机器学习研究高级主管简·考茨曾言："鉴于研究的快速发展，我希望人工智能能够创造出新的个性化媒体，比如根据用户的喜好来制作音乐。想象一下，未来的音乐服务不仅可以播放你可能喜欢的现有歌曲，还会不断地为你生成新歌。"[255]此处由 AI 所生成的新歌便是人工智能作品。

就立于人工智能的文化而言，此种 AI 文化形式主要是指 AI 技术生产出来的文化作品、文化成果及应用等。如前所述，人工智能在诸如家居、出行、工作、学习、休闲、消费、医疗、传播等八大社会生活领域都有相关的人工智能企业及其所提供的产品等都属于这一 AI 文化类型。再如，马克思曾言："一旦直接形式的劳动不再是财富的巨大源泉，劳动时间就不再是，而且必然不再是财富的尺度……那时，与此相适应，由于给所有的人腾出了时间和创造了手段，个人会在艺术、科学等方面得到发展。"[256]随着智能革命的展开，个体借助于 AI 技术能够在艺术、科学等方面得到发展，由此也产生了一种新的文化现象，即人工智能文学艺术作品。这主要表现为：

其一，人工智能绘画作品。例如，微软曾经进行了"下一个伦勃朗"项目，挑战"如果伦勃朗死而复生了，他最有可能画什么"的问题，探索人工智能的创意潜力，教授计算机像绘画大师伦勃朗一样去思考、创意和绘画。研究团队通过分析伦勃朗的现存作品，让机器自主学习艺术家的绘画风格和主题，"机器人伦勃朗"最后打造了一张 3D 打印作品，画了一幅三四十岁、头戴帽子、有胡子、面向右方的男子肖像画，如图 13-1 所示。

再如，一个由人工智能专家、艺术家和工程师组成的团队借助人工智能技术生成超过 10 万张逼真的人脸图片，上传到美国"生成照片"网站，供大家免费下载使用。为构建这个计算机生成人脸数据库，团队找来 69 名模特，为他们拍摄大约 3 万张照片，让人工智能软件学习,最终生成超过 10 万张人脸图片。这些图片呈现出不同性别、种族和年龄的人脸,但并非真人,使用者不必担心侵权。英国《每日邮报》援引"生成照片"一名发言人的话报道:"我们的目标是帮助设计师和其他搞创意的人找到多种多样免费又合法的高质量图像。"[257]

图 13-1 微软的"下一个伦勃朗"项目

其二,人工智能演奏作品。例如,Adziu Valentino Liberace 的钢琴超级机器人名叫 Arpeggio,其设计意图就是可以弹奏任何钢琴,并能良好配合琴键和踏板的操作。目前,这个机器人可以演奏 1 000 多首曲子,准确控制 256 种踏板操作,能够极准确地模仿人类表演,就像是提前录制好的。

其三,人工智能写作。前述我们已经在"人工智能与新闻传播"章节中谈及写稿机器人,部分替代了记者的写作工作。除此之外,智能机器人还能写"诗"。例如,一首平仄规矩、对仗工整的五言绝句:"双眸剪秋水,一手弹春风,歌尽琵琶怨,醉来入梦中。"便是出自机器人之手。[258]但是这并不意味着人工智能已经有创造性思维了,因为无论是写诗还是写作新闻稿,都不是创造性的,它属于基于大数据的搜索技术的延伸,具有创造性思维的机器人目前还尚未开发出来。

其四,人工智能书法。例如,香港中文大学(深圳)教授徐扬生领导他的团队开发出了一个能够书写各种字体的书法机器人,而且可以根据要求书写出不同风格的字体。再如,2016 年 9 月 19 日,河南省郑州市会展中心的展示区内,一台名为"福匠"的工业机器人大秀书法技艺,用毛笔写下"大众创业万众创新"八个字,从沾墨、运笔到署名、签章整个过程行云流水。据介绍,这台名为"福匠"的工业机器人造价二十余万元,只需在数控终端输入程序,"福匠"便能按照程序完美执行一系列工业步骤。

人工智能让艺术创作变得越来越普及,也越来越容易,创作者不需要拥有美术、音乐或写作的专业背景,甚至也不需要掌握人工智能的知识,只要学会操作一个软件,输入你想要的艺术作品的要素。[259]例如,AI 创业公司 Rokid 上线了一个基于 AI 的微信小程序"达芬·若琪",这款小程序可以识别用户上传的图片类型,并智能地对图片进行创作,生成艺术家式的创作模板。具体来说,用户可以在小程序界面中直接搜索并使用"达芬·若琪",它会提示你拍摄或者选取一张图片,上传后,达芬·若琪可以自动识别图片类别,目前其可以识别人像、人体、动物、食物、建筑、静物或风景等八种类别。识别后,达芬·若琪可以对图片自动进行艺术创作,将原本普通的图片变成类似于艺术家的作品。达芬·若琪本质是运用 AI 进行深度学习和创作,达芬·若琪利用深度学习功能学习了达芬奇、毕加索、米开朗琪罗等大师的创作手法,然后再利用卷积神经网络将图片的内容和大师的艺术风格进行分离和重新组合。[260]

图 13-2　人工智能书法

(2) 关于人工智能的文化。根据前述分类,关于人工智能的文化,是指将人工智能视为客体,表现为社会对人工智能技术的认知以及相关人工智能的制度政策规范等。例如,人们对人工智能的认识是动态变化、多元化的。人们往往基于自身体验做出对 AI 的认知判断,有的视之为取代自己工作的威胁,有的则能利用 AI 技术实现社会阶层的流动跃升。就像人们一开始对互联网络的认知一样,人们对 AI 的认知也是经历着从乐观主义到悲观主义的变化,不过,无论处在从乐观主义到悲观主义认知变化中的哪个位置,以及人们对人工智能的社会影响有着怎样的判断,就像前述第 1 章所论述的那样,这本质上都是一个社会 AI 文化的表现形式之一。再如,我们在前述"越轨行为与风险社会"中相继探讨了人工智能越轨行为的社会控制与 AI 风险的社会治理,介绍了在此领域中的涉及人工智能的制度政策规范等,这些也都可以视为是 AI 文化的表现形式之一,此处不再赘述。

(3) 基于人工智能的文化。前述人工智能的越轨行为,以及人机互动等都可以被视为基于人工智能的文化形式,或者说一种人工智能的行为文化。对于,前述章节已从其他角度做了介绍,此处也不再重述。

13.2 AI 文化与文化变迁

13.2.1 AI 文化与文化涵化

由于发展而产生的文化变迁,至少有两种表现形式:传播和涵化。传播就是一种文化介入的过程。通过交流和接触,某种技术知识以及特定的思维和行为模式从一个社会流入另一个社会。此外,任何类型的文化传播都会导致某种程度的涵化,即某种文化在与另一种文化接触之后所产生的变化。彻底的涵化便是一种文化被完全同化之后失去原有特征的过程。需要注意的是,任何人为的快速涵化过程,如果不在事前进行周密的筹划,权衡利弊得失,对潜在的后果进行冷静的思考和评估,引起文化和社会灾难的可能性就会大大增加。[261]在此,我们从文化变迁中的文化涵化视角来探讨 AI 文化及其对社会的文化影响。对此,在传播学中,曾有研究者从媒介文化的角度探讨了电视在引入小山村之后,电视文化对传统村落文化的影响。[262]

如前所述,AI 文化作为一种基于人工智能技术的新的文化形态,在社会传播中会与其他传统文化形式相碰撞,它的涵化过程也是 AI 文化的社会扩散和发挥影响的过程,只不过我们需要注意的是这种涵化过程对一些群体的文化冲击。例如,刷脸支付等移动支付带来的无现金社会发展趋势对一些边缘群体尤其是老年人群体的影响等。由于人脸识别技术的进步与落地应用,刷脸支付日益影响了人们的支付习惯,人们乐观地谈论由现金社会向无现金社会的发展。据《2018 中国无人商业发展报告》显示,无现金交易的支付基础已经形成。无现金交易的迅速发展主要依赖于无现金的多种电子支付方式的出现(如网上银行、移动支付、微支付、非接触式终端等支付技术的出现)。报告显示,多种无现金交易模式创新盛行。在前几年的批发市场转型升级过程中,许多批发市场借用了大量的现代信息科技对传统的"三现交易"(现金、现货、现场交易)进行革命性的创新。全国"无现金"支付最活跃的城市是北京,其次是深圳、上海、广州、重庆、青岛、苏州、东莞、佛山和南京。[263]

但是,这种提议本身是有争议的。我们国家现实的文化背景或者文化语境是老年人社会的来临,尤其是老年群体相对而言受教育程度较低,他们对于新事物的接受能力相对比较弱,因此,无论是无现金支付,还是网约车等,这些新的技术、新的文化的出现,立刻引发了社会中老年人群体的担忧,甚至有的媒体发出了等等老年人的呼吁。例如:

《央媒:无现金社会应给现金留一席之地,等等老年人》[264]

在"无现金"社会里,也应该给现金留下一席之地,等一等那些还没有享受到互联网红利的人。便利是中国的移动支付得以快速推广的根本原因。不需要另购POS机,只要生成一个二维码即可进行交易,极大地方便了用户。但是,使用移动支付的群体集中在什么年龄段呢?2015年益普索的《移动支付报告》中显示,超过85%的移动支付使用人群集中在16~39岁,这意味着在中国,相当一部分上年纪的人仍然没有使用移动支付的习惯。然而,有个别线下商家只接受移动支付或刷卡支付。如果老人来这些商家购物又该怎么办?老人不使用移动支付的原因,大致有以下几种情况:不舍得花钱买流量;年纪大记忆力不好,学了很多遍仍然没学会如何扫码付款;担心移动支付不安全,害怕银行卡里的钱全被划走……这些顾虑让老人难以改变消费习惯,也意味着现金支付对部分老人来说是必须存在的支付方式。消费者应该有选择的权利。无论是信用卡、储蓄卡,还是现钞、移动支付,都应该是支付手段的一种方式,不能以一种方式完全取代另一种方式。

因此,在AI文化的流行与扩散中,任何人为的快速涵化过程,如果缺乏周密思考和干预,往往都会带来文化的冲突,同时对AI文化的涵化形成阻力。

13.2.2　AI文化与文化生态

文化生态至少包含两种含义:一种是文化本身作为一种环境;另一种是各文化形态之间的关系。就AI文化而言,我们既可以将AI文化本身作为一种环境探讨它的社会影响,也可以将AI文化视为整个社会文化生态中的一种形态,强调各文化形态之间的关系。例如,AI文化作为一种新的文化形态,一种新的技术文化的引入,必然要经历一段与既有地理环境、文化环境相适应的过程,这其中也包括技术本身所蕴含的文化,与使用者的文化相调适的过程,在这个过程中,必然会发生冲突、协调。

例如,无桩智能"共享单车"的扩散、使用中所表现出来的社会文化生态的变迁。正如福德所言:"文化本身不是静止的,它在与物质条件的关系中是可适应和可更改的。居住地和环境与先存的设备、特定社会的趋向以及任何从无到有的新概念和设备一起给文化发展提供了场地。"[265]共享经济,一般是指以获得一定报酬为主要目的,基于陌生人且存在物品使用权暂时转移的一种新的经济模式。共享经济最大的特点是个人利用闲置资源来提供服务。当然,对现存的共享单车是否为共享经济模式存在不同的看法。共享单车之所以被贴上人工智能的标签是因为借车还车的自动化,借助于智能手机技术、蓝牙技术、卫星定位技术等现代科技手段,让人们的出行得到了极大的便捷。其最大的特点是不分时间地点的借车、还车,从社会效益上看,有价格便宜、节能环保等优势。这是一种新的文化形态,具有移动性、灵活性等特征。但是这种文化特征与传统的社会管理模式形成了较为鲜明的对比,AI文化给社会带来了新的文化生态,在这种新的文化生态中,我们通过案例能够看到 AI 文化与传统管理文化的冲突互动。传统城市管理文化强调固定、规整,较为缺少变化,一些城市管理部门开始限制共享单车的使用,甚至一些单位、小区禁止共享单车进入。正是在这种新的文化生态中,不同形态的文化形成了新的动态平衡。

如上所述,我们着重从立于人工智能的文化、关于人工智能的文化和基于人工智能的文化这一新的分类标准梳理了 AI 文化的形式,同时探讨了 AI 文化在涵化过程中对其他文化形态的影响,以及在这种碰撞、冲突、互动中所形成的新的社会文化生态。杨国斌教授认为,任何一个时期的文化,都与社会各方面有着密切的关系。文化的变迁、新文化现象的出现,牵动着社会、政治、经济等诸多领域,连接着普通人的生活和精神世界。因此,英国文化学者威廉斯在《文化与社会》中,在谈及"文化"一词的分析时说:

在本书中,我的全部目的就是要描述并分析"文化"这个综合体,并且说明其形成的历史过程。由于它所涉及的范围很广,我不得不在一个广泛的基础上开始探讨。我本想紧扣"文化"本身,但是,我越紧扣文化加以考察,所涉及的范围就必须逐渐扩大,因为我在这个词的历史渊源及其意义结构中,看到的是一场广大而普遍的思想与感觉运动。[266]

因此,杨国斌教授认为应该借鉴威廉斯的方法和视野,把数字文化研究与社会紧密联系在一起,从数字文化的现象出发,深入社会问题的根源。在本章中,我们尝试着初步将 AI 文化这种数字文化与社会文化变迁做一关联,探讨 AI 文化的涵化过程及其对文化生态的影响。

思 考 题

何谓"AI 文化"?如何理解 AI 文化的涵化过程及其对社会文化生态的影响,请举例说明。

结语

迈向行动的人工智能社会学

人工智能技术发展与智能社会的建设

算法、大数据与算力是人工智能技术发展的三大要素,随着量子计算、物联网、算法等的应用和技术突破,人工智能技术会随之不断得以优化,这也会进一步推动人工智能技术在各领域的融合发展。前述章节已经用大量篇幅描述了人工智能技术在家居、出行、工作、休闲、媒体传播、消费以及医疗教育等领域的典型应用,这都促进了智能社会的萌生和发展。正如,国家在《新一代人工智能发展规划》中所提出的"建设安全便捷的智能社会"的目标:

(三)建设安全便捷的智能社会。[22]

围绕提高人民生活水平和质量的目标,加快人工智能深度应用,形成无时不有、无处不在的智能化环境,全社会的智能化水平大幅提升。越来越多的简单性、重复性、危险性任务由人工智能完成,个体创造力得到极大发挥,形成更多高质量和高舒适度的就业岗位;精准化智能服务更加丰富多样,人们能够最大限度享受高质量服务和便捷生活;社会治理智能化水平大幅提升,社会运行更加安全高效。

1. 发展便捷高效的智能服务

围绕教育、医疗、养老等迫切民生需求,加快人工智能创新应用,为公众提供个性化、多元化、高品质服务。

智能教育。利用智能技术加快推动人才培养模式、教学方法改革,构建包含智能学习、交互式学习的新型教育体系。开展智能校园建设,推动人工智能在教学、管理、资源建设等全流程应用。开发立体综合教学场、基于大数据智能的在线学习教育平台。开发智能教育助理,建立智能、快速、全面的教育分析系统。建立以学习者为中心的教育环境,提供精准推送的教育服务,实现日常教育和终身教育定制化。

智能医疗。推广应用人工智能治疗新模式新手段,建立快速精准的智能医疗体系。探索智慧医院建设,开发人机协同的手术机器人、智能诊疗助手,研发柔性可穿戴、生物兼容的生理监测系统,研发人机协同临床智能诊疗方案,实现智能影像识别、病理分型和智能多学科会诊。基于人工智能开展大规模基因组识别、蛋白组学、代谢组学等研究和新药研发,推进医药监管智能化。加强流行病智能监测和防控。

智能健康和养老。加强群体智能健康管理,突破健康大数据分析、物联网等关键技术,研发健康管理可穿戴设备和家庭智能健康检测监测设备,推动健康管理实现从点状监测向连续监测、从短流程管理向长流程管理转变。建设智能养老社区和机构,构建安全便捷的智能化养老基础设施体系。加强老年人产品智能化和智能产品适老化,开发视听辅助设备、物理辅助设备等智能家居养老设备,拓展老年人活动空间。开发面向老年人的移动社交和服务平台、情感陪护助手,提升老年人生活质量。

2. 推进社会治理智能化

围绕行政管理、司法管理、城市管理、环境保护等社会治理的热点难点问题,促进人工智能技术应用,推动社会治理现代化。

智能政务。开发适于政府服务与决策的人工智能平台,研制面向开放环境的决策引擎,在复杂社会问题研判、政策评估、风险预警、应急处置等重大战略决策方面推广应用。加强政务信息资源整合和公共需求精准预测,畅通政府与公众的交互渠道。

智慧法庭。建设集审判、人员、数据应用、司法公开和动态监控于一体的智慧法庭数据平台,促进人工智能在证据收集、案例分析、法律文件阅读与分析中的应用,实现法院审判体系和审判能力智能化。

智慧城市。构建城市智能化基础设施,发展智能建筑,推动地下管廊等市政基础设施智能化改造升级;建设城市大数据平台,构建多元异构数据融合的城市运行管理体系,实现对城市基础设施和城市绿地、湿地等重要生态要素的全面感知以及对城市复杂系统运行的深度认知;研发构建社区公共服务信息系统,促进社区服务系统与居民智能家庭系统协同;推进城市规划、建设、管理、运营全生命周期智能化。

智能交通。研究建立营运车辆自动驾驶与车路协同的技术体系。研发复杂场景下的多维交通信息综合大数据应用平台,实现智能化交通疏导和综合运行协调指挥,建成覆盖地面、轨道、低空和海上的智能交通监控、管理和服务系统。

智能环保。建立涵盖大气、水、土壤等环境领域的智能监控大数据平台体系,建成陆海统筹、天地一体、上下协同、信息共享的智能环境监测网络和服务平台。研发资源能源消耗、环境污染物排放智能预测模型方法和预警方案。加强京津冀、长江经济带等国家重大战略区域环境保护和突发环境事件智能防控体系建设。

3. 利用人工智能提升公共安全保障能力

促进人工智能在公共安全领域的深度应用,推动构建公共安全智能化监测预警与控制体系。围绕社会综合治理、新型犯罪侦查、反恐等迫切需求,研发集成多种探测传感技术、视频图像信息分析识别技术、生物特征识别技术的智能安防与警用产品,建立智能化监测平台。加强对重点公共区域安防设备的智能化改造升级,支持有条件的社区或城市开展基于人工智能的公共安防区域示范。强化人工智能对食品安全的保障,围绕食品分类、预警等级、食品安全隐患及评估等,建立智能化食品安全预警系统。加强人工智能对自然灾害的有效监测,围绕地震灾害、地质灾害、气象灾害、水旱灾害和海洋灾害等重大自然灾害,构建智能化监测预警与综合应对平台。

4. 促进社会交往共享互信

充分发挥人工智能技术在增强社会互动、促进可信交流中的作用。加强下一代社交网络研发,加快增强现实、虚拟现实等技术推广应用,促进虚拟环境和实体环境协同融合,满足个人感知、分析、判断与决策等实时信息需求,实现在工作、学习、生活、娱乐等不同场景下的流畅切换。针对改善人际沟通障碍的需求,开发具有情感交互功能、能准确理解人的需求的智能助理产品,实现情感交流和需求满足的良性循环。促进区块链技术与人工智能的融合,建立新型社会信用体系,最大限度降低人际交往成本和风险。

显然,人工智能技术随着算法、算力和大数据等要素的突破而在继续发展,进而推动智能社会建设迈向更高水平。正如童天湘所言:"前几代生产力已有三代发展,不论是原始工具、简单工具还是复杂机器,都不过是体力放大,把人体的生物能转化为物理能,是能量革命的产物。作为第4代生产力的智能机器则是智力放大、实现智能的转换和利用,它把人的智能转换为机器智能,并放大人的智能,又为人所利用,是智能革命的重要标志。智能机器可用自然语言实现人机对话,构成人机智能系统,成为第4代生产力系统的基本形式。因此,新一代生产力有两个基本要素:人的高智力和智能机器,实现生产智能化,推动社会智能化。一个全面智能化的社会便是智能社会。"[267]如前所述,这也是人工智能社会学诞生的社会现实基础。

前述《新一代人工智能发展规划》中提出的"建设安全便捷的智能社会"的目标,按照第1章我们对"社会影响"的三个层次的界定,这一目标实际上提到了人工智能的社会影响,即人工智能在社会各个领域的应用及成果、这种应用的效果以及这种应用的影响。"人工智能在社会各个领域中的应用及成果"属于第一层次;这种应用的效果即便捷属于第二层次;这种应用的影响即安全属于第三层次。当然,无论是"便捷"还是"安全"都只是人工智能社会影响的某一个层次的某个方面,但是却给我们提出了建设人工智能社会学的必要性和可行性。

迈向行动的人工智能社会学

人工智能社会学给我们指出了技术应用中的社会问题所在。我们在前述章节分别探讨了人工智能技术在家居、出行、工作、学习教育、健康医疗、休闲娱乐、媒体传播以及消费等涉及社会各个生活场景的应用,同时从身体、社会互动关系、社会阶层、越轨行为、社会风险等视角梳理了人工智能在各领域各场景应用中存在的社会问题,如社会歧视、AI 依赖、阶层流动、隐私侵犯、伦理风险、社会排斥、社会体验、可持续生计、AI 消费与身份认同、劳动和休闲界限模糊、AI 文化的涵化与文化生态变迁等问题,这些是需要身处于智能社会中的人们了解的。我们既需要从功能论的视角了解人工智能的社会影响,也需要从解释论的视角了解技术的使用者是如何使用和看待人工智能社会影响的,更需要从批判论的视角去辨析人工智能的权力属性。在 AI 技术、人、内容、机构、过程等要素的互动中去理解人工智能的社会影响。

人工智能社会学同时给我们指出了解决问题的可能可行的部分方案,即 AI4D,如何利用人工智能促进环境和社会的各个领域各个层面的可持续发展。问题中往往孕育着生机,挑战往往和机遇共生,人工智能社会学亦是如此。如前所述,我们在前述章节中相继谈到了一些社会问题,但同时也提到了一些迈向行动的指南,如 AI 排斥与社会融合、AI 越轨与社会控制、AI 风险与社会治理、AI 贫困与发展、绿色 AI 与环境可持续发展、AI 教育与扶贫等。

总之,人工智能技术发展和智能社会的建设,需要人工智能社会学及时做出智识上的思考与回应。迈向行动的人工智能社会学不仅指出了智能社会中的社会问题,同时也能够尝试提出促进问题解决的行动方案。在"行动"中发现问题,同时在"行动"中思考问题,进而在"行动"中尝试解决问题。

参 考 文 献

[1] 蔡自兴.中国人工智能40年[J].科技导报,2016,34(15):12-32.

[2] 网易见外智能编译平台.在英国发展人工智能产业[EB/OL].[2017-10-24]. http://tech.163.com/17/1024/06/D1GBCAR900098IEO.html.

[3] 李开复.人工智能将对社会、经济、心理、人文等层面带来巨大冲击[EB/OL]. [2017-04-19]. https://www.iyiou.com/p/43492.

[4] 教育部.高等学校人工智能创新行动计划[EB/OL].[2018-04-03]. http://www.moe.gov.cn/srcsite/A16/s7062/201804/t20180410_332722.html.

[5] 中国商报网官方.2018中国人工智能未来企业排行榜TOP100[EB/OL].[2018-09-30]. https://www.sohu.com/a/257135316_642249.

[6] 科学网.谭铁牛:人工智能发展需要理性务实[EB/OL].[2018-10-05]. https://mbd.baidu.com/newspage/data/landingshare?pageType=1&isBdboxFrom=1&context=%7B%22nid%22%3A%22news_4827786886031889546%22%7D.

[7] 果乐头条.用一张通俗易懂的图快速帮你圈定什么是AI(人工智能)[EB/OL]. [2018-02-08]. https://mini.itunes123.com/a/20180208022554470/.

[8] 李彦宏.推动新一代人工智能健康发展[EB/OL].[2019-07-22]. https://mbd.baidu.com/newspage/data/landingshare?pageType=1&isBdboxFrom=1&context=%7B%22nid%22%3A%22news_9908827982572412266%22%2C%22sourceFrom%22%3A%22bjh%22%7D.

[9] 刘奇.人工智能:引出诸多可期可虑的社会课题[EB/OL].[2017-09-25]. http://www.rmlt.com.cn/2017/0925/497226.shtml.

[10] [英]理查德·萨斯坎德,丹尼尔·萨斯坎德.人工智能会抢哪些工作[M].杭州:浙江大学出版社,2018.

[11] [英]Richard Heeks. Information and Communication Technology for Development (ICT4D) [M]. London and New York: Routledge, 2018.

[12] 南方都市报.迈入智能场景时代！2018年智能家居能否迎来爆点时刻？[EB/OL].[2018-02-02].http://www.qianjia.com/html/2018-02/02_284375.html.

[13] 互联网.使用聊天机器人做客服工作是一种什么体验？[EB/OL].[2017-11-13].http://robot.ailab.cn/article-86069.html.

[14] 互联网.跟机器人玩桌上冰球请做好被虐哭的准备[EB/OL].[2016-12-28].http://robot.ailab.cn/article-82584.html.

[15] 小小.展望2017年工业4.0四大趋势：机器人继续扩张[EB/OL].[2017-01-03].http://robot.ailab.cn/article-82668.html.

[16] 张小妹.医疗影像人机大战 AI胜名医[EB/OL].[2018-07-01].http://cnews.chinadaily.com.cn/2018-07/01/content_36487600.htm.

[17] 惠晓霜.丰田发售掌上聊天机器人：陪你聊天哄你开心[EB/OL].[2016-10-08].http://robot.ailab.cn/article-81248.html.

[18] 马克思恩格斯选集(第1卷)[M].北京：人民出版社,1995.

[19] 王思斌.社会学教程[M].北京：北京大学出版社,2003.

[20] 徐美慧,吴朝晖：智能增强时代的到来将重新定义人类下一个时代[EB/OL].[2019-10-21]. https://mbd.baidu.com/newspage/data/landingshare? pageType＝1&isBdboxFrom＝1&context＝％7B％22nid％22％3A％22news_9192820409614785598％22％2C％22sourceFrom％22％3A％22bjh％22％7D.

[21] 中国青年报.人脸识别技术进校园 教育部：加以限制、管理[EB/OL].[2019-09-11]. https://mbd.baidu.com/newspage/data/landingshare? pageType＝1&isBdboxFrom＝1&context＝％7B％22nid％22％3A％22news_9420613118366472019％22％2C％22sourceFrom％22％3A％22bjh％22％7D.

[22] 国务院.新一代人工智能发展规划[EB/OL].[2017-07-20].http://www.gov.cn/zhengce/content/2017-07/20/content_5211996.htm.

[23] 贾敬华.AI换脸不止是"丢脸"风险 隐私问题"ZAO"治早安全[EB/OL].[2019-09-10].http://baijiahao.baidu.com/s? id＝1644223660381248318&wfr＝spider&for＝pc.

[24] 人民日报.17万条"人脸数据"被公开售卖[EB/OL].[2019-09-12].http://baijiahao.baidu.com/s? id=1644431879227240263&wfr=spider&for=pc.

[25] 为什么父母会拒绝洗碗机和扫地机器人？[EB/OL].https://mbd.baidu.com/knowpage/data/landingreact? nid=1701561669025984534&isBdboxShare=1.

[26] 竺道.重磅！印度交通部或禁止无人驾驶汽车进入本土市场[EB/OL].[2019-09-28]. https://mbd.baidu.com/newspage/data/landingshare? pageType＝1&isBdboxFrom＝1&context＝％7B％22nid％22％3A％22news_9411331277529477452％22％2C％

22sourceFrom％22％3A％22bjh％22％7D.

[27] [美]布莱恩·特纳.身体问题:社会理论的新近发展.参见汪民安.后身体:文化、权力和生命政治学[M].长春:吉林人民出版社,2003.

[28] [英]Shilling,C. The Body in Culture, Technology and Society [M]. London: Sage, 2005.

[29] 互联网.研究人员开发人工肌肉 可让机器人不再僵硬[EB/OL].[2016-07-26]. http://robot.ailab.cn/article-79689.html.

[30] 互联网.科学家研发人工神经系统:教机器人感知疼痛[EB/OL].[2016-05-30]. http://robot.ailab.cn/article-77689.html.

[31] 互联网.康奈尔大学研发出软性机器人手可帮助截肢者[EB/OL].[2016-12-16]. http://robot.ailab.cn/article-82353.html.

[32] 中国新闻网.可站立行走的轮椅亮相 行动不便的人也能站起来了[EB/OL]. [2019-09-22]. https://haokan.baidu.com/v?pd=share&context=％7B％22nid％22％3A％22sv_12201383597301867895％22％2C％22sourceFrom％22％3A％22bjh％22％7D&vid=12201383597301867895&isBdboxShare=1.

[33] 黑科技在身边.智能外骨骼机器人,轻微变化及时感知,建筑救援冲锋在前[EB/OL]. [2019-07-06]. https://haokan.baidu.com/v?pd=share&context=％7B％22nid％22％3A％22sv_4409524837027861234％22％2C％22sourceFrom％22％3A％22bjh％22％7D&vid=4409524837027861234&isBdboxShare=1.

[34] 中国经济网.低头玩手机=脖子扛50斤大米!身体各器官的变化让人吃惊[EB/OL].[2017-10-12]. http://news.eastday.com/eastday/13news/auto/news/society/20171012/u7ai7146655.html.

[35] 互联网.为病人减轻苦痛!机器人可以给予患者更多的陪伴[EB/OL].[2017-08-02]. http://robot.ailab.cn/article-85048.html.

[36] 外媒.机器人成痴呆患者好帮手 能聊天能紧急呼救[EB/OL].[2017-03-06]. http://robot.ailab.cn/article-83321.html.

[37] 网易科技频道.他的机械臂可由思维控制:"半机械人"的生活好过吗[EB/OL]. [2018-02-04]. http://tech.163.com/18/0204/11/D9Q26RMQ00097U7H.html.

[38] 极客公园.第一批活在云端的「数字人」即将诞生,他们真的能永生吗?[EB/OL]. [2019-09-22]. https://mbd.baidu.com/newspage/data/landingshare?pageType=1&isBdboxFrom=1&context=％7B％22nid％22％3A％22news_9518195247903838414％22％2C％22sourceFrom％22％3A％22bjh％22％7D.

[39] Misty. AI纳米机器人或将在20年内植入人体,人类拥有超能力还会远吗?[EB/OL]. [2017-10-17]. https://www.leiphone.com/news/201710/GO3jXQcKEYU8zkFe.html.

[40] 太平洋电脑网.为什么Google认为最幸福的家庭是白人家庭[EB/OL].[2017-06-01]. https://baijiahao.baidu.com/s?id=1568969800059552&wfr=spider&for=pc.

[41] 胡子华.人类学界的丑闻:马林诺夫斯基日记?[EB/OL].[2017-07-25]. http://www.360doc.com/content/17/0725/20/7872436_674098547.shtml.

[42] 钛媒体APP.为何AI也学会了种族和性别歧视?[EB/OL].[2018-06-08]. https://mbd.baidu.com/newspage/data/landingshare?pageType=1&isBdboxFrom=1&context=%7B%22nid%22%3A%22news_9712642805551570958%22%2C%22sourceFrom%22%3A%22bjh%22%7D.

[43] 读芯术.照片还是照骗?人工智能正在改变人类世界观[EB/OL].[2019-10-26]. https://mbd.baidu.com/newspage/data/landingshare?pageType=1&isBdboxFrom=1&context=%7B%22nid%22%3A%22news_9028764766459326788%22%2C%22sourceFrom%22%3A%22bjh%22%7D.

[44] 俞果.Twitter中的机器人用户数达4800万 占比15%[EB/OL].[2017-03-13]. http://robot.ailab.cn/article-83421.html.

[45] 张伟.央视关注济宁12岁男童被锁八年不会说话 精神病母亲已入院治疗[EB/OL].[2015-04-14]. http://news.iqilu.com/shandong/yuanchuang/2015/0414/2369868.shtml.

[46] 新华锦信贸环球.社交媒体取消点赞数之后[EB/OL].[2018-09-05]. http://www.sohu.com/a/338840904_100193809.

[47] 中关村在线.Facebook重拳出击 开发聊天机器人[EB/OL].[2018-01-30]. http://tech.ifeng.com/a/20180130/44864062_0.shtml.

[48] 互联网.这款家庭伴侣机器人非但不太"冷",还很萌萌哒[EB/OL].[2015-09-05]. http://robot.ailab.cn/article-51045.html.

[49] 央视新闻.日本女机器人主播或将上岗 长相甜美表情丰富[EB/OL].[2018-02-03]. http://tech.ifeng.com/a/20180203/44869685_0.shtml.

[50] 傅健.人类和机器人交流的五种模式[EB/OL].[2016-07-07]. http://www.360doc.com/content/16/0707/15/462272_573785175.shtml.

[51] 互联网.看懂脑电波又会读心 未来机器人可能这样和你交互[EB/OL].[2017-03-09]. http://robot.ailab.cn/article-83363.html.

[52] 网易智能.庄宏斌:AI时代人与技术的交互更加偏向本能[EB/OL].[2018-01-28]. http://tech.163.com/18/0128/14/D98ABTSP00098IEO.html.

[53] CENT.戴尔:82%受访者预测人类与机器人将在五年内展开合作,人机合作无法避免[EB/OL].[2018-02-01]. http://robot.ailab.cn/article-86853.html.

[54] 人工智能与我们人类之间的互动方式[EB/OL].[http://www.pig66.com/2019/

145_0310/17697370.html.

[55] 互联网.19岁法国少女与机器人订婚:婚后生活是这样的[EB/OL].[2016-12-26].http://robot.ailab.cn/article-82532.html.

[56] IT之家.专家:人类与机器人的婚姻或在2050年前合法[EB/OL].[2016-12-28]. https://baijiahao.baidu.com/s?id=1554945302341938&wfr=spider&for=pc.

[57] 中国日报双语新闻.机器人自创语言交流引恐慌,项目遭关闭?真相来了[EB/OL].[2017-08-02].http://toutiao.chinaso.com/zx/detail/20170802/1000200033090461501653871433761270_1.html.

[58] 机器小易.这有一份调查 大家对机器人的信任有多少?[EB/OL].[2017-12-22]. http://robot.ailab.cn/article-83191.html.

[59] 媒体见外智能编译平台.有专家说犯错能让机器人更受欢迎[EB/OL].[2017-08-15].http://robot.ailab.cn/article-85179.html.

[60] 互联网.机器人想取得人类的信任,眼神和动作很重要[EB/OL].[2017-06-06]. http://robot.ailab.cn/article-84410.html.

[61] 互联网.紧急情况下 人类会听从机器人指挥?[EB/OL].[2016-06-03].http://robot.ailab.cn/article-72020.html.

[62] 杨安逸.研究:到2020年十分之一美国家庭将拥有机器人[EB/OL].[2015-12-29].http://robot.ailab.cn/article-62834.html.

[63] 蔡自兴.人工智能的社会和伦理问题[EB/OL].[2018-03-26].https://k.sina.cn/article_2288064900_886119840200060mv.html?http=fromhttp&wm=13500_0055&vt=4.

[64] 易丽平.新媒体环境下受众媒介依赖的原因探析[J].今传媒,2011(19):96-97.

[65] 吴汉东.人工智能时代必须关注的社会风险及四大问题[EB/OL].[2017-12-27]. http://ex.cssn.cn/fx/201712/t20171227_3795637.shtml.

[66] 互联网.机器人或将人类推向"无能之下的自由"[EB/OL].[2014-11-04]. http://robot.ailab.cn/article-20542.html.

[67] 李惠斌.社会资本与社会发展[M].北京:社会科学文献出版社,2000.

[68] 李小云.普通发展学[M].北京:社会科学文献出版社,2005.

[69] [美]J.D.卡尔.社会学[M].刘铎,王文卿,王修晓,等译.北京:中国人民大学出版社,2014.

[70] 中国新闻网.官方解读中国"新的社会阶层人士"[EB/OL].[2015-08-04]. http://www.chinanews.com/gn/2015/08-04/7447147.shtml.

[71] 卜晓明.亚马逊市值首次超微软 贝索斯成为美国首富[EB/OL].[2018-02-08]. http://news.163.com/18/0208/07/DA3T46OH00018AOQ.html.

[72] 高顿金融分析师."抖音"野心勃勃!张一鸣正在疯狂扩张商业版图……[EB/OL].[2018-10-19]. http://www.sohu.com/a/270060115_313170.

[73] Linux公社.伊隆·马斯克(Elon Musk):改变世界的人[EB/OL].[2018-02-08]. https://mbd.baidu.com/newspage/data/landingshare?pageType=1&isBdboxFrom=1&context=%7B%22nid%22%3A%22news_9477909598046570477%22%7D.

[74] 199it.最新!2018年中国程序员薪资生活调查报告[EB/OL].[2018-03-12]. https://mbd.baidu.com/newspage/data/landingshare?pageType=1&isBdboxFrom=1&context=%7B%22nid%22%3A%22news_7574426109379684601%22%7D.

[75] [美]沃尔特·范伯格.学校与社会[M].北京:教育科学出版社,2006.

[76] 杨智浩.从着装看码农文化的形成[D/OL].北京:北京邮电大学,[2018-10-19]. http://www.sohu.com/a/260421785_355123.

[77] 王煜彬.码农文化[D].北京:北京邮电大学,2018.

[78] 王迅.论码农文化[D].北京:北京邮电大学,2018.

[79] 彭皓滨.码农文化[D].北京:北京邮电大学,2018.

[80] 李晨阳.现当代码农文化的内涵与相关原因的探究[D].北京:北京邮电大学,2018.

[81] 外媒.机器人等技术将让美国变成纯粹富人经济体[EB/OL].[2017-03-10]. http://robot.ailab.cn/article-83384.html.

[82] 李开复.AI将加大贫富不均,最大受益者是BAT[EB/OL].[2017-10-27]. https://36kr.com/p/5099653.

[83] 埃森哲.AI使经济发达国家成为最大受益者[EB/OL].[2018-07-25]. https://juejin.im/post/5b57cf4fe51d45179b0ab4df.

[84] 斯坦福.2030年的人工智能与人类生活[EB/OL].[2016-09-05]. http://www.199it.com/archives/514118.html.

[85] 智能观.MIT媒体实验室和IEEE携手呼吁:告别AI,问候EI[EB/OL].[2018-06-29]. https://mbd.baidu.com/newspage/data/landingshare?pageType=1&isBdboxFrom=1&context=%7B%22nid%22%3A%22news_10176781568916794723%22%2C%22sourceFrom%22%3A%22bjh%22%7D.

[86] 李开复.李飞飞是人工智能的"良心"[EB/OL].[2018-10-22]. https://mbd.baidu.com/newspage/data/landingshare?pageType=1&isBdboxFrom=1&context=%7B%22nid%22%3A%22news_9640531760649569465%22%2C%22sourceFrom%22%3A%22bjh%22%7D.

[87] 赵武.印度包容性创新的经验及启示[J].科技进步与对策,2015,32(09):1-5.

[88] 猎云网.扎克伯格未来十年的雄心:要让世界上所有人都能上互联网[EB/OL].[2016-07-25 https://www.sohu.com/a/107531383_118792.

[89] [美]约翰·普利亚诺.机器人来了:人工智能时代的人类生存法则[M].胡泳,杨莉萍,等译.北京:文化发展出版社,2018.

[90] 校长派.2017北京文科高考状元的一句话为何遭疯转?[EB/OL].[2017-06-26 http://www.sohu.com/a/152140490_385655.

[91] 娱乐圈哈德门.年薪80万+ AI的"影响"与"造富神话"[EB/OL].[2018-01-27].https://baijiahao.baidu.com/s?id=1590727996878291155&wfr=spider&for=pc.

[92] 李开复.AI:未来[M].杭州:浙江人民出版社,2018.

[93] 老虎新科技.想和机器人竞争工作么,亚马逊先把你当机器人看待[EB/OL].[2018-02-06].http://mini.eastday.com/mobile/180206223007680.html.

[94] 徐弈.如何看待互联网公司的996制度——来自程序员的视角[D].北京:北京邮电大学,2019.

[95] 互联网.深圳高交会现机器人伤人事件:伤者已被担架抬走[EB/OL].[2016-11-18].http://robot.ailab.cn/article-81909.html.

[96] 彬彬.2040年机器人犯罪率将超过人类成大多数犯罪主体[EB/OL].[2016-09-13].http://robot.ailab.cn/article-80947.html.

[97] 互联网.坏消息!你的性爱机器人可能被黑客控制伤害你[EB/OL].[2017-09-14].http://robot.ailab.cn/article-85547.html.

[98] 互联网.iRobot表示不会出售数据给苹果等公司[EB/OL].[2017-07-31].http://robot.ailab.cn/article-85012.html.

[99] 极客公园.亚马逊作恶?搜索算法或故意导向自家商品[EB/OL].[2019-10-05].https://mbd.baidu.com/newspage/data/landingshare?pageType=1&isBdboxFrom=1&context=%7B%22nid%22%3A%22news_10077073967667668058%22%2C%22sourceFrom%22%3A%22bjh%22%7D.

[100] 互联网.旧金山安保机器人驱赶流浪汉,已被解雇[EB/OL].[2017-12-18].http://robot.ailab.cn/article-86435.html.

[101] 雷锋网.人脸识别眼镜助中国警方查获7名重大犯罪嫌疑人[EB/OL].[2018-02-08].https://mbd.baidu.com/newspage/data/landingshare?pageType=1&isBdboxFrom=1&context=%7B%22nid%22%3A%22news_9945278618148627561%22%2C%22sourceFrom%22%3A%22bjh%22%7D.

[102] 网易智能.还敢开车玩手机?AI"警察"来抓你![EB/OL].[2019-09-25].https://mp.weixin.qq.com/s/MnRkMYWAmH1ofRw26EqAiQ.

[103] 新华社新媒体.超越"机器人三定律"人工智能期待新伦理[EB/OL].[2019-03-19].https://baijiahao.baidu.com/s?id=1628397116773146937&wfr=spider&for=pc.

[104] 雷锋网.人工智能应该如何监管？华盛顿大学教授Oren Etzioni给出了他的"人工智能三定律"[EB/OL].[2017-09-06].https://tech.ifeng.com/a/20170906/44674219_0.shtml.

[105] 译言网.经济学人：智能机器人需要相应规则管理[EB/OL].[2012-07-30].http://robot.ailab.cn/article-11643.html.

[106] 人民网.中国超声医学人工智能(USAI)行为准则——北京宣言》发布[EB/OL].[2018-11-02].http://health.people.com.cn/n1/2018/1102/c14739-30378957.html.

[107] CSDN.谷歌终于拒绝AI武器化了！[EB/OL].[2018-06-08].https://m.sohu.com/a/234684398_115128.

[108] 网信河北.AI换脸调查:视频换脸可"定制"女星1分钟收费20[EB/OL].[2019-07-18].http://baijiahao.baidu.com/s?id=1639363081899139868&wfr=spider&for=pc.

[109] 机器之心Pro.深度学习即将非法？欧盟《一般数据保护条例》五月生效[EB/OL].[2018-02-01].https://mbd.baidu.com/newspage/data/landingshare?pageType=1&isBdboxFrom=1&context=%7B%22nid%22%3A%22news_10087583550630033551%22%2C%22sourceFrom%22%3A%22bjh%22%7D.

[110] 张赛男.交通部肯定自动驾驶 正起草技术规范和测试指导文件[EB/OL].[2018-02-07].http://tech.sina.com.cn/it/2018-02-07/doc-ifyrkrva4652112.shtml?cre=tianyi&mod=pctech&loc=9&r=25&doct=0&rfunc=49&tj=none&tr=25.

[111] 大数据文摘.牛津大学人类未来研究所:万字长文谈AI新职场方向—政策研究[EB/OL].[2018-02-08].http://mp.weixin.qq.com/s/7Ubh_-i1p00JorpDIH4ocw.

[112] [英]艾伦·达福,斯图尔特·罗素.人工智能的真正风险[J].中国经济报告,2017(2):118-119.

[113] [英]安东尼·吉登斯.现代性——吉登斯访谈[M].北京:新华出版社,2000.

[114] [英]安东尼·吉登斯.现代性的后果[M].田禾译.南京:译林出版社,2000.

[115] [英]Barbara Adam, Ulrich Beck, Joost van Loon. The Risk Society and Beyond: Critical Issues for Social Theory [M]. London: Sage Publication, 2000.

[116] 刘岩.当代社会风险问题的凸显与理论自觉[J].社会科学战线,2007(01):213-217.

[117] [英]安东尼·吉登斯.失控的世界:全球化如何重塑我们的生活[M].周红云,译.南昌:江西人民出版社,2001.

[118] 赵万里.科学的社会建构[M].天津:天津人民出版社,2002.

[119] 腾讯数码.马斯克谈后空翻机器人:人类的大灾难[EB/OL].[2017-11-28].http://digi.tech.qq.com/a/20171128/015159.htm.

[120] 江西卫视综艺汇.智能摄像头信息安全的风险监测结果出炉,安全漏洞防不胜防![EB/OL].[2018-10-19].https://haokan.baidu.com/v?pd=share&context=%7B%22nid%22%3A%22sv_2318383587242587726%22%2C%22sourceFrom%22%3A%22bjh%22%7D&isBdboxShare=1.

[121] Tom Simonite.让无人车把人认成狗,一名学生三天攻破谷歌论文里的AI防火墙[EB/OL].[2018-03-13].https://mbd.baidu.com/newspage/data/landingshare?pageType=1&isBdboxFrom=1&context=%7B%22nid%22%3A%22news_9865059027288070851%22%2C%22sourceFrom%22%3A%22bjh%22%7D.

[122] 澎湃新闻.周鸿祎给无人驾驶泼冷水:特斯拉每出一辆新车都能模拟劫持[EB/OL].[2018-05-16].https://mbd.baidu.com/newspage/data/landingshare?pageType=1&isBdboxFrom=1&context=%7B%22nid%22%3A%22news_9655870914233080640%22%2C%22sourceFrom%22%3A%22bjh%22%7D.

[123] 机器之心.只需5美元,谷歌就可以使用你的人脸数据五年,专找流浪汉采集[EB/OL].[2019-10-03].https://mp.weixin.qq.com/s/tKhNXDYoahyClWuBSXcqcg.

[124] 刘柳.印度全球最大生物识别数据库引发隐私战[EB/OL].[2017-09-06].http://www.biotech.org.cn/information/149438.

[125] 新智元.万人上书贝索斯,抗议亚马逊向警方出售人脸识别技术[EB/OL].[2018-05-28].https://mbd.baidu.com/newspage/data/landingshare?pageType=1&isBdboxFrom=1&context=%7B%22nid%22%3A%22news_9004529541472626639%22%2C%22sourceFrom%22%3A%22bjh%22%7D.

[126] 36氪.抛开一切概念炒作,冷眼看人工智能[EB/OL].[2018-06-15].https://36kr.com/p/5138933.

[127] 佚名.人工智能将导致社会动荡?危险和骗术正在升级[EB/OL].[2018-02-26].http://www.eefocus.com/consumer-electronics/403979.

[128] 网易智能.在人工智能恐惧之下 你必须明白的四个道理![EB/OL].[2018-01-

25]. http://tech.163.com/18/0125/09/D903C3TS00098IEO.html.

[129] 刘春.机器人也会产生性别歧视？原因竟是人类语言所致[EB/OL].[2016-08-18]. http://robot.ailab.cn/article-80307.html.

[130] 极客视界.谷歌自动驾驶汽车上路,人类给它出了道难题:救婴儿还是救老人？[EB/OL].[2018-11-16]. https://haokan.baidu.com/v?pd=share&context=%7B%22nid%22%3A%22sv_12068228602378880339%22%2C%22sourceFrom%22%3A%22bjh%22%7D&isBdboxShare=1.

[131] 界面新闻.麻省理工AI实验室主任:担心人类被机器取代？真的想多了[EB/OL].[2018-11-14]. https://mbd.baidu.com/newspage/data/landingshare?pageType=1&isBdboxFrom=1&context=%7B%22nid%22%3A%22news_9113804659307197747%22%2C%22sourceFrom%22%3A%22bjh%22%7D.

[132] 顾忠华."风险社会"之研究及其对公共政策之意涵[R].台北:国科会研究计划,1993:11-28.

[133] 费多益.风险技术的社会控制[J].清华大学学报(哲学社会科学版),2005(03):82-89.

[134] 德克.微软CEO:如果不加控制 人工智能就会酿成恶果[EB/OL].[2018-02-08]. https://mbd.baidu.com/newspage/data/landingshare?pageType=1&isBdboxFrom=1&context=%7B%22nid%22%3A%22news_15557546474628336087%22%7D.

[135] 中关村在线.新加坡评估人工智能的伦理使用情况[EB/OL].[2018-06-06]. https://mbd.baidu.com/newspage/data/landingshare?pageType=1&isBdboxFrom=1&context=%7B%22nid%22%3A%22news_9261745533721037478%22%2C%22sourceFrom%22%3A%22bjh%22%7D.

[136] 砍柴网.商汤科技当选国家人脸识别工作组组长单位,促进AI安全应用[EB/OL].[2019-11-27]. https://mbd.baidu.com/newspage/data/landingshare?pageType=1&isBdboxFrom=1&context=%7B"nid"%3A"news_9068111928115787832"%2C"sourceFrom"%3A"bjh"%7D.

[137] 陈永伟.应对人工智能挑战,公共政策比立法更"管用"[EB/OL].[2018-01-29]. http://tech.163.com/18/0129/01/D99IBC3200097U86.html.

[138] 舒适100.智能家居能给我们带来什么？[EB/OL].[2018-04-19]. http://baijiahao.baidu.com/s?id=1598135392140227175&wfr=spider&for=pc.

[139] 唐家明.小爱同学与智能家居[D].北京:北京邮电大学,2019.

[140] life身边事.人工智能AI交互技术 创新智慧家居场景[EB/OL].[2018-10-15]. https://haokan.baidu.com/v?pd=share&context=%7B%22nid%22%3A%

22sv_11358320855804014881%22%2C%22sourceFrom%22%3A%22bjh%22%7D&isBdboxShare=1.

[141] 亿欧网.智能家居时代:操作系统将推动产品与技术的融合发展[EB/OL].[2019-11-28].https://mbd.baidu.com/newspage/data/landingshare?pageType=1&isBdboxFrom=1&context=%7B%22nid%22%3A%22news_9035121455402592197%22%2C%22sourceFrom%22%3A%22bjh%22%7D.

[142] Airdoc.人工智能(AI)已经在健康领域全面爆发[EB/OL].[2017-02-25].https://www.cn-healthcare.com/articlewm/20170225/content-1011564.html.

[143] 手机中国网.让人工智能帮你搭配饮食[EB/OL].[2019-11-29].https://h5.china.com.cn/bjh/doc_1_1356316_7012128.html?sdkver=2f036b0f.

[144] Maxidea极创意.日本发明家政机器人,再乱的房间也能整理干净,有它谁还找保洁[EB/OL].[2018-11-21].https://haokan.baidu.com/videoui/page/videoland?context=%7B%22nid%22%3A%22sv_16139125888155642864%22%7D.

[145] 美妆脑洞姐.微软Hololens最近研发出了增强现实(AR)领域的酷炫黑科技[EB/OL].[2016-04-28].https://weibo.com/5889067097/Dt4HR8Ztf?type=comment.

[146] 荣哥说事.谷歌研发的智能布料,能连接电脑打电话,根据体温发热[EB/OL].[2018-11-12].https://haokan.baidu.com/v?pd=share&context=%7B%22nid%22%3A%22sv_12335738012019021064%22%2C%22sourceFrom%22%3A%22bjh%22%7D&isBdboxShare=1.

[147] 彭兰.万物皆媒——新一轮技术驱动的泛媒化趋势[J].编辑之友,2016(3):5-10.

[148] 精读君.中国单身人口破2亿:别高估单身,也别低估了婚姻[EB/OL].[2019-12-04].https://mbd.baidu.com/newspage/data/landingshare?pageType=1&isBdboxFrom=1&context=%7B%22nid%22%3A%22news_9591477702139309840%22%2C%22sourceFrom%22%3A%22bjh%22%7D.

[149] [澳]理查德·沃特森.智能化社会[M].北京:中信出版集团,2017.

[150] 悦中山,杜海峰,李树茁,等.当代西方社会融合研究的概念、理论及应用[J].公共管理学报,2009,6(2):114-121.

[151] UN. The Convention on the Rights of Persons with Disabilities (CRPD) Article 9[R/OL]. https://www.un.org/development/desa/disabilities/convention-on-the-rights-of-persons-with-disabilities.html.

[152] 工人日报.感人!北京市一劳模用AI技术让视障人群创业致富[EB/OL].[2019-12-02].https://mbd.baidu.com/newspage/data/landingshare?

pageType=1&isBdboxFrom=1&context=%7B%22nid%22%3A%22news_9582739711341631276%22%2C%22sourceFrom%22%3A%22bjh%22%7D.

[153] 无人驾驶商业化进程加快：谷歌Waymo向FCA订购6.2万辆Pacifica[EB/OL].[2018-06-01].http://www.sohu.com/a/233765969_120865.

[154] 环球网王欢.自动驾驶争霸：腾飞的百度"阿波罗"[EB/OL].[2018-12-03].https://mbd.baidu.com/newpage/data/landingshare?pageType=1&isBdboxFrom=1&context=%7B%22nid%22%3A%22news_9975740669524068939%22%2C%22sourceFrom%22%3A%22bjh%22%7D.

[155] 经济日报.29亿人次拼车出行"算法"提升中国交通效率[EB/OL].[2019-11-29].https://mbd.baidu.com/newpage/data/landingshare?pageType=1&isBdboxFrom=1&context=%7B%22nid%22%3A%22news_9015362621570118064%22%2C%22sourceFrom%22%3A%22bjh%22%7D.

[156] IT168.北京交管局与华为联合开展智慧信号灯试点优化工作[EB/OL].[2018-06-26].https://mbd.baidu.com/newpage/data/landingshare?pageType=1&isBdboxFrom=1&context=%7B%22nid%22%3A%22news_9314681156033025576%22%2C%22sourceFrom%22%3A%22bjh%22%7D.

[157] 环球网.北京交通拥堵年损失数千亿,李彦宏再谈AI治堵[EB/OL].[2018-10-18].https://mbd.baidu.com/newpage/data/landingshare?pageType=1&isBdboxFrom=1&context=%7B%22nid%22%3A%22news_9187716833221481016%22%2C%22sourceFrom%22%3A%22bjh%22%7D.

[158] 手机中国.可帮助父母叫车 滴滴出行已上线了"老人打车"服务[EB/OL].[2016-03-14].http://app.techweb.com.cn/android/2016-03-14/2295366.shtml.

[159] 李理,杨伯溆.公共空间私有化与私人空间个人化：手机在城市空间关系重构中的角色[J].北大新闻与传播评论第三辑,2007.

[160] Lofland, L. H. The public Realm: Exploring the City's Quintessential Social Territory [M]. New York: Aldine De Gruyter, 1998.

[161] Chambers R, Conway G R. Sustainable rural livelihoods: Practical concepts for the 21st century[J]. IDS Discussion Paper No. 296. Brighton, Institute of Development Studies, 1992:296.

[162] 新浪财经.2016年末北京市常住人口为2172.9万人[EB/OL].[2017-01-22].http://finance.sina.com.cn/roll/2017-01-22/doc-ifxzunxf1766429.shtml.

[163] 肥人,胡欣,左蕗,等.我是网约车司机,这是我的故事[EB/OL].[2016-10-11].http://www.yixieshi.com/59911.html.

[164] 何弃疗,编译.法国Uber司机被迫"起义"：我们不是奴隶![EB/OL].[2019-11-

28]. https://mbd. baidu. com/newspage/data/landingshare? pageType=1&isBdboxFrom=1&context=%7B%22nid%22%3A%22news_8962318121969603816%22%2C%22sourceFrom%22%3A%22bjh%22%7D.

[165] 电商在线官方.印度拟设定网约车抽成上限10%[EB/OL].[2019-11-28]. https://mbd. baidu. com/newspage/data/landingshare? pageType=1&isBdboxFrom=1&context=%7B"nid"%3A"news_9683590602961151764"%2C"sourceFrom"%3A"bjh"%7D.

[166] 刘璐璐.数字经济时代的数字劳动与数据资本化——以马克思的资本逻辑为线索[J].东北大学学报(社会科学版),2019,21(04):404-411.

[167] 中泰证券申宏城.对未来十年中国人口的六个判断[EB/OL].[2018-02-03]. https://m. sohu. com/a/220713041_721541.

[168] 蓝林笑生.揭富士康4万机器人上线,6万工人失业的背后真相[EB/OL].[2016-10-22]. http://robot. ofweek. com/2016-10/ART-8321202-8460-30057394. html.

[169] 施一青.试论机器人的出现对社会发展的意义[J].哲学研究,1984(09):9-13,70.

[170] 齐翔,张伟,吴志鹏,周刚.大批机器人成武钢"新员工"[EB/OL].[2019-11-29]. https://mbd. baidu. com/newspage/data/landingshare? pageType=1&isBdboxFrom=1&context=%7B"nid"%3A"news_9569756965827140320"%2C"sourceFrom"%3A"bjh"%7D.

[171] 扬子智能家居.未来哪些职业有可能会被人工智能取代?[EB/OL].[2017-09-26]. http://www. sohu. com/a/194769750_760893.

[172] 智东西.深度:刘强东的机器人战队已成军,物流革命来了[EB/OL].[2018-06-28]. http://tech. ifeng. com/a/20180627/45040733_0. shtml.

[173] 互联网.机器人,未来新角色[EB/OL].[2014-12-10]. http://robot. ailab. cn/article-21649. html.

[174] 纽约大学.AI的应用究竟对人类社会经济影响[EB/OL].[2016-9-22]. http://www. useit. com. cn/thread-13548-1-1. html.

[175] 腾讯科技.霍金:自动化和人工智能将让中产阶级大面积失业[EB/OL].[2016-12-03]. http://tech. qq. com/a/20161203/002359. htm.

[176] 邓刚.人工智能机器人:他们必须要与人类重新立约吗?[EB/OL].[2017-07-23]. http://cul. qq. com/a/20170723/009121. htm.

[177] 互联网.苹果创始人沃兹:被机器人抢工作得几百年后[EB/OL].[2017-06-16]. http://robot. ailab. cn/article-84491. html.

[178] [美]Kalman Toth.人工智能时代[M].赵俐,译.北京:人民邮电出版社,2017.

[179] 互联网.担心吗？未来50年机器人将取代部分职业[EB/OL].[2015-01-27]. http://robot.ailab.cn/article-23191.html.

[180] 互联网.机器人抢工作！什么人类岗位依然可以年薪七位数？[EB/OL].[2017-11-23].http://robot.ailab.cn/article-86178.html.

[181] 工业4俱乐部.《新一代人工智能发展规划》执笔组李修全解读AI现状[EB/OL].[2018-01-25].https://www.sohu.com/a/218977736_680938.

[182] 人人都是产品经理.人工智能产业生态人工智能产业发展现状及趋势[EB/OL].［2018-06-04］.https://mbd.baidu.com/newspage/data/landingshare?pageType=1&isBdboxFrom=1&context=％7B％22nid％22％3A％22news_8851978230123350072％22％2C％22sourceFrom％22％3A％22bjh％22％7D.

[183] 曹娴.人工智能给机器人装上"眼睛"和"耳朵"——访美国斯坦福大学教授卡普兰［EB/OL］.［2019-11-29］.https://mbd.baidu.com/newspage/data/landingshare?pageType=1&isBdboxFrom=1&context=％7B％22nid％22％22％3A％22news_10018927901377321593％22％2C％22sourceFrom％22％3A％22bjh％22％7D.

[184] 互联网.争议落地:消息称韩国将率先推出"机器人税"[EB/OL].[2017-08-14].http://robot.ailab.cn/article-85165.html.

[185] 张洁君,林观涵.杭州首届人工智能与智慧休闲展即将开展[EB/OL].[2017-10-12].http://www.hangzhou.gov.cn/art/2017/10/12/art_812268_11642093.html.

[186] [古希腊]亚里士多德.政治学[M].吴寿彭,译.北京:商务印书馆,2009.

[187] 马惠娣.休闲:人类美丽的精神家园[M].北京:中国经济出版社,2004.

[188] [美]凡勃伦.有闲阶级论[M].蔡受百,译.北京:商务印书馆,2009.

[189] [美]托马斯·古德尔,杰弗瑞·戈比.人类思想史中的休闲[M].成素梅,等译.昆明:云南人民出版社,2000.

[190] [美]杰弗瑞·戈比.你生命中的休闲[M].康筝,译.昆明:云南人民出版社,2000.

[191] 陈凡.论技术的本质与要素[J].自然辩证法研究,1998(1):65-66.

[192] 寇宇.休闲因技术而精彩:个体休闲中的技术要素探讨[J].湖北理工学院学报(人文社会科学版),2017,34(05):25-31,53.

[193] 读芯术.如果你养了一只可爱的机器宠物狗,你还会对它好吗？[EB/OL].[2018-09-21].https://xw.qq.com/cmsid/20180921A1ZC2100?f=newdc.

[194] 科技富能量Plus.你永远都想不到,玩游戏打败你的是人工智能[EB/OL].[2018-07-14].https://baijiahao.baidu.com/s?id=1605904916131793160&wfr=spider&for

=pc.

[195] 王晓娟.百度联合海淀公园打造 AI 科技主题公园[EB/OL].[2018-11-07]. http://bj.wenming.cn/hd/yw/201811/t20181107_4887648.shtml.

[196] 无人机.虚拟现实(VR)和增强现实(AR)的未来发展前景[EB/OL].[2017-11-09]. https://www.sohu.com/a/203393619_175233.

[197] 中国日报网.全球首款可进行人工智能体育陪伴的羽毛球机器人亮相南博会[EB/OL].[2016-06-12]. http://www.chinadaily.com.cn/interface/toutiaonew/1020961/2016-06-12/cd_25678312.html.

[198] 前瞻网.乐在其中！看科技界新贵如何利用 AI 让你"沉醉"于抖音和头条新闻[EB/OL].[2018-12-05]. https://mbd.baidu.com/newspage/data/landingshare?pageType=1&isBdboxFrom=1&context=%7B%22nid%22%3A%22news_9882263734312692105%22%2C%22sourceFrom%22%3A%22bjh%22%7D.

[199] 谭坤艳.科学技术对人类休闲生活的影响[J].资源与人居环境,2007(14):79-81.

[200] 张博晨.在家办公的人别嘚瑟 这种模式也有坏处[EB/OL].[2017-02-21]. http://www.jiemian.com/article/1121225.html.

[201] 转引自童天湘.人工智能与社会发展[J].自然辩证法研究,1992(S1):61-66.

[202] 蔡润芳.平台资本主义的垄断与剥削逻辑——论游戏产业的"平台化"与玩工的"劳动化"[J].新闻界,2018(02):73-81.

[203] 弗洛姆.为自己的人[M].上海:三联书店,1988.

[204] 杜园春.51.3%受访者遭遇过大数据"杀熟"[EB/OL].[2018-03-15]. https://baijiahao.baidu.com/s?id=15949579941085626548&wfr=spider&for=pc.

[205] 郑焱."最懂我的人,伤我最深":大数据"杀熟",人工智能的伦理挑战[EB/OL].[2018-06-12]. https://mbd.baidu.com/newspage/data/landingshare?pageType=1&isBdboxFrom=1&context=%7B%22nid%22%3A%22news_2568556262009751129%22%7D.

[206] 虎嗅网.智能可穿戴的时尚单品,到底是不是"智商税"？[EB/OL].[2019-04-24]. https://tech.sina.com.cn/roll/2019-04-27/doc-ihvhiewr7929771.shtml?cre=tianyi&mod=pcpager_news&loc=37&r=9&rfunc=100&tj=none&tr=9.

[207] 尹天琪.机器人写稿时代来了！今日头条、腾讯、南周齐发力,媒体人将迎下岗潮？[EB/OL].[2017-07-19]. http://www.iheima.com/article-164208.html.

[208] 李黎丹.人工智能对新闻的变革[EB/OL].[2018-03-20]. https://www.sohu.com/a/225965828_786468.

[209] 中关村在线.人工智能也出错,美国新闻机器人虚报地震[EB/OL].[2017-06-26].http://ai.zol.com.cn/644/6447903.html.

[210] Business Insider.黑科技!AI让音视频伪造真假难辨[EB/OL].[2017-07-20].http://www.pearvideo.com/video_1114423.

[211] 余婷,陈实.人工智能技术在美国新闻业的应用及影响[J].新闻记者,2018(04):33-42.

[212] 传媒评论.美联社:AI深度嵌入新闻生产各个环节[EB/OL].[2018-11-27].https://www.sohu.com/a/278112906_644338.

[213] 科技快报网.《纽约时报》开发机器人软件报道美国大选[EB/OL].[2016-11-06].http://www.citreport.com/content/6629-1.html.

[214] 泰伯网.Google出资70.6万欧元开展机器人记者项目[EB/OL].[2017-07-10].http://www.3snews.net/foreign/245000046508.html.

[215] 海外网."人工智能+传媒"遍地花开?机遇与挑战并存[EB/OL].[2017-04-20].https://opinion.huanqiu.com/article/9CaKrnK26G2.

[216] 人民网.机器人小融进"中央厨房"[EB/OL].[2017-03-08].http://media.people.com.cn/n1/2017/0308/c14677-29132047.html.

[217] 王茜.打开算法分发的"黑箱"——基于今日头条新闻推送的量化研究[J].新闻记者,2017(09):7-14.

[218] 36氪.资深架构师曹欢欢首次公开揭秘今日头条用到的五种推荐算法和四个推荐特征[EB/OL].[2018-01-12].https://36kr.com/newsflashes/98145.

[219] 36氪.反思Youtube算法:个性化内容推荐能毁掉你的人格[EB/OL].[2018-02-11].https://baijiahao.baidu.com/s?id=15920825974053134878&wfr=spider&for=pc.

[220] 喻国明,杨莹莹,闫巧妹.算法即权力:算法范式在新闻传播中的权力革命[J].编辑之友,2018(05):5-12.

[221] 喻国明,刘瑞一,武丛伟.人机协同将成为未来传媒生产的主流模式[J].中国广播,2017(04):94.

[222] 王晶华.别了,播音员主持人!刚刚新华社传来大消息[EB/OL].[2018-11-09].https://mp.weixin.qq.com/s/ohlmNEkbTbfJCMXTiDr7oQ.

[223] 互联网黑板报.人工智能合成假视频?马斯克:政府必须加强监管![EB/OL].[2017-07-17].https://baijiahao.baidu.com/s?id=1573158192593357&wfr=spider&for=pc.

[224] 科技观察猿.科大讯飞将推出首张"智能化有声报纸":让光明日报能听会说[EB/OL].[2018-10-28].https://haokan.baidu.com/v?pd=share&context=%

7B％22nid％22％3A％22sv_14082718494896079709％22％2C％22sourceFrom％22％3A％22bjh％22％7D&isBdboxShare＝1.

[225] 田光雨.新华社实践——人工智能：未来媒体变革的发动机[EB/OL].[2018-03-21].https://www.sohu.com/a/226010203_786468.

[226] 刘雨静.在《纽约时报》网站发评论更容易了，但评论审核员却要"下岗"了？[EB/OL].[2017-06-20].https://www.sohu.com/a/150512793_168553.

[227] 网易科技频道.扎克伯格承认Facebook是一家非传统媒体公司[EB/OL].[2016-12-22].http://tech.163.com/16/1222/16/C8TE3QDG00097U7R.html.

[228] 全媒派.新闻编辑室迎来聊天机器人时代[EB/OL].[2016-09-06].https://news.qq.com/original/dujiabianyi/chatbotnewsroom.html.

[229] 徐来、黄煜."新闻是什么"——人工智能时代的新闻模式演变与新闻学教育之思[J].全球传媒学刊,2017,4(04):25-39.

[230] 互联科技秀.Quartz新闻应用企业首次在新闻中加入AR的元素[EB/OL].[2017-09-22].https://www.sohu.com/a/193762946_724645.

[231] 徐泽民.发展社会学理论：评价、创新与应用[M].北京：中国人民大学出版社,2018.

[232] [美]M.P.托达罗.经济发展[M].6版.北京：中国经济出版社,1999.

[233] UN.联合国可持续发展目标[EB/OL].https://www.un.org/sustainabledevelopment/zh/poverty/.

[234] AI前线.触目惊心：AI到底消耗了多少能源和成本？[EB/OL].[2019-11-22].https://xueqiu.com/9217191040/136173168.

[235] 泡泡网.电子垃圾问题比你想象的严重[EB/OL].[2019-07-08].http://www.dogame.com.cn/gamerc/2019/0708/11565.html.

[236] 关文宁.ICT文化与环境[D].北京：北京邮电大学,2019.

[237] 好奇心日报.人工智能正在帮助预测下一次大地震将在何时发生[EB/OL].[2018-10-29].https://tech.sina.com.cn/it/2018-10-29/doc-ihnaivxq0627155.shtml.

[238] 无人机网.平江：利用无人机进行林业有害生物监测[EB/OL].[2018-09-14].http://mini.eastday.com/a/180914123711468.html.

[239] [美]乔恩·威特.包罗万象的社会学[M].王建民,等译.北京：人民邮电出版社,2014.

[240] cnBeta.COM.奥巴马：人工智能虽好，但别让美国人民变贫穷[EB/OL].[2016-10-13].http://www.cnbeta.com/articles/tech/547783.htm.

[241] 网易科技白猫.想消除极端贫困?人工智能或许能够帮忙[EB/OL].[2016-8-19]. https://www.ithome.com/html/next/250850.htm.

[242] 新华网.吴晓如:人工智能 让扶贫更精准[EB/OL].[2017-12-18]. http://news.enorth.com.cn/system/2017/12/18/034245923.shtml.

[243] 中国经济新闻网."今日头条"用人工智能扶贫!卖苹果效果好获静宁县副县长点赞![EB/OL].[2017-12-18]. http://www.pingliang.gov.cn/pub/gsjn/xwzx/tpxw/201712/t20171218_259105.html.

[244] 汪军,吴思.人工智能培育师:贫困户的新职业[EB/OL].[2020-02-11]. https://baijiahao.baidu.com/s?id=1658218445059456897&wfr=spider&for=pc.

[245] 腾讯科技.为什么大多数印度女性永远都无法拥有智能手机[EB/OL].[2016-10-16]. https://tech.qq.com/a/20161016/002657.htm.

[246] 贾积有.人工智能赋能教育与学习[J].远程教育杂志,2018,36(01):39-47.

[247] 聚才教育童蕴学堂.AI教育意味着什么?AI以教育的结点又是什么?你知道吗?[EB/OL].[2019-04-30]. https://www.sohu.com/a/311178457_457080.

[248] 胡珉.人工智能如何推动教育革新?[EB/OL].[2018-02-22]. https://mbd.baidu.com/newspage/data/landingshare?pageType=1&isBdboxFrom=1&context=%7B%22nid%22%3A%22news_17051737627323487955%22%7D.

[249] 周田.浅谈人工智能与教育[D].北京:北京邮电大学,2019.

[250] 余贤红,王丰,骆飞,等.人工智能助力资源共享——来自世界电信和信息社会日的观察[EB/OL].[2018-05-17]. https://baijiahao.baidu.com/s?id=1600712272920178258&wfr=spider&for=pc.

[251] 杨爱喜,卜向红,严家祥.人工智能时代[M].北京:人民邮电出版社,2018.

[252] 创业邦研究中心.2018中国人工智能白皮书[EB/OL].[2018-5-18]. http://tech.china.com/article/20180523/kejiyuan0326141569.html.

[253] 计算机视觉 life.机器与人类的结合:外骨骼机器人的现状和趋势[EB/OL].[2018-07-05]. sohu.com/a/239428617_100007727?qq-pf-to=pcqq.group.

[254] [英]范达娜·德赛,R.B.伯特.发展研究指南[M].北京:商务印书馆,2014.

[255] 小小.专家预测2018年AI走向:快速走进医院,能创作新歌[EB/OL].[2018-03-03]. http://mini.eastday.com/mobile/180303113153514.html.

[256] 转引自陈新夏.人的发展的新路向[J].马克思主义与现实(双月刊),2010(02):54-59.

[257] 乔颖.不涉版权 人工智能生成大量超逼真人脸图片[EB/OL].[2019-09-28]. https://mbd.baidu.com/newspage/data/landingshare?pageType=1&isBdboxFrom=

1&context＝％7B％22nid％22％3A％22news＿10228290428889699761％22％2C％22sourceFrom％22％3A％22bjh％22％7D．

[258] 互联网．机器人写诗是否等于创造？[EB/OL]．[2015-12-18]．http://robot.ailab.cn/article-62259.html．

[259] 陈炯．人工智能，让艺术变得廉价？[J]．美术观察，2017(10):10-12．

[260] 快科技．AI小程序"达芬•若琪"上线：用户秒变大画家[EB/OL]．[2018-12-04]．https://mbd.baidu.com/newspage/data/landingshare? pageType＝1&isBdboxFrom＝1&context＝％7B％22nid％22％3A％22news＿9121829926076716319％22％2C％22sourceFrom％22％3A％22bjh％22％7D．

[261] 潘天舒．发展人类学概论[M]．上海：华东理工大学出版社，2009．

[262] 郭建斌．独乡电视——现代传媒与少数民族乡村日常生活[M]．济南：山东人民出版社，2005．

[263] 深圳商报．《中国无人商业发展报告》显示北深上广"无现金"支付最活跃[EB/OL]．[2018-04-25]．http://szsb.sznews.com/PC/content/201804/25/content_351322.html．

[264] 孙任鹏．无现金社会应给现金留一席之地，等等老年人[EB/OL]．[2017-08-02]．http://tech.163.com/17/0802/13/CQR9G48E00097U7R.html．

[265] J.H.斯图尔德，王庆仁．文化生态学的概念和方法[J]．世界民族，1988(6):1-7．

[266] 杨国斌．转向数字文化研究[J]．国际新闻界，2018,40(02):99-108．

[267] 童天湘．人工智能与社会发展[J]．自然辩证法研究，1992(S1):61-66．

附录

在大学专业课教学中实现课程德育

——以《人工智能与社会发展》的课程教学为例①

摘　要：课程德育是德育的重要途径。本研究以《人工智能与社会发展》的课程教学为例,梳理、探讨了研究者在专业课教学中进行课程德育的实践经验,就课程德育的内容而言,表现为从知情意行四个方面进行德育渗透,注重引导学生正确思考技术在人与自我、社会环境关系中的作用,在道德学习过程中注意对学生辩证、批判性思维能力的训练;就课程德育的方法而言,表现在从内容和形式相结合的角度进行德育渗透,表现在从自省与外求相结合的方式进行德育渗透。任课教师可以通过对作业或论文的批改、评估,实现对上一轮课程德育效果的检测,同时也可以此作为下一轮课程德育实施的起点,进而改进下一学期课程德育实践,从而有助于形成一个课程德育的闭环。

关键词：大学专业课　课程德育　人工智能社会学

　　大学课程在进行课程设置时就多被归为通识课或者专业课的课程类属,这使得许多高校的专业课教学越发依附"专门"的知识与技能传授。这种现状降低了大学课程综合育人、实现德育目标的重要功能,减损了通过大学课程培养积极、主动、完整的人的效力。赫尔巴特曾说过一句至理名言："我想不到有任何无教学的教育,正如在相反的方面,我不承认有任何无教育的教学。"② 如何在大学专业课程实施中实现课程育人的目标,是本教学研究的旨归。课程德育属于学科德育的研究范畴。当前的学科德育研究已摆脱了"附加式"德育渗透的做法,主张回到学科属性来挖掘学科育人的潜能,因此注重思考和

---

① 本文是北京邮电大学教育教学研究与改革项目'《人工智能与社会》SPOC 课程资源开发'(2018JY-B05)的阶段性成果之一;2019 年度教育部人文社会科学研究一般项目;教师德育素养的结构要素与培育机制研究(项目批准号:19YJA880023)的阶段性成果之一。
② 张焕庭.西方资产阶级教育论著选[M].北京:人民教育出版社,1979.

把握学科知识、学科教学与德育之间的关系。为此,本文也将结合自身教授《人工智能与社会发展》课程教学本身,围绕"教什么"(学科知识)和"怎样教"(学科教学)两个关键问题,进行高校课程德育的积极探索和努力。

一、尊重和挖掘专业课课程内容中的德育资源

研究者在 BUPT 大学开设了《人工智能与社会发展》全校公共选修课程,其主要目的是从课程设计上回应当下社会人工智能技术(Artificial Intelligence)的发展以及对社会的影响,带领学生梳理人工智能在家居、出行、工作、学习、休闲、消费、媒体、医疗等八大社会领域中落地应用的表现,引导学生客观、辩证地看待 AI 的技术、产品、服务和机构等不同形态对社会的影响,以及社会生态对技术的积极和消极的影响,从不同层面(身体、社会互动、社会阶层)、不同领域(经济、政治治理、文化)、不同视角(功能论、冲突论、互动论)、不同主题(劳动、休闲、传媒、教育、文化、发展、风险、越轨等)、不同场景(家居、出行、工作、学习、休闲、消费、医疗、传播等),静态和动态(可持续发展),常态和非常态(越轨),现状与未来(风险)等多维视角,帮助学生养成一种社会学思维,从社会学角度去思考人工智能技术。

该门课程属于人工智能社会学这一新兴交叉学科范畴,这一领域中,AI 技术不断彰显其对社会的影响,引发了一些议题如"人工智能与失业""人工智能与隐私安全""人工智能与社会平等""人工智能与社会偏见和歧视"等。一些自媒体为了流量不惜炒作这些议题,抛出一些耸人听闻的观点,扰乱了普通公众对 AI 技术的理性认知,因此,人工智能与社会发展这门课程中具有许多天然的德育内容资源(见表1)。

表1 《人工智能与社会发展》专业课中的德育内容资源

课程			德育内容	蕴含的道德价值
分类	特征	科目		
人文社会学科	伦理、正义、关爱、审美	《人工智能与社会发展》	身体化技术;人机互动;"程序员"-新社会群体;人工智能的越轨和风险;人工智能社会应用	伦理、尊重、关爱、平等、发展

如何"教授"这些德育内容资源,对于刚刚进入大学校园的低年级工科专业的学生而言十分重要。清晰的课程教学加上正确的价值观引导,会帮助低年级工科专业的大学生形成正确、冷静、辩证的课程知识观、人生观、世界观,帮助大学生理性看待人工智能技术发展所引发的社会纷争现象,帮助他们养成独立思考的能力,培养他们作为技术人员应该具有的社会责任感和人文关怀精神,这些都是研究者尝试在本门专业课程中进行课程德育的主要推动力。

二、在专业课教学过程中实现课程德育

推进专业课的课程德育,还需要在授课过程中重视教学的艺术。雅斯贝尔斯说过:"教学应当使教育的文化功能和对灵魂的铸造功能融合起来。……教学活动中的读、写、算的学习并不(只)是技能的获得,而是从此参与精神生活。……以正确的方式传授知识和技能,其本身就已经是一种对整个人的精神教育。"[①]在《人工智能与社会发展》这门课程的教学中渗透德育,研究者十分注重训练并培育大学生的批判性、结构性思维能力,对本门课程的教学设计、结构、策略、方法等方面加强了研究和开发,并对诸多环节中的教师自身表现加以反思和调整。具体而言,包括如下三个方面。

(一)从知、情、意、行四个方面进行课程德育

众所周知,知、情、意、行被视之为道德学习的结构,从《人工智能与社会发展》这门课程的教学角度来理解和推进道德学习中的这四个方面,是实现课程德育行之有效的抓手。

1. 知。并非德育知识,而是尝试着从学科角度培养学生正确的社会观。例如,研究者在讲到人工智能技术对社会结构的影响,引导学生认识到随着社会关系的变化,社会结构并非静止的,而是一直都在发生着或快或慢,或显著或隐秘的变化。在智能社会时代,人与人、人与机器的关系结构发生了变化,将会增加人-智能机器-机器,人-智能机器的关系结构,一种新的社会结构便会出现,如此推动学生形成一种在 AI 技术推动下的智能社会背景下的新社会观。

再如,从学科角度对学生进行法制观念教育,帮助学生树立法治观。教师在讲到人工智能的越轨现象时,提及不法分子利用人工智能技术所收集的用户资料进行非法交易,利用人工智能技术不当获利等,从这些案例的介绍当中,点醒选课学生尤其是学习技术的学生应该意识到技术可以用来向善,同时也可以用来作恶,培养他们的法制意识。

2. 情。指的是一种情感,在专业课教学中培养学生的爱国主义情感、民族自豪感,培养学生的文化自信。当然,这也同样需要借助于专业课知识内容而开展。例如,就人工智能技术而言,中、美两国是 AI 巨头,相对而言,美国在 AI 芯片等基础科技层占有优势,而中国在 AI 技术的消费应用层则具有独特的优势,在 2018 年的人工智能初创公司前十公司排名中,来自中国的就有包括今日头条、旷视科技等五家公司。通过这些内容的分享,培养学生的爱国自豪的情感,便是水到渠成的事情,也并没有什么违和感。

此外,涉及技术人员,尤其是面对这些未来将走向技术岗位的学生,如何培养他们对社会弱势群体的同情心,思考从技术角度寻求解决方案,这便涉及技术人员的人文关怀意识,也是需要引导的,因为限于 AI 技术的成熟度,人工智能并不具有情感,此外,由于

---

① [德]雅斯贝尔斯.什么是教育[M].邹进,译.北京:生活·读书·新知三联书店,1991.

数据和算法等原因,人工智能技术在落地应用中出现了偏见和社会歧视现象,研究者在专业课教学中从包容性创新视角,努力让学生认识到 AI 技术应该惠及社会的弱势群体,帮助弱势群体提升能力,促进社会融合,而不应该只是为强者服务。

3. 意。指的是意志品质。教师在介绍智能社会下新的社会阶层群体时,提及社会中的程序员群体,对程序员文化进行了梳理和归纳,其中重点探讨了程序员精神文化,尤其是充满正能量的文化表现,如坚毅、坚持等精神品质。学过编程的人都知道,学习代码的过程是枯燥的,而一名程序员就要学习好几种不同的代码、好几种不同的编程方式,这也体现了程序员的内在文化、内在精神就是坚毅、坚持。通过这些内容的着重强调以及对程序员群体中成功人士的案例分享,引导学生注意养成良好的意志品质,为未来的工作打下坚实基础。

4. 行。在此指两个方面:(1)是行为礼仪,在课程中,研究者注意在相关内容的介绍中,引导学生培养智能社会下的行为礼仪。一是包括自身身体行为的规范,如何正确地使用技术尤其是人工智能技术产品。二是如何处理与智能机器人的关系,机器人不是人类的奴隶,而应该成为人类的伙伴和朋友。(2)是行动之美,引导学生不仅要从理论上关注人工智能对社会影响的现象和结果,同时也要行动起来,唤醒他们行动的勇气,尤其是对他们这些学习技术的学生,不能只是坐而论道就技术思考技术,引导他们意识到有些问题并不是单纯靠技术的迭代就可以完成,技术还会受到社会因素的影响,需要我们行动起来,介入社会发展之中,尝试着用技术去影响社会发展,推动社会发展,提升个体、社会、环境的"健康"水平。

(二) 教学中关心技术与人、技术与社会之间的关系

德育有两个重心,一是关心人的成长需求,二是关心人在成长中的关系。在这门专业课教学中,基于课程自身的特点,研究者十分关注引导大学生理解技术与人自身、技术与社会以及环境之间的关系。

1. 人与自我的关系。教学过程会注意帮助大学生理性看待人工智能技术在应用中对人身心的影响。例如,在介绍人工智能推荐算法在人们获取资讯上的影响时,研究者会让学生意识到这种算法虽然能够给新闻用户提供个性化的推荐,但也是有一些弊端的,比如说可能会窄化人们的视野,形成信息茧房效应,使人们陷入内容旋涡等。同时,在介绍人工智能技术时,研究者从媒介依赖的视角提醒学生要避免形成 AI 依赖,引导学生去思考人工智能技术与人之间的关系。

2. 人与社会、环境的关系。教学过程会借助相关内容培养大学生的社会责任。例如,课程在介绍到 AI4D(Artificial Intelligence for Development)的时候,研究者会从人工智能推动社会发展的角度,让大家一起探讨人工智能技术在既有社会阶层差异的背景下如何更好地推动社会的平等发展,提到从技术研发者的角度应该具有社会责任意识,应该具有普惠式、包容性创新的理念,设计创造那些低收入人群能够负担得起的高品质

的产品或服务,推动社会消除性别不平等,消除社会贫困,促进社会和网络治理,改善环境,促进可持续发展等。

(三) 教学过程尤为注重锻炼大学生的思维能力

思维的向度、广度和深度,往往是一个人价值观最有力的表现。因此,在课程教学中,研究者十分注重锻炼大学生基于课程品质的思维能力。

1. 训练学生的辩证思维能力

课程德育最重要的目标之一应该落脚在对学生思考思维能力的训练上,如果说前述更多地是指引导学生思考什么内容,那么此处就是旨在借助专业课内容帮助学生养成辩证、结构化思维等能力。例如,研究者在讲到人工智能对工作的影响时,先让同学们讨论,然后介绍了社会上一些有代表性的观点,指出了目前有些自媒体文章上的观点存在一些偏颇,可能是为了流量而吸引眼球的目的,歪曲夸大现象,给不明所以的普通公众造成一种心理恐慌,同时也对人工智能技术的普及造成社会心理的障碍。针对这一现象,研究者引导学生通过辩证的思考。例如,从历史和现实的角度,从动态和静态的角度,从局部与整体的角度,从技术与社会的角度,从消失与创造的角度等来分析人工智能对工作替代的影响。如此一来,教师不仅仅传授了相关专业内容,同时,更重要的是借助对这一内容的讨论培养了学生的辩证、结构化思维的能力,而这种能力是普适性的,不仅可以用来学习专业知识,同时也可以用来思考社会道德现象,帮助学生提升思维能力。

2. 训练学生的批判性思维能力

例如,人工智能社会学的研究路径有三个,分别为功能论、冲突论和符号互动论。从冲突论的视角去思考人工智能的社会影响时,教师引导学生去反思 AI 技术被谁控制? AI 技术对谁有利?借此,帮助学生们认识到就当下的社会权力生态而言,AI 技术显然掌握在那些人工智能科技巨头手中,掌握在少数知识精英手中;借助于对亚马逊公司所开发的可追踪员工位置的手环的应用案例探讨,提醒学生们意识到在企业对员工的管理上,AI 技术所起到的作用显然更有利于帮助企业提升工作效率,提升生产力,但这种提升显然是以员工在智能设备的监督和引导下不得不进行的高强度工作换来的。通过这种案例的分析和探讨,以及有意识地从冲突论的观点去进行解读和分析,有助于帮助学生养成对 AI 技术的批判思考能力。

三、在专业课教学中进行课程德育的行动建议

(一) 从内容和形式相结合的角度进行课程德育

1. 通过有机结合专业课程内容来进行课程德育

没有高质量的内容做基础,那么课程德育便是无本之木、无源之水。就人工智能社会学而言,内容应是与德育有交接面的内容,不要生拉硬扯,否则既容易干扰既有教学内

容的教学,同时课程德育效果也容易不理想。本课程是公共选修课,讲授的主要是人工智能社会学的专业知识,传统的德育灌输、说服教育等方法在某些方面并不能够满足德育教育的场景,此外,课程教学时间有限,因此,很难像传统德育方法一样用单独的时间传授德育知识。因此只能如前所述,结合专业内容略显"碎片化"的进行德育渗透,即要做到润物细无声的效果,不要刻意突出德育,而是将德育的内容有机地融合在专业知识教学中。例如,教师在讲授人工智能技术对人的影响时,跟学生一起探讨"AI 依赖"现象,这是一个很好地可以进行德育渗透的教学内容,为此,教师从媒介依赖理论出发,从分享《上瘾》一书中提及的"上瘾模型"出发,引导学生关注人工智能技术如智能推荐算法对人的负面影响,警醒学生在使用 AI 产品时避免养成使用习惯,避免沉迷于其中。

2. 结合学生感兴趣的传播形式进行课程德育

目前大学一年级的学生多是"00 后"群体,即所谓的"Z 世代"或者"后千禧一代",虽然称谓标签不同,但是指涉的意思都是强调这些学生作为新的一代具有数字原住民的特征。他们对视觉符号尤其是视频(例如,时下最为流行的短视频和直播形式)更为感兴趣。当然,研究者并非主张教师自己去做短视频或直播,而是充分利用新媒体资源,例如结合具体教授的内容,从抖音或其他短视频平台以及其他自媒体平台搜集相关资料,在课堂中进行短时播放,而且要对学生进行及时引导,在学生最感兴趣、注意力程度最高的时间点进行引导,这是教育时间点。例如,研究者在讲到人工智能对人的身体的替代、延伸、增强和"建构"时,结合物理身体、文化身体、技术身体和数字身体等不同身体形态的划分,就上述每一种身体形态分别探讨 AI 技术对人的身体的影响,搜寻一些短视频案例进行分享,实操证明学生们对此很感兴趣,那么在这个时候,研究者再介入去引导学生去思考人工智能技术背景下,如何避免过度沉迷技术而对身体带来破坏性的"建构"影响等,引导学生意识到养成良好的技术使用习惯的重要性。

(二)从自省与外求相结合的方式进行课程德育

1. 在课程设计中,通过让学生自我报告和内省,创造其内观的机会和时间,在这种内省中实现课程德育的预期效果

结合学生自身的实践,通过自我报告和反思,让他们反思人工智能技术的社会影响,从而助益其自身德育智慧的成长,因为自身的实践,是他们记忆最深刻的,也是他们感兴趣的,有话说的内容,在这种自我报告和反思中,学生会暴露出自身的德育方面的不足,那么这个时候对于任课教师而言,就是一个可以介入的课程德育点。例如,研究者在课程中就 AI 依赖现象布置了一道期中作业:

2019—2020 学年春季学期《人工智能与社会发展》期中作业选题一:

您有过对智能助手或其他智能体的依赖体验吗?如有,请结合具体实例详细谈谈您的体验。包括但不限于如下问题:当时是什么感受?为什么会产生依赖?现在还有吗?

如果没有,您是如何摆脱依赖的?您认为如何避免产生依赖呢?等。

就课程中所提及的"AI 依赖"问题,学生在提交的自我反思报告中,提到了自身对智能设备的依赖:

"当我意识到这一状况后,我感到十分担忧。因为当我沉迷其中之时,我就感觉我如同失了魂一般地深深陷入其中,将自己的一切都投入其中,仿佛游离于人世之外,飞翔于夜空之中,忘记了时间,忘记了自己还要赶的作业。那种感觉,像极了一位被剥夺了自我的人偶。更可怕的是,我本人却丝毫察觉不到,甚至还乐在其中。"(选自 SLH 的《人工智能与社会发展》期中作业)

如上所述,通过这种自我报告的方式,能够促使学生去冷静地反思自己对各种智能设备的依赖问题,激发他们意识到坚强的意识品质对于避免 AI 依赖的重要性。

2. 在课程设计中,通过让学生向外求诸于行动,在行动中感知社会,获得德育智慧的成长

在课程设计中,研究者在期末作业的布置上,和课程德育的目标保持一致,让学生去进行搜集案例并进行技术层面的设计,通过让学生主动起来,让他们意识到 AI 技术对社会的影响。例如,研究者在课程中针对 AI4D,即人工智能推动社会发展的议题,给同学们从发展的角度设计了调研的题目,例如:

2019—2020 学年春季学期《人工智能与社会发展》期末论文选题:

每位同学从下列 AI4D 的十大领域中,任选其一搜集一个案例,并对案例从技术角度做点评。

1. 梳理 AI4D 中 AI 如何促进落后地区经济发展的案例
2. 梳理 AI4D 中 AI 如何促进社会残障人士社会融合的案例
3. 梳理 AI4D 中 AI 如何消除贫困的案例
4. 梳理 AI4D 中 AI 如何促进性别平等的案例
5. 梳理 AI4D 中 AI 如何促进教育平等的案例
6. 梳理 AI4D 中 AI 如何治理网络乱象的案例
7. 梳理 AI4D 中 AI 如何促进农村发展的案例
8. 梳理 AI4D 中 AI 如何促进环境保护的案例
9. 梳理 AI4D 中 AI 如何促进农业发展的案例
10. 梳理 AI4D 中 AI 如何促进个体心理健康的案例

如上所述,同学们在上述案例的搜集行动中,既能够具体地收获相关的知识,同时通过获取案例的内容,也给他们在思想上以触动。此外,对于他们这些学技术的具有工科背景的学生而言,这也可以帮助他们意识到技术对社会发展的影响,有助于他们养成技术人员的社会责任意识和人文关怀精神。

课程德育归根到底还是要落在行动上。这是实现效果转化的关键一步,也是最为困难的一步。在从学生交上来的作业以及课程论文中,其实教师是可以看出这种变化的。例如,研究者曾经在期末论文设计中尝试让学生选择20选题中的一个去做:

2018—2019学年春季学期《人工智能与社会发展》期末论文选题:
1. 机器人在社会化媒体上的形象构建——基于某个社会化媒体平台的研究
2. 人工智能的社会影响——基于多位人工智能专家的访谈研究
3. 人工智能的越轨与治理——基于某个时间段人工智能越轨行为报道的研究
4. 你害怕人工智能吗?——基于人工智能用户的访谈研究
5. 社交机器人:问题及对策——基于社交机器人用户的访谈研究
6. 人工智能对组织社会资本的影响——基于对多个AI公司的案例研究
7. 社会分层背景下人工智能产品的购买与使用——基于某电商平台数据挖掘的结果呈现
8. 人工智能吃人?——对技术失业者的访谈研究
9. 人工智能的风险治理:基于人工智能行为规范的文本研究
10. 寒门逆袭:人工智能对社会流动的影响研究——基于多位寒门出身的AI程序员的研究
11. 零隐私?——AI时代的个体隐私保护:基于AI技术人员的访谈
12. 人工智能创业:挑战与机遇——基于人工智能创新创业者的访谈研究
13. 智能推荐、休闲与过度依赖——基于抖音等平台的用户访谈研究
14. 人工智能时代的年龄歧视与社会融合——基于老年用户的研究
15. 人工智能产品消费与文化身份认同研究——基于人工智能产品用户的访谈研究
16. 人工智能消除贫困——基于案例的研究
17. 如何看待人脸识别系统——基于人脸识别系统使用者的访谈研究
18. 人工智能技术对教育的影响:基于人工智能专家访谈的结果
19. 城市贫民的智能手机使用研究——基于对城市贫民的访谈研究
20. 人工智能技术促进城乡发展的北京经验研究

在批改作业的过程中,教师能够感受到学生对人工智能社会现象的思考有所变化,能用一种理性、辩证、客观的视角来看待这个问题了,这是非常重要的一点变化,这是一

种德育智慧的成长。通过作业或论文的形式,这其实本质上也是对一学期课程德育效果的一个评估,通过作业和论文,任课教师能够感知到学生的变化,尤其表现在对一些社会现象认识上的变化,而这种评估的重要性在于它既是对上一轮课程德育效果的检测,同时也是下一轮课程德育的起点,因为任课教师能够通过评估发现有哪些需要改进的地方,以及学生在德育素养上还有哪些比较明显的不足,这些都可以在作业或论文中得到反馈,那么任课教师借助于这种反馈,则可以改进下一学期的课程德育实践,从而形成了一个课程德育的闭环。